贵州省重点支持学科：思想政治教育基金资助（ZDXK[2016]17）
铜仁学院博士科研启动基金资助（trxyDH1901）

U0691158

贵州书院制度研究

刘铮 ◎ 著

九州出版社
JIUZHOUPRESS

图书在版编目（CIP）数据

贵州书院制度研究 / 刘铮著. — 北京：九州出版
社，2021.6
ISBN 978-7-5225-0029-4

Ⅰ.①贵…　Ⅱ.①刘…　Ⅲ.①书院－研究－贵州
Ⅳ.①G649.299.73

中国版本图书馆CIP数据核字（2021）第096104号

贵州书院制度研究

作　　者　刘　铮　著

责任编辑　安　安

出版发行　九州出版社

地　　址　北京市西城区阜外大街甲35号（100037）

发行电话　（010）68992190/3/5/6

网　　址　www.jiuzhoupress.com

印　　刷　天津中印联印务有限公司

开　　本　710毫米×1000毫米　16开

印　　张　14

字　　数　250千字

版　　次　2021年6月第1版

印　　次　2021年6月第1次印刷

书　　号　ISBN 978-7-5225-0029-4

定　　价　68.00元

★版权所有　侵权必究★

目 录

绪 论

一、本书研究的背景及研究意义

1. 本书研究的背景

书院是中国古代社会一种特殊的教育机构，是中国古代培养人才的一个重要场所，是古代社会教育体系的重要组成部分。书院研究，对于了解中国古代教育制度以及人才培养模式有着重要的学术意义。可以说，书院在教育教学、科学研究以及学生管理等方面，都给当代的高等教育提供了太多的方法与经验，留下了众多有益的启示。值得一提的是，中国古代思想的产生、发展和成熟都与书院有着千丝万缕的联系。比如儒学与道学、佛学、程朱理学、阳明心学、清代考据学都与书院有着莫大的关系，如阳明心学直接产生于书院，更是在书院大范围传播，从而成为显学。正如胡适先生所言："一千年以来，书院实在占教育上一个重要的位置，国内的最高学府和思想的渊源，唯书院是赖。"从中可见书院在教育体系中的重要作用。书院最早起于唐朝，本意是指藏书、修书的地方，当时并无教育教学和科研的功能。及至宋代，书院文化渐渐兴起，各类书院开始建立。尤其宋代中后期，私人讲学风气以及理学兴起。在这种背景下，书院逐渐成为民间教育家读书和讲学之所，教育教学的功能就此出现，书院的功能不仅限于藏书刻书。同时，随着经济发展，各类私塾、官学、义学、府学也纷纷兴起。书院逐渐成为有别于其他官学的教育机构和教育体系。在中国古代社会的发展历程中，书院的教育和教学方式对我国的文化发展产生了深远的影响，尤其在边疆少数民族地区。各个地区文化形成和发展的因素众多，其中教育的影响不容小觑，并起着至关重要的作用，这是值得注意的地方。

贵州地处边陲之地，一直以来经济和文化较为落后，和中原发展有着一定的差距，然而，贵州书院的兴起和发展在当地社会充当着传播儒学文化、促进文化趋同的重要角色与作用，推动着贵州文化的沉淀与积累。其中，王阳明在贵州的"龙场悟道"对当地文化教育事业的发展起着重要的作用。王阳明因事被贬谪到贵阳龙场驿担任驿丞，在极端苦难的情况下，创办了龙冈书院，之后又延聘讲学于文明书院。此后，书院在贵州迅速发展起来，从而成为弘扬中华儒学传统、推动贵州地区文化事业发展的重要力量。清朝末年，随着近代化的开启，中国教育体制改变，书院转为新式学堂，成为构建近现代贵州文化教育体系的重要基础。书院文化是中华民族传统文化的重要载体和支持点，亦是贵州最为珍贵的历史文化资源。深入研究贵州书院制度的形成和发展，从而深入挖掘贵州书院与贵州地区教育的关系、贵州文化的精神内涵，阐明其奥义，都具有非常重要的理论意义和现实意义。贵州书院与贵州的文化体系以及社会的联系；贵州书院是如何推动贵州社会的发展，影响贵州社会的进步；书院文化对当代高等教育形成的影响及作用；深入研究书院文化的历史价值和当代的历史意义，这些都是值得教育从业者进一步思考的问题。

2. 本书的研究意义

在中国历史上，书院作为教育体系的重要组成部分，既是对官学的补充，同时也有其独特之处，可以说对中国的政治、经济、文化、社会都产生了巨大的影响。在书院存世的千余年历史里，其对教育教学、学术研究、人才培养、文化发展方面都发挥着巨大的作用，从唐代至清末学制改革，书院一直持续发展，在贵州地区就有数百所，是贵州文化史的重要组成部分。

深入研究贵州书院及书院制度的发展，准确把握贵州书院的发展历程和学术流变，深入挖掘书院教育的文化内涵与文化精神，阐明奥义，对于加强区域文化的历史认同感、历史自豪感，提升文化自信、理论自信、道路自信、制度自信都具有非常重要的理论意义和现实意义。同样，对贵州书院的历史价值和当代意义的研究和阐述，也是学术界必须要研究和回答的一个方面。

研究贵州书院制度还有其重要的现实意义。通过对贵州书院和书院制度的形成、发展以及其自身文化及内涵在当地传播的深入研究和探讨，可以明确"大区域"和"小区域"、"地方性文化"与"全国性文化"等在不同历史演进过程中的特点与其所扮演的角色，从而能够深入探讨书院制度对中华优秀传统文化的继承、发展与贵州区域文化的形成之间的关系与联系，并总结出中国书院发展的区域性特点、区域文化特色，对细化和深入研究中国思想文化史亦起着非常重要的作用。

二、本书相关的研究综述

长期以来，学者似乎并不重视对于贵州书院的研究，因此与之相关的研究成果较少。所幸，20世纪80年代以来，学术界日益重视对贵州书院的研究，逐渐取得了较为丰硕的成果。

著者现对贵州书院研究之现状梳理如下：

1. 贵州书院的相关著作研究

书院研究兴起于20世纪二三十年代，伴随着近代教育制度的兴起而展开，是新学制下，学者开始反思中国的学校教育所带来的一种思想。此后，书院研究和教育制度研究一样，逐渐受到学术界的关注与重视。据统计，20世纪20年代到70年代，与书院研究相关的论文共计发表136篇，专著、论文集等计有几十部之多。关于书院的研究成果不可谓不丰硕，但略显遗憾的是，这些成果多集中于对中国古代书院整体方面的研究，对贵州书院及书院制度的研究并无太多涉及，更无专著出版，相关研究成果多散见于相关著作和论文之中。如《中国古代的书院制度》[①]《中国书院史》[②]等相关著作。

20世纪80年代后，随着学术界对书院文化的日益关注，出现了大量的学术专著和论文。在此背景下，有关贵州书院的研究就此展开，涌现了大量的研究成果，贵州各地的书院得以陆续展现出来。现将主要研究成果总结如下：

相关论著方面：邓洪波先生的《中国书院章程》[③]对贵州黎阳书院建立的背景、过程及意义，做了较为详细的考证。邓洪波、彭爱学主编的《中国书院揽

---

① 陈元晖，尹德新，王炳照编著.中国古代的书院制度[M].上海：上海教育出版社，1981.

② 李国钧.中国书院史（第2版）[M].长沙：湖南教育出版社，1998.

③ 邓洪波.中国书院章程[M].长沙：湖南大学出版社，2000.

胜》①对贵州龙岗书院、紫阳书院、莲花书院的建筑布局、风格，教育，教学等内容进行了介绍，其中重点介绍了龙冈书院以及王阳明的学术思想。其他具有代表性的著作有李兵的《书院与科举关系研究》②、王炳照的《中国古代书院》③、邓洪波的《中国书院史》④、肖永明的《儒学·书院·社会——社会文化史视野中的书院》⑤、江堤的《中国书院小史》⑥等。以上这些著述都对贵州书院及书院制度进行了或多或少的论述，主要内容多围绕王阳明创办的龙冈书院及讲学于文明书院，还有阳明心学理论在贵州书院发展而展开研究。

进入21世纪后，专门论述贵州书院的著作和论文相继出现。贵州师范大学的张羽琼教授对贵州各地教育史做了大量细致的考察后，结合贵州各地区的地方志，经过多年潜心研究，于2003年出版专著《贵州古代教育》⑦，专门辟章节介绍了贵州地区书院及书院制度的兴起、发展情况。值得一提的是，书中重点介绍了明代书院的发展特点和贵州书院的教学管理以及学术研究、学术交流的情况，同时也考察了清代贵州书院及书院制度完善的过程，清代贵州书院迅速发展的原因、清代书院在时间和空间发展的特点等。同时，孔令中主编的《贵州教育史》⑧也另辟专章论述了贵州书院及书院制度的建立情况，重点对贵州著名的书院的形成、发展情况进行了详细的介绍，比如草庭书院、文明书院、龙冈书院、鹤楼书院、南皋书院等贵州著名书院。不仅如此，这本著述在介绍贵州书院的同时，还列举了贵州书院的数量、创办人、书院建立的时间及书院地址，之后对书院的教学、管理等情况进行了探讨。这是迄今日力所及、相对全面反映贵州书院概况的两本著作。但略显些遗憾的是，这两本著作均以考察贵州教育发展史为主线，书院只是作为其中的一部分，且作为贵州教育发展史不可或缺的部分予以探讨，对贵州书院制度的研究还有众多空白之处。

---

① 邓洪波,彭爱学主编.中国书院揽胜[M].长沙：湖南大学出版社，2000.

② 李兵.书院与科举关系研究[M].武汉：华中师范大学出版社，2005.

③ 王炳照.中国古代书院[M].北京：中国国际广播出版社，2009.

④ 邓洪波.中国书院史[M].武汉：武汉大学出版社，2012.

⑤ 肖永明.儒学·书院·社会——社会文化史视野中的书院[M].北京：商务印书馆，2012.

⑥ 江堤.中国书院小史[M].北京：中国长安出版社，2015.

⑦ 张羽琼.贵州古代教育[M].贵阳：贵州教育出版社，2003.

⑧ 孔令中.贵州教育史[M].贵阳：贵州教育出版社，2004.

迄今为止，涉及贵州书院制度的学术专著不少，但尚未有一本真正意义上专门研究贵州书院制度的专著。这种状况很不利于贵州书院史研究的系统化和深入化。

2. 贵州书院的相关论文研究

张羽琼的《浅谈书院在贵州的早期发展》①是近年来专门研究宋元时期贵州书院的论文。该论文对南宋时期的銮塘书院和元代的文明书院进行了严密的考证，史论结合，从历史地理、经济文化等方面分析了銮塘书院出现在黔东北的时间与缘由，并考证了元代文明书院创建的历史背景。略显遗憾的是，论文仅探讨了贵州地区的两所书院，且着重考察书院创建的背景，对其发展过程、讲学活动等并未做详细论述。

何静梧、杨经琦的《明清两代的贵州书院》②以专题方式，对明清时期的贵州书院进行了介绍，作者查阅了大量明清时期贵州地区的地方志，主要从建制、教学和经费三方面切入，按年代先后梳理了明清两代贵州各地主要书院建立的过程、院址的考证。论文偏重于贵州书院史料的考证，论述的成分较少。欧多恒、王正贤的《明清时期的贵州教育》③论述了贵州书院的发展历程，认为明清两代贵州书院对贵州的经济、文化、人才培养等方面起到了重要的作用。傅宏的《明清两代贵阳书院的流变》④主要探讨了明清两代贵阳的书院发展的背景、历程以及给社会带来的变化。方宁在《教育文化论坛》发表的《明代贵州书院的发展和特点》⑤《明代贵州书院的基本特征及其历史文化价值》⑥两文中认为，明代贵州书院呈现出三个特征：书院区域分布不均衡；书院教育具有向社会大众转移的倾向；书院教育促进了民族间的交流融合。作者观点鲜明、逻辑清晰，亦对本书的书写具有一定参考价值。

张羽琼教授的《论明代贵州书院的发展》⑦一文，主要探讨了明代贵州境内的书院的发展情况，并在查阅大量明代地方志的基础上，对当时贵州书院的数量

① 张羽琼. 浅谈书院在贵州的早期发展[J]. 教育文化论坛，2013（1）.
② 何静梧，杨经琦. 明清两代的贵州书院[J]. 贵州文史丛刊，1981（3）.
③ 欧多恒，王正贤. 明清时期的贵州教育[J]. 贵州社会科学，1984（2）.
④ 傅宏. 明清两代贵阳书院的流变[J]. 贵州文史丛刊，2010（4）.
⑤ 方宁. 明代贵州书院的发展和特点[J]. 安顺学院学报，2012（3）.
⑥ 方宁. 明代贵州书院的基本特征及其历史文化价值[J]. 教育文化论坛，2012（3）.
⑦ 张羽琼. 论明代贵州书院的发展[J]. 贵州社会科学，2002（2）.

进行了考证，并进行了详细的列举。值得一提的是，张羽琼指导的硕士学位论文《论明代贵州书院发展及对贵州区域文化的影响》[1]，对书院教育在贵州的兴起和发展、明代贵州书院教育及其特点亦进行了详尽的介绍，并探讨了书院对明代贵州区域文化的影响。

关于清代贵州书院的研究：禹玉环的《论清代贵州书院的特征》[2]观点鲜明，认为清代贵州书院无论是在数量、规模、教学质量上，抑或是书院管理水平上，清代都远超明代。禹玉环、罗进的《论清代贵州书院的影响》[3]一文指出，贵州书院在培养人才、推动当地文化教育事业、改变文风等方面发挥着巨大的作用。邓德生的《清代贵阳书院管窥》[4]对清代贵阳地区书院的兴衰过程进行了考证，并对这些书院的情况进行了详细的介绍。

关于贵州少数民族地区书院的论文研究：钟德宏的《清代大定府属书院初探》[5]，主要考察了大定府（今大方县）书院的发展情况，包括书院选址，书院的组织与管理、经费管理、科学研究与学术交流等方面内容。王雨容的《论明清时期清水江流域黎平地区的书院教育》[6]考述了贵州黎平府书院的发展概况，并探讨了书院的管理、组织、教育与教学工作，从多方面考查了黎平地区的书院。吴军的《清代侗族地区的书院教育》[7]深入探讨了侗族地区的书院发展情况、教学与科研、书院各项管理制度等内容。刘淑红的《试论明代少数民族地区的书院研究》[8]对明代贵州少数民族地区书院的发展情况进行了介绍。

关于王阳明与贵州书院的研究：万书元、田晓冬的《理学的变脸与学人的变身——王阳明与书院综论》[9]，从宋明理学的角度出发，探讨了王阳明思想的转变原因及过程，主要论述了其在贵州创办的龙冈书院及王学在书院中的传播。贺

① 高志刚. 论明代贵州书院发展及对贵州区域文化的影响[D]. 贵阳：贵州师范大学，2008.

② 禹玉环. 论清代贵州书院的特征[J]. 毕节学院学报，2009（12）.

③ 禹玉环，罗进. 论清代贵州书院的影响[J]. 沧桑，2011（1）.

④ 邓德生. 清代贵阳书院管窥[J]. 贵州大学学报（哲学社会科学），1990（4）.

⑤ 钟德宏. 清代大定府属书院初探[J]. 贵州文史丛刊，1988（4）.

⑥ 王雨容. 论明清时期清水江流域黎平地区的书院教育[J]. 教育文化论坛，2006（3）.

⑦ 吴军. 清代侗族地区的书院教育[J]. 贵州教育学院学报（社会科学），2005（5）.

⑧ 刘淑红. 试论明代少数民族地区的书院研究[J]. 贵州民族研究，2012（2）.

⑨ 万书元，田晓冬. 理学的变脸与学人的变身——王阳明与书院综论[J]. 南京理工大学学报（社会科学版），2006（3）.

秋菊的《论明代书院心学化》^①，主要考察王阳明在贵州创办龙冈书院后，阳明心学对贵州社会产生的深远影响。宋荣凯的《论王阳明创建龙冈书院的动因及条件》^②，对王阳明创建龙冈书院的原因及背景进行了讨论，基本展示了王阳明被贬谪到修文县龙场驿的全过程，龙场悟道并创立"阳明心学"的过程，并重点论述王阳明对贵州书院及贵州教育发展所做的重要贡献。宋荣凯、朱慧敏的《论王守仁对明代书院教育的贡献》^③，对王阳明创建龙冈书院、延聘到文明书院进行主讲的史实进行了考证和论述，并认为王阳明开启了明代书院与明代教化之风，为黔中王学的产生奠定了坚实的基础。

关于书院功能与书院特点的研究：张明的《明代贵州的书院讲学运动》^④论述了王阳明在文明书院的讲学活动，考察了明代贵州书院讲学及其对当地文化教育事业的贡献；《王阳明与黔中王门的书院讲学运动》^⑤主要以王阳明创办龙冈书院、讲学于文明书院为讨论主题，探讨了在他的影响之下，黔中王学形成和发展的过程，通过这些来具体考察明代贵州书院的整体情况。同样，陆永胜的《王阳明龙冈书院讲学考论》^⑥也考察了王阳明在龙冈书院讲学的过程及教学的特点。雷成耀的《清代贵州书院藏书考略》^⑦是少有的对贵州书院藏书及刻书情况进行介绍的论文，该文探讨了清代贵州各地书院的藏书情况、藏书来源、图书的管理制度等。

张羽琼教授的《浅谈明清时期贵州书院的祭祀》^⑧专门研究了贵州书院祭祀方面的内容，该文史料丰富，观点明确，具体探讨了书院的祭祀规制、祭祀典礼、祭祀对象、祭祀意义。同样，王胜军的《明清时期西南书院祭祀与儒学传播》^⑨也对明清时期贵州书院的祭祀制度进行论述与探讨。

由前述可知，迄今为止，关于贵州书院的研究取得了较为丰硕的成果，推进

---

① 贺秋菊. 论明代书院心学化[J]. 广西社会科学，2007（1）.

② 宋荣凯. 论王阳明创建龙冈书院的动因及条件[J]. 黔南民族师范学院学报，2010（2）.

③ 宋荣凯，朱慧敏. 论王阳明对明代贵州书院教育的贡献[J]. 怀化学院学报，2004（3）.

④ 张明. 明代贵州的书院讲学运动[J]. 当代贵州，2013（11）.

⑤ 张明. 王阳明与黔中王门的书院讲学运动[J]. 贵阳学院学报（社会科学版），2014（2）.

⑥ 陆永胜. 王阳明龙冈书院讲学考论[J]. 中山大学学报（社会科学版），2017（1）.

⑦ 雷成耀. 清代贵州书院藏书考略[J]. 安顺学院学报，2013（4）.

⑧ 张羽琼. 浅谈明清时期贵州书院的祭祀[J]. 教育文化论坛，2016（1）.

⑨ 王胜军. 明清时期西南书院祭祀与儒学传播[J]. 贵州社会科学，2016（9）.

了学界对这一领域的研究，无论是探讨的广度和还是深度，都为后续的相关研究指引了方向。既往研究主要有以下几个特点：其一，研究范围较广，应该关注的书院研究领域都有涉及，但研究领域尚不全面，还有待深入探讨；其二，从目前的研究成果来看，探讨的主题不集中，缺乏系统性与整体性；其三，近年学术界开始关注贵州书院及其制度研究，并开始借鉴并运用跨学科的比较法进行多视角考察。

通过以上梳理，著者认为应从以下两个方面进行改进和深入研究：

第一，研究内容应重视整体性、系统性。贵州书院起源于南宋时期，明代贵州建省后，书院开始兴起，特别是王阳明被贬谪至贵州后，书院得以迅速发展，无论是从数量上，还是规模上都有了大幅度的提高。至清代，贵州书院进入繁荣的发展时期，各项制度趋于完善。因此，在研究时，理应进行整体、全面、系统地考察，方能完整呈现贵州书院及其制度发展的轨迹。

第二，研究的视野和方法应不断突破。现有的研究大都集中于历史学领域，应该尝试运用多学科交叉的研究方法，从教育学、社会学、政治学的视角切入，如此才能使贵州书院制度的研究更加全面。另外，还可以尝试运用边疆学、民族学的研究方法，将贵州书院的发展置于古代社会发展历程中进行考察。同时，还要注意贵州书院与中原地区书院的互动与联系，突显其独特性与多元性。如此，将有助于立体呈现贵州书院制度的兴起、发展、完善的全过程，这也在某种程度上丰富了中国书院史的研究。

三、本书研究的基本思路及重点难点

1. 本书研究的基本思路

本书研究的基本思路主要来自以下三个方面：

一是早期贵州书院的发展历史。介绍了唐宋时期贵州书院发展的历程。宏观方面，通过考察唐宋时期随着经济社会重心南移、人口流动、交通驿递发展给贵州文化教育带来的深刻影响，探究贵州书院兴起和早期发展的背景与条件；微观方面，通过考查贵州历史地理环境、贵州民族地区的文化教育、贬谪至贵州的文人情况，具体探讨贵州书院兴起的原因以及这些因素对贵州区域文化发展路径的影响。

二是明清时期贵州书院的特点与贵州书院制度的研究。主要研究明清时期贵州书院建立的背景，书院发展的历程，书院的组织结构，书院的时空分布，书院的祭祀制度，书院的教育教学、书院的学术交流，书院的藏书与刻书，书院与当地官员、士绅、土司之间的关系。通过对明清书院的历史发展及其制约因素全方位、多层次的透视和分析，将贵州书院与邻近地区书院的发展进行比较，总结二者的异同点，从而揭示贵州书院的区域社会性与历史发展性。

三是清末书院改制与近代贵州教育的兴起。主要研究书院与贵州教育近代化发展历程的关系，从贵州书院与清末学制的改革出发，具体总结出贵州书院在清末学制中起到的重要作用。通过对贵州省各大书院演变的历程对近代文化教育的影响的研究，探讨贵州书院的人文精神对当地教育发展的历史影响，彰显了书院精神对当今贵州教育的继承与发展所起到的巨大影响力。

2. 本书研究的重点与难点

本书的重点：一是贵州书院及贵州书院制度发展历程的梳理。贵州书院早期是如何形成和发展，到了明清时期贵州书院开始迅速发展的影响因素，贵州书院从最初萌芽、发展、逐渐完善、最后走向成熟的过程，清末晚期随着教育制度的改革，书院及书院制度对近代教育的影响。二是贵州书院、贵州书院制度与贵州社会的关系。贵州书院与当地官学、义学、民族学之间的关系；贵州书院与当地官员和士绅之间的关系；贵州书院及书院制度对贵州地区产生的影响，等等。

本书的难点：相关资料的收集与整理工作，以及相关研究成果不足。关于贵州书院的相关史料全部零散于地方志、文集、私人笔记、历史档案中，而相关的研究成果也较为缺乏，只有三本著作，即张羽琼教授的《贵州书院史》《贵州古代教育》、孔令中主编的《贵州教育史》。三部著作中均提及了贵州书院与贵州书院制度的内容，其他著作只是稍有涉及，相关学术论文也不够深入。

四、本书的研究方法

以历史唯物主义为指导思想，占有翔实史料，在对史料进行科学分析的基础上，围绕提出的主要问题进行细致的研究与充分的论证。

对文献的搜集与考证是进行历史研究最基本的方法。本书除利用传统的文献之外，同时加强了对地方文献尤其是地方志史书、档案资料，非官方材料如黔宦的私人笔记、游记、少数民族文献、口述史料，贵州人士与外籍学者的文集等文献的梳理，去伪存真，去粗取精，力争做到所使用的资料相对客观。

以历史文献为依据，用事实说话，对所论述的问题不妄下结论，史论结合，确保所得出的结论具有充分的史料依据。

在书写本书的过程中，著者还借鉴了社会史学、民族学，特别是统计学的方法，使本书的论证更为充分有力，所得到的认识更为客观。

五、本书研究的创新之处

第一，本书是关于贵州书院整体性、系统性、完整性的研究，以往的研究多集中于某一地区或某一方面而进行个案研究、零散碎片式研究。

第二，视角新。本书将贵州书院放在贵州社会的发展过程中进行研究，探究书院及书院制度的兴衰历史，并与全国其他地区的书院进行对比研究。

第三，以史为鉴，本书的研究所得对当今贵州教育文化建设具有重要的启示作用。

第一章　书院的兴起与发展

　　书院在中国的教育史上占有非常重要的地位。它肇始于唐代，在宋代走向兴盛、普及，明清时期遍及全国，从穷乡僻壤到通都大邑甚至荒漠边陲之地都有书院的身影，总数高达4300余所，最终因清末学制改革而走到终点。在长达一千多年的历史进程中，书院的发展较为曲折，却始终处于不断发展壮大之中。可以说，书院成为中国文化传播的重要途径，也是与世界各国进行交流的窗口之一。

第一节　书院的起源及初期形态

一、书院的萌芽

　　书院之名肇始于唐代，这已是毋庸置疑的事实①。但具体为何时，目前并未有一个明确的结论。邓洪波先生在《中国书院史》中将书院建立的时间确定为唐朝初年，且以湖南攸县光石山书院为标志②；白新良在《明清书院研究》中认为书院之名始于唐中期，以唐玄宗丽正书院、集贤书院为主要标志③；李才栋从学院的性质和功能的角度出发，认为"在八世纪末到九世纪初已经出现具有学校性质的

---

① 书院起源于唐代，历代大多数学者多同意此论，如宋代朱熹在《衡州石鼓书院记》中称："故有书院，起唐元和间，州人李宽之所为。"这种观点被近现代众多学者所接受，如邓洪波在《中国书院史》中将书院确定为唐代初年。柳诒徵在《江苏书院志初稿》一书中写道，"书院始于唐而盛于宋"。同时，也有学者认为书院之名产生于五代和宋代。例如盛朗西在《中国书院制度》一书中认为书院制度肇始于五代，白鹿洞书院为最早的书院。明清之际，学者王夫之认为"咸平四年（1001）诏赐《九经》与聚徒讲诵之所，与州县学校等，此书院之始也。"以上诸说中，书院起源于五代和宋代之说已被新发掘的资料所否定，大多数学者还是一致认为书院起源于唐代。

② 邓洪波.中国书院史[M].武汉：武汉大学出版社，2012：2.

③ 白新良.明清书院研究[M].北京：故宫出版社，2012：1.

书院了"①，且最早使用书院之名的是官方学术机构。清代学者袁玫在《随园诗话》中道："书院之名起于唐玄宗时，丽正书院、集贤书院皆建于朝省。为修书之地，非士子肄业之所也。"②《新唐书·百官志》中也有相应的记载③。由此可见，书院最早并非学者讲学、进行学术研究，且具备教育教学功能的学校，而是中央政府修书、校书和藏书之所。书院的主要功能是作为皇帝的顾问，帮助其了解经典史籍、推举人才。因该文献记载时间最早，因此被认为是书院的最初来源。

集贤书院，前身为丽正书院（又称"丽正殿书院"），取"集天下贤才，以济治于当世"之意。书院建于开元五年（717年），唐玄宗欲整理内府藏书，命昭文馆学士马怀素为修图书使，与崇文馆学士褚无亮一起"整修"四部之书。据《新唐书·百官志》记载："开元五年，乾元殿写四部书，置乾元院使，有刊（勘）正官四人，以一人判事；押院中使一人，掌出入宣奏，领中官监守院门；知书官八人，分掌四库书。六年，乾元院更号丽正修书院，置使及检校官，改修书官为丽正殿直学士。"④至此，丽正修书院正式建立。开元十三年（725年），丽正书院改名为"集贤书院"。《新唐书》记载："十三年，改丽正修书院为集贤殿书院，五品以上为学士，六品以下为直学士，宰相一人为学士知院事，常侍一人为副知院事，又置判院一人、押院中使一人。玄宗尝选耆儒，日一人侍读，以质史籍疑义，至是，置集贤院侍讲学士、侍读直学士。"⑤

集贤书院的职责与组织较为严整，学士作为书院的核心总掌书院的一切事务。学士依据品阶的高低，可分为学士和直学士⑥；学士按职能不同，又分为侍讲学士、侍读学士、修书学士。学士中选择宰相与常士各一人，分别担任知院事和副知院事，具体掌管书院大小事务。此外，还有判院、押院中使、侍读作为辅助。学士的具体职责如下：

---

① 李才栋. 一千零一十周年纪念文集·第1辑·简论我国书院的产生岳麓书院[M]. 长沙：湖南大学出版社，1986：207-213.

② （清）袁玫撰，顾学颉校点. 随园诗话·卷十四[M]. 武汉：崇文书局，2017：156.

③ 《新唐书·百官志》中记载：开元五年（717年），唐朝政府组织文人学士于乾元殿校理经籍。乾元殿后改名为"丽正修书院"；开元十三年（725年）又改"丽正修书院"为"集贤殿书院"。

④ （宋）欧阳修、宋祁. 新唐书·百官二·集贤殿书院[M]. 北京：中华书局，1975.

⑤ 同上。

⑥ 学士依据品阶的高低，可分为学士和直学士，其中五品以上为学士，六品及六品一下为直学士。

集贤院学士掌刊辑古今之经籍，以辨明邦国之大典，而备顾问应对。凡天下图书之遗逸，贤才之隐滞，则承旨而征求焉；其有筹策之可施于时，著述之可行与代者，较其才艺，考其学术而申表之。凡承旨撰集文章，校理经籍，月终则进课于内，岁终则考最于外。①

刊辑经籍、搜寻古籍、寻访贤才名士、备皇帝顾问，这是集贤书院的主要职能，其设置与教育教学并无直接关系，但书院的藏书和校注经籍的功能对后世书院的产生有着启发和引导的作用。

除官方建立的书院外，一些官员致仕返乡后，在家乡成立书院讲学、藏书，《全唐诗》中记载这类书院共计11所，具体情况见下表。

表1-1　《全唐诗》中所载书院情况一览表

序号	书院名称	书院建立时间	书院创建人	资料来源
1	李秘书院	742—762 年	李秘	韩翃《题玉真观李秘书院》卷 245
2	第四郎新修书院（薛载少府书院）	766—779 年	第四郎或薛载	未详
3	赵氏昆季书院	766—779 年	赵昆季	未详
4	杜中丞书院	766—835 年	杜中丞	王建《杜中丞书院新移小竹》卷 299
5	费君书院	785—804 年	费君	未详
6	李宽中秀才书院	806—820 年	李宽中	未详
7	南溪书院	827—835 年	未详	杨发《南溪书院》卷 517
8	李群玉书院	860—873 年	李群玉	未详
9	田将军书院	785—804 年	田将军	贾岛《田将军书院》卷 574
10	子侄书院	860—873 年	曹唐子侄	未详
11	沈彬进士书院	唐末	沈彬	齐己《宿沈彬进士书院》卷 844

除《全唐诗》记载的书院之外，根据各类古籍及地方志的记载，唐朝书院还有25所②。由于时代久远、史料湮灭以及唐宋以后史志所托，唐代书院的准确数

① 陈谷嘉、邓洪波. 中国书院史资料[M]. 杭州：浙江教育出版社，1998：33.
② 对于唐代书院的数量统计，学者统计数字各不相同，如邓洪波在《中国书院史》中记载为50所、白新良在《明清书院研究》中记载为34所、张羽琼在《贵州书院史》中记载为37所。

字尚无法考证，且这些书院中除官方集贤书院外，其他皆为私人建立，大多数是致仕官员在原籍所建，为讲学和藏书之所，这些特征都表明唐代书院尚处于萌芽阶段。

唐朝末年，烽火连连，战争频发，百姓流离失所，政治、社会混乱，在此背景下，唐代书院数量也明显减少[①]。书院的数量急剧减少主要是因为这一时期的文人为躲避战乱或隐匿山中潜心治学，或在山林野胜之地聚徒讲学。如罗靖、罗简兄弟于洪州奉新县（今属江西）建梧桐书院，"二先生伯仲相师，以圣贤性理之学教授生徒。""从游者担簦蹑履，争师事之。"[②]由此可见梧桐书院之兴盛。五代时期的书院数量虽少，却已具备后世书院的雏形，此后学校性质的书院逐渐成为主流，为后世书院的发展奠定了坚实的基础。

二、书院的发展

两宋时代在中国古代教育史上是一个承上启下的时代。"承上"是指唐代教育体系基本形成后，在宋代得到进一步的完善和发展；"启下"是指封建社会特别是教育体系成熟稳定后，其各项制度和教育方针、教育思想被之后的王朝所继承发展，不再进行较大的调整。因此，宋代的教育体系是中国封建社会后期基本的教育模式。宋代以后，中国书院进入高速发展的阶段，数量高达720所。[③]北宋时期更出现了"天下四大书院"[④]。这时的书院已具备完整的教学功能，和学校的

[①] 据统计，五代十国半个多世纪以来，民间书院共有13所，其中新建12所、兴复唐代书院1所。其地域分布，北及幽燕之区，南达珠江流域，集中在今江西、福建、广东、河南、北京地区，基本上仍是唐代书院分布的范围之内。

[②] （清）吕矛先等修，帅方蔚等纂.奉新县志·卷十·人物志[M].清同治十年刊本.

[③] 数据出自邓洪波的《中国书院史》，其他统计有：曹松叶在《宋元明清书院概况》一文中统计为397所；白新良在《中国古代书院发展史》中统计为515所；1963年，宋彦民在《宋代书院制度之研究》中统计为379所；吴万局在《宋代书院与宋代学术关系》中统计为467所。随着新史料的不断发现，宋代书院的数量也不断增长，本文采用邓洪波提供的数据。

[④] 关于北宋的"四大书院"共有三种说法。一说见吕祖谦的《白鹿洞书院记》和王应麟的《玉海》：白鹿洞书院、岳麓书院、应天府书院、嵩阳书院；二说见朱熹的《石鼓书院记》和马端临的《文献通考》，去嵩阳书院而增石鼓书院，即白鹿洞书院、岳麓书院、应天府书院、石鼓书院；另有一说，见于光绪六年刻本《国朝石鼓志》卷一。其说称宋初四大书院为徂徕书院、金山书院、岳麓书院、石鼓书院，而无睢阳书院、白鹿书院。

教学、管理模式基本一致，并出现官学化的倾向；以张栻、朱熹、吕祖谦、陆九渊为代表创立的"南宋四大书院"①成为这一时期书院的代表。在这之后，教育教学与学术研究、交流成为书院的重要职能，为国家培养了大批栋梁之材。正如马临端在《文献通考》中提道的："是时未有州县之学，先有乡党之学。乡党之学，贤大夫留意斯文所见也，故前归后随，皆务兴起，后来所至，书院尤多。而其田土之赐，教养之规，往往过于州县学，皆欲仿四书院云。"②

两宋书院的繁荣与发展与当时的政治、经济、文化、社会均有重要的关系，同时也与唐以降的科举制度的发展有着密切的联系。北宋初期，书院经历了一个繁荣发展的时期，曾一度出现像白鹿洞、岳麓、应天府、嵩阳这样的著名书院。其主要原因如下：

第一，官学长期低迷不振，为书院的发展提供了有利的条件。经过唐末五代十国的政局变乱，教育制度衰微，发展至宋代，地方官学已遭破坏，仅残存一些破旧孔庙，多流于形式，只能进行象征性的孔庙祭祀，无法开展教育教学活动。宋代初年，统治者曾下令新建郡县官学，但并未得到认真的执行，官学规模较小，既无师资，又无学产，根本不具备开展常规教学活动的条件。士子求学，苦无其所，学者讲学，苦无教学之地。在这种背景下，那些具有家国情怀、高度责任感的士人知识分子开始承担起为国家培养人才、振兴教育的职责，书院由此而繁荣。

他们捐资建立书院、聚徒讲学，弥补了地方官学办学的不足，为广大士子提供了读书入仕的机会。如南宋学者吕祖谦在《白鹿洞书院记》中写道：

"国初斯民新脱五季锋镝之厄，学者尚寡，海内向平，文风日起。儒生往往依山林，即闲旷以讲授，大率多至数十百人。嵩阳、岳麓、睢阳及是洞为尤著，天下所谓四书院者也。"③

---

① "南宋四大书院"指江西庐山的白鹿洞书院、湖南长沙的岳麓书院、河南嵩山的嵩阳书院、河南商丘的应天府书院。

② （宋）马临端.文献通考[M].北京：中华书局，2011.

③ （宋）吕祖谦.吕祖谦全集·第一册[M].杭州：浙江古籍出版社，2008：99-100.

第二，民间书院兴起的同时，北宋政府也开始重视文化教育的发展。宋代统治者借鉴唐末五代以武力夺天下的教训，对武官大加压制，开始大规模地发展科举制度，增加科举取士的名额，但百废待兴的客观形势导致国家一时无法顾及教育事业而造成官学人才培养能力相对不足，书院得以迅速发展。而书院的兴起既满足了广大士子读书求学的愿望，又缓解了朝廷崇尚文治而教力不足的矛盾，为政府培养了大批文治人才，因而朝廷对书院给予了多方面的表彰和赞助。正如吕祖谦在《白鹿洞书院记》中所说："祖宗尊佑儒术，分之官书，命之禄秩，赐之匾榜，所以宠绥之者甚备。"①表彰的方式主要有赐书、赐匾额。宋代的著名书院白鹿洞书院、岳麓书院、应天府书院和嵩阳书院，都曾先后得到朝廷的赐书、赐额、赐田封官等一系列嘉奖。

赐书。宋初的统治者对书院的发展颇为重视，赐书也较为频繁。著名的书院皆得到过统治者颁赐的典籍。如宋真宗咸平四年（1001年），潭州知府扩建岳麓书院，赐书"诸经释文、义疏、《史记》《玉篇》《唐韵》"于书院②；大中祥符八年（1015年），赐岳麓书院儒家典籍，同时召见岳麓书院山掌周式，拜国子监主簿。③

赐匾额。宋真宗大中祥符元年，为商丘应天书院书匾额。④同时赐长沙岳麓书院"因旧名赐额"。⑤大中祥符二年（1009年），诏应天府新建书院，以曹诚为助教，令戚舜宾主之，赐匾额。"应天府民曹诚，以赀募工，就戚同文所居造舍百五十间，聚书千余卷，博延生徒，讲习甚盛。府奏其事，上嘉之，诏赐额曰应天府书院。"⑥宋神宗熙宁九年（1076年）为宁波桃源书院赐匾额。⑦

赐田。书院的创建与正常运行都离不开一定的经济基础，其中学田尤为重要。"书院不可无田，无田则士难久集，院随以废，如讲道何哉？"⑧统治者往往通过赐田的方式支持书院的发展。如景祐二年（1035年），西京重修太室书

---

① （宋）吕祖谦.吕祖谦全集·第一册[M].杭州：浙江古籍出版社，2008：99-100.

② （明）孙存等纂修.嘉靖长沙府志·卷四[M].明嘉靖刻本.

③ 同上。

④ （清）刘德昌修，叶沄纂.商邱志·卷三[M].民国二十一年石印本.

⑤ （明）孙存等纂修.嘉靖长沙府志·卷四[M].明嘉靖刻本.

⑥ 李焘.续资治通鉴长编·卷四十九·真宗大中祥符二年二月庚戌[M].北京：中华书局，2004：1597.

⑦ （明）张瓒等纂修.成化宁波郡志·卷六[M].成化四年刻本.

⑧ 李梦阳等.白鹿洞书院古志五种[M].北京：中华书局，1995：101.

院，诏以嵩阳书院为额，赐田一顷。赐衡阳石鼓书院院额及学田五顷；宝元元年（1038年），赐登封太室书院田十顷①。

总之，北宋统治者对书院的大力扶持政策，使书院之名"声闻于天下，风化于天下"，受到社会的广泛关注，很快成为官学之外的又一教育组织。

第三，雕版印刷术的普及和应用为书院的发展提供了便利的条件和基础。宋代书院不同于唐代，其职能主要以教育和教学为主，但仍留存了唐代书院的一些功能，如藏书和印书。而宋代的书院之所以能够迅速地发展起来，很大程度上归功于雕版印刷术的普及应用，这为书院的藏书、读书以及教学活动提供了便利。

北宋中期，由于政治、经济、文化的原因，出现了"书院至崇宁末乃废止"的局面。主要是由于北宋三次兴学运动，官学迅速发展，众多书院或因颓毁不修而衰落，或与官方结合，成为官学的一部分。而读书士子只热衷于官学的科举考试，不愿意过躬耕笔读、隐居山林潜心为学的生活，书院的光环在士子眼中逐渐淡去，慢慢走向衰落。直到南宋时期开始振兴，并随着理学的发展而达到鼎盛，迎来了继宋初之后宋代书院发展的又一高潮。书院分布区域广泛，数量更是达到442所，是北宋书院数量的6倍。②在南宋书院发展过程中，书院与理学逐渐融为一体，其自身的体制与内部的规制更加完备，书院的教育、讲学、管理、组织、藏书功能也更加健全，各理学大师皆至书院聚徒讲学，社会影响力愈来愈大，表明书院已进入成熟发展阶段。正如苗春德、赵国权在《南宋教育史》中所道："南宋时期的书院，无论是发展规模还是管理水平都处于鼎盛阶段，显示出极强的生命力，在中国书院及其学术发展史上起着承前启后的作用。"③

南宋书院的兴盛发展主要源于以下几个原因：

第一，衣冠南渡，促使南宋教育文化水平迅速提高。

第二，官学衰微推动了书院的发展与进步。高宗建炎元年（1127年）开始南渡；建炎三年（1129年）金兵攻占南京，北宋宣告灭亡，宋高宗携众臣逃往镇

---

① （清）毕沅撰. 续资治通鉴·卷四[M]. 北京：中华书局，1979.

② 具体参见邓洪波《中国书院史》的第118页。关于南宋书院的总数，白新良在《明清书院研究》中以表格的形式记载为500所以上，南宋新建书院299所；苗春德、赵国权的《南宋教育史》记载南宋书院473所；《中国教育制度史》第三卷统计为400所左右。

③ 苗春德、赵国权. 南宋教育史[M]. 上海：上海古籍出版社，2008：140.

江，又几经辗转，直到绍兴八年（1138年）终于定都临安。在十余年的动荡时期，文化教育事业衰微，只流于形式。当时，曾有大臣上书请求恢复太学，朝廷以"军食未暇，国家削弱"为理由，予以拒绝，直到绍兴十二年（1142年）才增修临安府学为太学，定太学弟子以三百人为额。第二年又增建国学，招收太学生。之后，州县也相继建立学校。但南宋所谓的太学和州县学校都是流于形式，有名而无实。正如朱熹在《学校贡举私议》一文中所道："所谓太学者，但为声利之场，而掌其教事者不过取其善为科举之文，而尝得隽于场屋者耳。士之有志于义理者，既无所求于学，其奔趋辐辏而来者，不过为解额之滥，舍选之私而已。师生相视漠然如行路之人。间相与言，亦未尝开之以德行道艺之实。而月书季考者，又只以促其嗜利苟得，冒昧无耻之心，殊非国家之所以立学教人之本意也。"[1]可以说，这些太学生毫无责任感和报国情怀，把太学当作追求功名利禄的场合，连起码的礼义廉耻都不顾；师生之间形同陌路，没有任何感情，而言谈之间皆是名利。中央太学腐败如此，可想而知府州县官学也好不到哪里。兵部侍郎虞俦曾严厉地批评道："窃怪夫近来州郡之学，往往多就废坏。士子游学，非图啜哺以给朝夕，则假衣冠以诳流俗。而乡里之自好者，过其而不入。为教授者，则自以为冷官，而不事事。自二郡观之，若未甚害也，举天下皆然，则实关事体也……夫朝廷建一官，盖欲使之治一职，苟以为迂阔于事，无补于时，曷不一举而废之！吏禄学粮，犹可省也。若以为化民成俗，长育人才，自学校始，祖宗以来，莫之有改，奈何使之名存而实亡乎！"[2]

官学如此衰败，宣告了南宋文化教育的失败。学生学不到义理，整天周旋于名利与人情世故之中，教师也不以立德树人为己任，道德沦丧，价值观崩坏。在这种情况下，私人讲学的书院应运而生，并且发展迅速，取代官学而成为主要的教育组织与机构。

第三，南宋理学的发展推动了书院的繁荣兴盛。理学形成于北宋时期，成熟于南宋时期，出现了一批理学名家，如朱熹、吕祖谦、张栻、陆九渊等，他们的学术观点不尽相同，但总体上均摆脱了传统道学中只重视词句训诂的窠臼，开始

---

[1] （宋）朱熹撰；朱杰人，严佐之，刘永翔主编.晦庵先生朱文公文集·卷六十九[M]. 合肥：安徽教育出版社，2010.

[2] （明）王圻纂辑.续文献通考·卷五十·选举考续[M].北京：现代出版社，1986：752.

转向探讨经学的意蕴所在，从而成功将理学推向了一个新的发展阶段。各个学派的理学大师以书院作为传播弘扬学术之地，大量学子慕名而来，从而扩大了书院的影响力。同时，理学名士也担负着振兴华夏、重塑伦常、建立新的价值观来维系社会发展的重任。由于官学的腐败和统治者的不作为，理学名士更加重视私人讲学的书院。如朱熹主要在白鹿洞书院、岳麓书院讲学；陆九渊主要在应天山精舍和象山书院讲学；吕祖谦在丽泽书院讲学等。在名士的带动下，当地的书院也发展起来，统治者有时也会应臣下的请求下令敕建书院。一番上行下效，使南宋的书院迅速得以发展，书院数量急剧增长，分布区域扩大，在影响与规模上都有了较大幅度的提高。理学家也依托书院，使自己的学术活动得以顺利开展。理学各学派的产生正是理学与书院结合的产物。据白新良先生统计，南宋创建兴复书院的速度为年均2.52所，共计63所，占南宋确知年代书院总数的23.77%，仅次于南宋后期的理宗、度宗时期。

第四，雕版印刷术的普及和发展也是南宋书院繁荣发展的重要因素。学术研究、教育教学、藏书刻书、祭祀田产是书院的四大职能。藏书是宋代书院的传统。随着南宋活字印刷术的普及与发展，书籍得以大量刊印，并形成福建、江浙、四川等图书印刷中心，图书刊刻发行的数量均比北宋时期有大幅提高。该时期所刊印的图书不仅数量多，且质量好，被后世视作珍贵的版本。如建康明道书院就有印制图书的业务："开庆己未秋八月中马光祖序《程子书》成，山长周应合以不受月俸五千贯，充刻梓费，首尾百六十七版，藏于书阁，司书掌之。"[1]印刷术的发展与进步不仅令书籍的刊印量提升，丰富了书院的藏书，还吸引了大批学子前来求学。

南宋书院发展有其自身的内在规律，归结起来主要有以下几点：

第一，书院的内部结构与职能更加完善。书院在唐五代已初具规模，到北宋有了进一步发展，经历三次官学运动后，于南宋时期发展成熟，逐步得以制度化。书院的制度与职能主要包括书院的管理职能、书院的组织安排、书院人员的配置、书院的学规章程等。南宋是书院制度与职能形成和发展到最后确立的重要时期，早在北宋时期，一些著名的书院如江西白鹿洞书院、湖南长沙岳麓书院的

---

① （宋）马光祖修.景定建康志·卷二九·儒学志二[M].南京：南京出版社，2013：761.

内部结构和职能就较为完善了。据载，当时的书院有山长、有生徒、有斋舍、有藏书、有学田，基本具备了书院的基本职能。南宋时期，书院制度更加完善。书院多设置山长、洞主或洞长作为主要负责人。山长是书院的最高管理者，负责书院的一切事务，根据其才能往往由著名儒家学者来担任。如九江濂溪书院"招致名儒一位党长，诸县举秀民以为生员，仍以田租赡之"①。山长之下设副山长、堂长、讲书、司录等职。如建康府（今江苏南京）明道书院是宋代管理制度最为完善的书院，除设山长一员总负教养之责外，斋舍六堂各设堂长一员，分司其职，此外还有讲书、堂录、堂宾、直学、讲宾、司计、掌书、掌祠、医谕和职事生员协助管理。教职人员的名目达十余种之多②。其中，以山长、堂长、讲书、堂录之职最为重要。山长负责书院的一切事务，位高权重，主持院务，是书院的核心；堂长或副山长主要是协助山长管理书院的事务，负责生徒的考课；堂长和堂录负责书院的教学、祭祀、田产、经费等各项管理。其他各职各负其责，分工明确。

学生的管理制度是书院制度的重要组成部分，主要包括招生制度、考勤制度等几方面。招生制度包括书院招生的名额和人数的限定。如江西丰城龙光书院，"四方来学者三百余人"；湖北公安书院和南阳书院，定额分别为140人和120人。招收学生也有规定："士之有志于学者，不拘远近，诣山长入状帘，引疑义一篇，文理通明者，请入书院，以杜其泛。"③再如南宋四大书院之首岳麓书院"定养士额二十人"，后有扩招名额"别置额外学生十员，以初四方游学之士"④。

书院的考勤制度在唐代就已存在，至宋代形成比较完善的规章制度。景定年间制定的建康《明道书院制度》记载："请假有簿，出不书簿者罚。""应书院士友，不许出外请谒投献，违者议罚。有讼在官者给假，事毕日参。""请假逾三月者，职事差替，生员不复再参。""凡谒祠、听讲、供课，若无故而不至者，书于簿，及三，罢职住供。""请假簿"是明道书院的首创制度，与考察生徒道德修养、课业优劣的"德业簿"共同构成生徒的考勤制度。缺席三次者"罢职住供"，生徒出入皆有记录，一切皆有据可查，说明南宋书院制度已经很全面了。

① 永乐大典·卷6701·九江府·濂溪书院[M].北京：中华书局，1986.

② （宋）马光祖修.景定建康志·卷二九·儒学二[M].南京：南京出版社，2013：762.

③ （清）席裕福撰.皇朝政典类纂·卷二二七[M].台湾：文海出版社，1982.

④ 陈谷嘉、邓洪波.中国书院史资料[M].杭州：浙江教育出版社，1998：44.

第二，书院祭祀制度更加规范。书院祭祀是体现书院职能的重要形式，也是书院制度的重要组成部分，与教育教学、藏书刻书共同构成"书院的三大事业。"书院祭祀制度起源于宋代，起初受官学祭祀的影响，将儒家先贤作为祭祀的对象。所谓先贤，即历代著名儒学大师、著名名宦及其历史名人。清人戴均衡谈到宋代书院时道："其大者或祀孔子及七十二弟子，如各郡县学宫故事，其小者多各祀其地先贤。"①如湖南长沙岳麓书院"祀先师、十哲、七十二贤"。南宋时期，书院祭祀对象还增加了较为权威的理学名家，例如宋淳祐元年（1241年）吉州知军江万里兴建白鹭洲书院，"建祠祀二程夫子、益以周（敦颐）、张（杖）、邵（雍）、朱（熹）为六君子祠"②；元延祐元年（1314年），岳麓书院祭祀增加了朱熹、张杖于诸贤祠中。在诸位理学大师中，祭祀朱熹的书院最多，从中显示出朱子地位的突出。在祭祀历史名人方面，南宋书院曾祭祀唐代狄仁杰、韩愈等。③

此外，书院还祭祀对书院创建、发展做出贡献的名人和官员。如北宋开宝九年（976年）的潭州知州朱洞④、咸平二年（999年）的潭州知州李允⑤等、南宋乾道元年（1165年）的湖南安抚使刘珙⑥，这些有功于岳麓书院建设的官员都成为书院的祭祀对象。

第三，书院学田制度广泛化。学田是书院的重要经济来源之一，学田的多寡是决定书院能否兴旺发展的关键。北宋时期，由于书院官学化的倾向，书院学田多由当地政府官员上书请求统治者赐田。北宋咸平年间，潭州知州李允扩

---

① （清）戴均衡.中国历代书院志·卷六[M].北京：高等教育出版社，1995.9：766.

② 白鹭洲书院志·卷一[M].同治十年白鹭洲书院刻本.

③ 据有关南宋书院是史料统计，书院主要祭祀的历史名人有唐代狄仁杰、韩愈；宋代周敦颐、张载，程颢、苏轼、邵雍、李纲、洪皓、朱熹及其祖父和父亲朱森、朱松、李桐、杨时、胡安国、张杖、吕祖谦、陆九韶、陆九龄、陆九渊、杨简、楼昉、曾兴宗等。祭祀对象的多样性对于活跃南宋书院的学术气氛起到了一定的积极作用。

④ 朱洞，岳麓书院的开创者，北宋开宝九年任潭州太守。朱洞与陶岳、周式并列，被视之为湖湘文化的启先声者。

⑤ 真宗咸丰二年（999年），李允扩建岳麓书院，上疏奏请朝廷赐书，皇帝赐予《九经义疏》等书，即名御书阁。

⑥ 刘珙重建岳麓书院，使岳麓书院兴盛一时。

建岳麓书院时，就"请辟水田，供春秋之释典"①。南宋时期，书院经济来源更为广泛，有政府赐田、各级官员拨置田地、私人捐田等多种形式。如南宋邵熙五年（1194年）朱熹任湖南安抚使，修复岳麓书院，并为之置学田五十顷。南宋淳熙十年（1183）朱端章知南康军，将从佛寺没收的田产七百亩拨归白鹿书院，作为书院庄田。再如淳熙十三年（1186年）提点刑狱司宋若水将"籍在官闲田""习佃常平田"约两千二百四十亩拨赠衡阳石鼓书院，使书院"始有田养士"。②还有一种学田，由主办者筹钱，以其资金购买田地租给百姓，用租金及所得利息作为师生膏火之需。例如江苏明道书院的田产"帅府累次拨田产四千九百八亩，岁入米一千二百六十九石有奇，稻三千六百六十二斤，菽麦一百一十余石，折租钱一百一十贯七百文。又有白地房廊钱，本府每月拨下赡士。"③南宋末年，中国各地书院都有了固定的经济来源，这对于书院持续性的发展起到了至关重要的作用。

总之，宋代是书院发展的成熟期，特别是南宋时期，书院得以制度化，制定了学规章程，招生制度、讲学制度、考勤制度也愈加完整与规范，同时，书院的内部结构更加完善，书院执掌与职能的设置更加细密化，各司其事，各负其责；书院与官学化的倾向更为明显，主要表现为北宋三次兴学运动的展开。理学名师以振兴南宋教育为己任，在书院的教育实践中传播学术思想、培养人才，对书院师生群居共学、相与讲习、师生和谐相处的组织形式加以继承和发扬，从而营造良好的教育教学情景以促进理学的传衍流布。南宋书院制度的形成标志着我国占代教育事业进入官学、书院、私学三足鼎立或者三轨并行的时代。④

---

① （宋）王禹在. 文渊阁四库全书·小畜集·卷十七·潭州岳麓山书院记[M]. 上海：上海古籍出版社，1987. 1086：164.

② （宋）廖行之. 文渊阁四库全书·省斋集·卷四·石鼓书院田记[M]. 上海：上海古籍出版社1987. 1167：323.

③ （宋）周应合等纂修. 四库全书本·卷二十九·景定建康志[M]. 上海：上海古籍出版社，1987.

④ 邓洪波. 中国书院史[M]. 北京：东方出版社，2006：118.

第二节 贵州书院的兴起与发展

"贵州"之名见诸史籍最早始于宋代。两宋王朝沿袭前代羁縻土官政策，在国家边疆地区或少数民族聚集地，设若干羁縻州，由当地土著首领进行统治。宋代建立以前，今贵州大部分地区虽名义上属于夔州路，但绝大部分是羁縻州。北宋建立后，今贵州境内各少数民族纷纷纳土内附，据史载：彝族首领普贵纳土归附，太祖为嘉奖他，特命其为矩州刺史。"矩州"土语读为"贵州"，太祖因其俗授之敕书，于是有了"贵州"之名。贵州简称"黔"，地处云贵高原东部，与湖南、四川、重庆、云南和广西毗邻，土地总面积17万余平方公里。同时，贵州是一个多民族的省份，全省有49个民族成分，少数民族人口占全省总人口的37.85%。贵州地形复杂，山地面积占87%，境内横亘大娄山、乌蒙山、苗岭、武陵山等四大山脉。贵州地区在春秋时期开始建制。当时，西南各地部落林立，贵州一带被称"南蛮"或"荆蛮"，北起今沿河，中经印江、石阡、三穗，这一线以西之地存在着许多独立割据政权，为大小不等的"邑"。战国时期，西南少数民族地区被称为"西南夷"。其中，夜郎国属于西南少数民族地区最大的国家。司马迁在《史记》如是道："西南夷君长以什数，夜郎最大。"①

秦朝对贵州地区的开发仅仅停留在初始阶段。公元前246年，秦王以蜀为根据地开拓西南夷，首先建五尺道。"秦时常頞略通五尺道，诸此国颇置吏焉。十余岁，秦灭"②。秦王朝在"五尺道"沿途置吏治理，标志着中原王朝对西南正式统治的开始。秦王朝不仅在西南夷地区建立五尺道，还将其郡县制引入西南地区。经过汉初的休养生息，至汉武帝时出现了繁荣景象。在政治稳定、经济发展的有利条件下，汉武帝开始北征匈奴、西通西域、南伐南越等活动，这些活动使

---

① （汉）司马迁. 后汉书·西南夷传[M]. 北京：中华书局，1982：2991.

② 《后汉书·西南夷传》中所谓五尺道：常頞把原来的僰道往前延伸，从今四川省宜宾市一直修到今云南省曲靖市附近，中间途经贵州的赫章、威宁，此即历史上有名的"五尺道"。

中央和西南少数民族地区紧密地联系起来。

唐代，中国政治、经济、文化都达到鼎盛时期。在边疆政策上，统治者在总结了秦汉在少数民族地区设置郡县的基础上，首创了治理边疆的政策——羁縻州（府）制度。[①]唐代的羁縻州制最早在贵州地区设置，贵州戕柯首领谢龙羽内附唐朝，以其地置戕州。

随着羁縻州的推行，各少数民族首领及其子弟纷纷来京城朝贡，或到国子监学习，统治者给予丰厚的爵禄；同时，周边地区的汉民族向贵州地区移民，加之经济文化交流等因素，逐步打开了贵州高原闭塞的大门，客观上有利于民族的融合，促进了民族地区经济的发展。中原文化源源不断向西南地区传播，带动了当地文化事业的兴旺发达，贵州的书院就是在这种背景下产生的。

一、贵州书院兴起的背景

据传，柳宗元建立的儒溪书院是贵州地区最早的书院。据《绥阳县志》记载，在今贵州省绥阳县内曾建儒溪书院[②]；据程云生的《儒溪书院》记载："今播地有儒溪书院，相传为公遗迹，事属无稽，而祠存留宜矣……余为公后学，慕公之文章，仰公之气节，匪伊朝文矣。甫任即展拜公祠，见其堂庑尽废，只余数橼，恻然伤之，遂以修建。"[③]

至于是否真的存在儒溪书院，其是否是贵州最早的书院，书院何时由何人建立、书院规模、招生人数、师资建设、何时毁圮等，学术界多有考证讨论。吕金华在《柳宗元与儒溪书院》一文中，认为"柳宗元是唐乾符三年（876年）入播后建立的儒溪书院"的说法是不存在的，至于儒溪书院由何人在何时建立则成了历史之谜。邓洪波在《中国书院史》中认为"贵州儒溪书院不为依托，则为误

---

① 所谓羁縻制度，是指唐代在经济发达的地区建立正州，在周边地域及经济不发达的地区设羁縻州治理。前者也叫"经制州"，是由国家直接委派官员治理；后者由少数民族首领或土著大姓间接治理。

② 又名"柳溪书院"，别号"柳公祠"，位于古绥阳县朗里大溪源之江家湾右里许，即今绥阳县蒲场镇大溪源沟柳塘湾。《儒溪书院存疑碑记》中载，有自称柳宗元后人的柳益元称已圮毁的书院是柳宗元于唐乾符三年入播后修建的。

③ 胡仁修、李培枝纂.民国绥阳县志·卷八[M].贵州省图书馆藏.

记，大半应该是后人为纪念柳氏所建"①。而贵州师范大学的张羽琼教授在查阅和整理大量古籍与地方志的基础上，得出结论："唐代书院大多为私人藏书之处，而非士子求学之所，因此，地方史料所记之绥阳儒溪书院，在唐代既非柳宗元读书之处，也非学者聚徒讲学之所，而是后人为纪念和祭祀柳宗元与教化后人而建，不是真正意义上的书院。"②在贵州史籍上记载真正意义上的书院是南宋绍兴年间建立的鎏唐书院和竹溪书院。

书院入黔以来，作为中原文化传播的载体，不仅将中原地区多种多样的文化传入贵州地区，也使当地的文化变得丰富而多元化。南宋时期是书院发展的高峰期，形成了书院讲学、藏书、刊刻、祭祀等制度，出现了宋初"天下四书院"及"南宋四大书院"，书院的知名度与规模一度超越官学，而贵州书院也在此时进一步兴起和发展，具体原因如下：

首先，羁縻制度的实行和稳定的边疆环境，是贵州书院兴起的政治原因。自唐末五代以来，贵州羁縻州正州③均为当地土著大姓所占有。在数十羁縻州中，势力较大的有思州土著田氏、播州杨氏、矩州罗氏等，其中以播州杨氏影响最大。

唐宋六百余年的羁縻制度确保了西南边境的安定与和平。中原王朝巩固了边疆的安全，减少兵备与军费的开支，并且通过边境的茶马互市和贡赋，在经济上获取了中原地区经济发展需要的马匹、药材、土特产、矿产等资源。羁縻州的推行使各少数民族的首领也开始重视文化教育的发展。例如播州杨氏的"建学养士"。杨粲在播州创办学校，培养人才，开贵州土司"建学养士"之先河。两宋时期，播州地区（今遵义市）的文化教育迅速发展。播州因地近巴蜀地区，深受四川教育发展的影响④。然而，两宋时期播州地区文化教育蓬勃发展主要得益于播

---

① 邓洪波. 中国书院史[M]. 北京：东方出版社，2006：26.

② 张羽琼. 贵州书院史[M]. 贵阳：孔学堂书局，2017：24.

③ 唐代一般在经济发达地区设正州，在周边地区及不发达地区设羁縻州。唐宋时期，只在乌江北部及黔东北地区设有正州，其他地区均为羁縻州。比较大且出名的主要有牂州、蛮州、令州、普宁州、延州、整州、矩州、逸州、殷州等。虽然这种建置比起正州的治理要松弛得多，但它是针对贵州少数民族聚居区的实际情况，因地制宜而推行的特殊笼络方式能稳定贵州高原的政治局势。

④ 据记载，两宋时期四川地区的文化教育十分繁荣，许多州县既有官学又有书院，如川东的夔州路，除了建有八所儒学校外，还建有少陵、薛晖、竹林、蓬峰等书院。巴蜀发达的教育，对播州向学之风的形成产生了一定的影响。

州杨氏土司的办学及对儒生的关爱。当时，为了获得中原王朝的支持，播州杨氏一面解放和发展生产力，一面积极传播儒家文化，使播州文教建设出现了崭新气象。南宋初年，杨选执播，"适徽钦二帝播迁，高宗南渡，选慷慨负翼戴志，务农练兵，以待征调，士大夫韪之。性嗜读书，择名师授《子》《经》，闻四方有贤者，厚币罗致之，岁以十百计"[①]。杨文执政后，儒家思想得到了更为广泛的传播。杨文在播州修建了孔子庙。"留心文治，建孔子庙以励国民，民从其化。"[②]这是迄今为止黔省最早建立的孔庙。孔庙的建立以及定期举行的祭祀仪式，使以儒学为核心的中原文化在播州地区得到极为广泛的传播。而尊孔崇儒风气的形成，使播州最终发展成为古代贵州经济和文化的首善之区。在儒家思想的影响下，贵州出现了举奢哲、阿买妮、独布举、举娄布佗等著名教育家，他们重教兴文、著书立说、创办书院，为推动贵州社会和教育事业的发展做出了重要贡献。

其次，农业和茶马互市的繁荣与发展是贵州书院兴起的经济原因。一方面，随着衣冠南渡和中国经济重心的南移，今贵州境内各少数民族与中原的经济文化联系进一步加强。两宋时期，中原一带战祸连连，山西、湖南、江西、四川等地百姓为躲避战乱，纷纷移民西南地区，迁入今贵州地区。他们筚路蓝缕，利用贵州地广人稀的特点大量开垦土地，将先进的生产力和生产技术带到贵州，大量汉族人口的迁入极大地推动了贵州经济的发展。而经济的发展必然会带来文化教育的发展。另一方面是设立茶马互市。两宋时期，边疆不稳，战事频繁，马政成为王朝统治亟待解决的问题。贵州的良马高大骁健、能耐饥渴且筋骨粗壮，成为中原王朝的首选。南宋政府在贵州罗甸、播州及侗族地区等地设立市马场。在进行"胡马"交换的同时也进行绵帛、金银、茶叶的交换，被称为"茶马互市"。

南宋定都临安后，在国力孱弱、军事不振的情况下，通过茶马互市，中原王朝获得了大量的"广马"及"大理马"，解决南宋军事的燃眉之急。南宋的马市交易是在当时的历史条件下，内地和边疆保持政治联系和经济交流的一种特殊形式，既有利于中原王朝对边疆的统治，也有利于少数民族与中原地区的物资交换，同时推动了西南少数民族社会和商品经济的发展。

第四，儒、释、道的融合为贵州书院的兴起奠定了文化基础。两宋时期，统

---

① （明）宋濂. 四库全书本·卷十·集部六·别集类·文宪集. 上海：上海古籍出版社，1987.

② （清）郑珍、莫友芝，遵义府志·土官[M]. 遵义市地方志编纂委员会点校本，2013：955.

治者为了加强边疆的统治，在大力尊孔崇儒的同时，也发挥宗教"阴翊王度"的作用，极力扶持佛、道二教。宗教的作用，即康熙皇帝所说："佛道之兴，其来已久，使人迁善去恶，阴翊德化，不可忽也。"①宋真宗、徽宗更对佛、道二教推崇备至，真宗不仅亲著《释氏论》，还下令天下遍建天庆观；徽宗则诏令"自今学道之士，许入州县学教养"。在统治者的大力倡导与扶持下，佛、道二教开始在贵州地区广泛传播起来。如播州杨氏土司大力提倡佛道，在该地兴建琳宫梵刹。思州地区的三清观是迄今为止贵州境内最早的道观。

据贵州地方志记载，宋代思州、播州两地的佛寺较为兴盛。如遵义的万寿寺、福源寺、金山寺、善缘寺、大成寺。佛寺规模宏大、寺僧众多，寺内祈福、烧香者络绎不绝，香火旺盛。在思南、沿河、务川、印江一带，新建了圆通寺、城子寺、沿丰寺、铜山寺、西岩寺等佛寺。②

佛、道二教的传播及发展使宗教文化在贵州境内逐步兴盛。而佛道寺院的建立使儒、释、道不同形态的多元文化在贵州地区融合发展，从而形成"渐被华风""夷佬渐被德化，俗效中华"③。而贵州地区的教育与书院就是在此基础上建立和发展起来的。

二、两宋时期的贵州书院

对于两宋时期贵州书院的数量，学术界并未形成一致的结论，统计数字有待进一步考证。白新良先生在《明清书院研究》中统计为1所④，曹松叶先生统计为1所⑤；丁益吾、朱汉民在《中国书院史》附录三《历代书院名录》中统计为1所⑥；邓洪波在《中国书院史》中统计为1所⑦；张羽琼教授在《贵州古代教育史》和《贵州书院史》中统计为2所。以上诸位学者统计数字皆来源于两宋时期的地方志

---

① （清）于敏中等编纂.日下旧闻考·卷四十一[M].北京：北京古籍出版社，1985：648.

② （明）嘉靖.思南府志·卷四祠祀[M].思南县地方志编纂委员会点校本，1991：76.

③ （明）嘉靖.思南府志·卷四祠祀[M].思南县地方志编纂委员会点校本，1991：77.

④ 白新良.明清书院研究[M].天津：天津大学出版社，1995：18.

⑤ 曹松叶.宋元明清书院概况[J].国立中山大学语言历史研究所周刊，1929（4）.

⑥ 丁益吾、朱汉民.中国书院史[M].长沙：湖南教育出版社，1994：19.

⑦ 邓洪波.中国书院史[M].北京：东方出版社，2006：122.

史料，虽然统计数字不尽相同，但并不影响大势的判断与结论。唐宋时期贵州的书院情况，具体见下表：

表1-2 唐宋时期贵州书院一览表

书院名称	书院地址	书院建立／重建时间	创建／重建者	资料来源
儒溪书院	绥阳县蒲场镇大溪源沟柳塘湾	785—819年	柳宗元刘益元*	乾隆二十四年（1759年）《绥阳县志》、1928年民国《绥阳县志》卷八《艺文志》
銮塘书院	沿河司（今沿河县）城东銮塘村	1131—1162年	不详	（康熙）《贵州通志·学校志》卷一五（乾隆）《贵州通志》卷九《思南府续志》
竹溪书院	沿河司（今铜仁市沿河县）	南宋绍兴年间	张氏	《铜仁地区志·教育志》

注：*据《儒溪书院存疑碑记》称，儒溪书院是柳宗元后人刘益元所建，称已圮毁的书院是柳宗元于唐符三年（876年）后入播后所修建的。邓洪波在《中国书院史》中认为儒溪书院在绥阳县，相传为柳宗元读书处，创建时间为贞元、元和之间（773—819年）。然地方志作柳宗元乾符三年（876年）建，时在柳宗元去世半个多世纪之后，故此院不为依托，则为误机，大半应该是后人为纪念柳氏所得。对于儒溪书院的具体情况，学术界还是存疑。

南宋时期，随着中原文化向西南地区的传播，书院作为一种重要的教育组织在贵州兴起。据贵州地方志载，南宋绍兴年间，在绍庆府治彭水县（今沿河县）境内曾建有銮塘书院和竹溪书院。据乾隆《贵州通志》载："銮塘书院，在思南府沿河司，宋绍兴时建。今废，石碑尚存。竹溪书院，在思南府沿河司，尚留遗址断碑，余无考。"①又据道光《思南府续志》载："銮塘书院，在沿河司，宋绍兴时建，今废。竹溪书院，在沿河司，今废。"②两本志书均对銮塘书院的建立年代做了明确的记载。《铜仁地方志·教育志》也载："銮塘书院，南宋绍兴年间（1131—1162）创建，在思南府所辖沿河司（今沿河县）城东的銮塘村，至清代始废，今残缺石碑尚存。竹溪书院，南宋绍兴年间沿河司北部张氏族人在聚居的麻竹溪所创建，不久即废，尚留遗址断碑。"③以上史料皆集众稿炉冶而成，其史料真实性

① （清）鄂尔泰.贵州通志·卷九学校[M].清乾隆六年刻本.
② 夏修恕，周作楫修，肖棺、何廷熙纂.（道光）思南府续志[M].贵州省图书馆藏.
③ 铜仁地方志编纂领导小组.铜仁地方志·教育志[M].贵阳：贵州人民出版社，2002：25.

皆可信可查，唯一不足的是记载较为简略，不足以窥视全貌。值得一提的是，当銮塘书院和竹溪书院在贵州出现之时，中国其他边疆地区如东北一带，尚无创办书院的记载，[①]安徽地区也尚无书院创建。[②]从中可见贵州书院的发展水平较同时代其他地区处于领先的状态。

三、元代的贵州书院

元代地方官学的总体水平较低，学校普及程度与规模远不及两宋时期，这与元朝长期停办科举，奉行重武轻文、重吏轻儒的政策有着莫大关系。为弥补地方官学教育的不足，何成禄在顺元路儒学的旧址上创建了著名的文明书院，招收学生，大兴文教。据《贵州图经新志》记载："文明书院，在治城内，忠烈桥西，即元顺路儒学故址，皇庆间教授何成禄建。"[③]明代尚有《重修顺元儒学记》断碑一通，言何成禄曾建文明书院。蒋信的《重修文明书院记》也记载："左有旧文明书院荒址。"何成禄也成为文明书院的首任山长。除文明书院外，在今贵州省镇宁县还有鳌山书院和鳌溪书院。据民国的《镇宁县志》记载："书院为历代讲学之所，学者甚为重视。自唐有丽正之设，宋有白鹿、鹅湖继之，元则于路、府、州皆设书院、掌院者曰'山长'，自是则视为国家定制。每岁，有地方官以官书延聘学者称曰讲席。元之书院以鳌山、鳌溪等为最者，明清两代设置尤普。"[④]由于有关元代时期贵州书院的史料相对匮乏，记载较为寡简，现有史料无法完整重现贵州书院的全貌，但贵州书院制度的萌芽已经产生。书院掌院称为"山长"，每年有固定的讲习制度，书院基本具备了教育功能；同时，书院延聘学者就意味着有学术讨论和学术交流与传播的功能。

元代是中国书院发展的兴盛期，蒙古在入主中原的过程中对儒学的社会整合和社会控制的功能有着深刻的认识，对于儒学象征的地方官学和全国各地书院也

① 齐红深.东北教育史[M].沈阳：辽宁大学出版社，1995.

② 邓洪波.中国书院史[M].北京：东方出版社，2006：111.

③ （明）沈庠修，赵瓒等纂.中国地方志集成·贵州府县志辑·贵州图经新志·卷1·书院[M].成都：巴蜀书社，2004：20.

④ 羽翯修，饶燮干等纂.民国镇宁新志·卷二[M].民国十九年刻本.

十分重视和关注。元朝统治者对于官学和书院一直采取支持、鼓励和扶持的态度，颁布了诸多措施。清代学者朱彝尊在《日下旧闻》中记载道："书院之盛，莫盛于元。设山长以主之，给廪饩以养之，几遍天下。"①陈垣先生在《元两域人华化考》中讲道："以论元朝，为时不过百年……若由汉高（祖）、唐太（宗）论起，而截至汉唐得国之百年，以及由清世祖论起，而截至乾隆二十年（1755年）以前，而不计乾隆二十年以后，则汉、唐、清学术之盛，岂过元时！"②在元代，书院与理学实现进一步结合，二者发展紧密，不可分割。随着书院地域分布的不断扩大，理学的传播范围也大大扩展。除了在江浙、湖南、江西、福建等传播较为普遍的地区之外，理学也随着书院的发展不断向偏远的地区扩散、推进，这是元代书院的特征。而文明书院、鳌山和鳌溪书院的建立和发展则标志着理学教育已经突破黔北地区，开始向黔中地区推进。

---

① （清）于敏中等编. 城市·内城南城·钦定日下旧闻考·卷四十九[M]. 北京：古籍出版社，1983：755.

② 陈垣. 元两域人华化考·卷八[M]. 上海：上海古籍出版社，2000：133.

小 结

  书院是中国自唐宋至清末的重要教育组织形式。"书院"之名始于唐朝，分为官办和私办两种。官办书院，如唐代的丽正书院、集贤殿书院等，但两所书院并不具备书院的典型特征，没有聚徒讲学、学术研究的功能，仅有校勘、收藏、刊刻典籍的功能；私人所建书院，如李宽中秀才书院、杜中丞书院、费君书院等，是私人读书治学的场所，即使少数偶有讲学功能，但规模较小，并不普遍，并未形成任何制度。唐末五代十国时期，连年战乱，国力衰微，官学不振。"兴干戈，学校废而礼义衰"是当时文化教育最为真实的写照。许多著名学者、教育家隐居山林，避世不出，无由显身，私人书院便在这个时期兴起和发展起来的。如白鹿洞书院、石鼓书院、崇阳书院等均是该时期建立的。宋代统一海内，天下承平，文风日起，天下士子纷纷要求读书参加科举考试，但天下初定，统治者无心于文化教育的发展，官学依旧衰微不振。在这种情况下，理学蔚然兴起，成为官方倡导的正统思想，心怀天下的理学家以振兴文教、传播理学思想为己任，在全国各地建立书院讲学，既满足了读书人求学的要求，同时也为统治者解决了社会问题，因此在该时期书院发展非常迅速，统治者及地方官对书院予以大力扶持，采取了赐匾、赐额、赐田、封官嘉奖等诸多措施。北宋书院制度大备，从而进入了发展的黄金时期。正如朱熹在《衡州石鼓书院记》中所说："予惟前代庠序之教不修，士病无所于学，往往择胜地，立精舍，以为群居讲习之所，而为政者乃就而褒表之，若此山，若岳麓，若白鹿洞之类是也。"[①]宋代后期，官学和书院趋于一体化，呈现出书院官学化的特征，加之北宋三次官学运动，书院呈现出衰落的趋势。五代以后，雕版印刷广泛得以应用，印书、刻书、藏书之风甚为流行，

---

① （宋）朱熹；朱杰人，严佐之，刘永翔主编.晦庵先生朱文公文集·卷七十九·衡州石鼓书院记[M].合肥：安徽教育出版社，2010：3782.

宋代形成了新的理学教育思潮，一些著名的理学家和学者效仿佛教讲学制度，纷纷聚徒讲学，在具备藏书和官方支持的基础上，宋代书院制度正式建立，并沿袭下来，直至清末。

南宋偏安一隅，战事不断，国力衰微，难以建立起规模宏大的官学，各地官学也只是流于形式，徒有虚名。在这种境况下，书院应运而生，不断繁荣发展，几乎取代官学成为当时主要的教育机构。当时著名的四大书院是岳麓书院、白鹿洞书院、丽泽书院和象山书院。贵州地区主要有三所书院，它们可说是开了贵州地区文教之先河，对推动当地文化教育的发展起到重要的作用。南宋掀起了书院发展的另一高潮。书院重视和提倡讲学之风，提倡学术研究与学术交流，培养了大量的栋梁之材，影响了南宋以后的教育事业，并积累了大量有益的经验，在中国教育史上占据重要的地位。

元代，统治者对书院采取保护、提倡和加强控制的政策。书院教授的内容主要是儒家经书和理学家的著作。这一时期，理学与书院结合更加紧密，理学家的思想渗透到书院发展的每一个环节。值得注意的是，书院不仅教授理学与儒学经典，还涉及医学、数学、书学、蒙古字学等领域。一方面，元代书院在数量上激增，遍及全国许多地区，甚至扩展到边陲荒漠地区；另一方面，统治者会任命书院的山长和教授，监管书院招生、考试事宜及学生的去向，并拨学田给书院，使其官学化的倾向日益严重，许多书院甚至被迫纳入地方官学系统之中，与路、府、州、县学一样，成为科举考试制度的附属，丧失了宋代书院淡泊名利、志在问学修身的初衷与教学理念。尽管如此，元代的书院对于当时文化教育的普及、理学的传播以及人才的培养仍起到了重要的作用。

明代以前，贵州书院的特点是书院发展水平较为落后，不能和中原书院文化相比，较之巴蜀地区也处于相对落后的状态，书院发展水平与发展趋势不平衡，从黔北地区开始向黔中地区逐步推进。书院兴起于黔东北铜仁、沿河地区，然后向南延伸到遵义、贵阳地区。考其原因，沿河位于贵州北部地区，地接四川、两湖，乌江贯穿全境132公里，其优越的历史地理位置和便利的水上交通，使沿河与中原地区保持着比较密切的联系。在古时交通闭塞的情况下，位于河谷地带的沿河作为贵州联系中原地区的交通孔道，人口流动比较频繁，经济文化较为发达。随着汉族移民的大量迁入，中原文化即在这一带广泛传播。宋廷南渡以后，西南成为南宋政府的战略后方。南宋升黔州郡武泰军为绍庆府，府治彭水县。绍庆府辖今四川、贵州部分地区，辖区广大，贵州境内辖思、南、费、溱、夷、播六州。南宋的彭水县包括今彭水县西南以及今贵州沿河县全境。当时的沿河处于中原文化和荆楚文化的交汇地，与贵州其他地区相比，其政治、经济、文化较为发达。沿河作为绍庆府治所在地，创办了一两所书院，传播儒家思想，为培养治术人才起到了重要的作用。加之南宋时期各地创办了书院，研究理学蔚为风气。作为一府之治的沿河，是当地政治、经济和文化中心，同时也是教育和学术的研究中心。到了元代，随着统治者大力推行汉化政策，在政治、经济、文化等方面广泛吸收先进的中原文化，提倡尊孔崇儒，推崇程朱理学，广泛建立学校与书院。在这种背景下，儒家文化的地位进一步提高，程朱理学开始成为官方的统治思想，而作为传播思想文化的官学与书院自然成为统治者重点关注的领域。在贵州地区，儒学逐渐由汉族聚居区向少数民族地区扩展，一些土司、土官也开始关注儒学教育。书院与教育的发展打破了贵州长期以来的封闭与落后，扩大了中原文化特别是理学文化在贵州的传播范围，推动了当地政治、经济文化的繁荣与发展，也对西南地区与中原地区政治经济一体化进程产生了巨大而深远的影响。①

---

① 张羽琼. 贵州书院史[M]. 贵阳：孔学堂书局，2017：32.

第二章 明代贵州书院制度

　　1368年正月，朱元璋进军南京，建立明朝。元代灭亡之后举族迁往北方，朱元璋称帝后，总结前代王朝的历史经验教训，开始加强中央集权统治，在政治、经济、思想、文化、教育等各个领域中，皆施行以强化统治为目的政策。为了加强中央对地方的控制，实行了"三司并立"的制度①，三司分管一省的军事、行政民事和刑名案件，三司各司其职、互不统辖，只隶属中央。其中布政使司是一省最高的行政机关，是一个地区省级建置的主要标志，上启中央政府颁布的政令，下启全省各府、州、县及大小土司，掌管户籍、民事和土民等各项事务。洪武九年（1376年），明太祖下令建立十二个布政使司②；洪武十五年（1382年），云南建省，建立云南布政使司；永乐十一年（1413年），又增加交趾和贵州布政司，不久交趾布政使司撤销，至此贵州正式建省，成为十三个布政使之一。这为贵州文化教育的发展奠定了坚实的政治基础。

第一节　明代书院形成的条件与背景

一、贵州省的正式建立

　　"贵州"之名，始于宋代。由于元末明初的战争，贵州（今贵阳）成为西南边疆的军事重镇。明洪武初年，出于巩固边疆的需要，贵州改为贵州宣慰司城，在城内设立贵州都指挥使司、贵州卫、贵州前卫，该地一度成为军事中心。贵州建省后，贵州布政使司设在贵州城内，"贵州"之名相沿至今。

---

① 三司并立制度主要是指在每个省级之间建立都指挥使、承宣布政使司和提刑按察使司，管理一省的政治、军事和民事。
② 十二个布政使司分别是浙江、江西、福建、广东、广西、湖广、四川、陕西、河南、山东、山西、北平等十二布政使司。后"北平"改为"北京"。

贵州省简称"黔"①。对于黔省，明统治者非常重视。贵州与荆楚、云南、四川、广西接壤，其地理位置非常地重要，无论是军事往来，还是商业贸易，都以贵州为冲要之地，贵州实为"西南之奥区"。早在元朝末年，朱元璋的势力就已深入黔东北地区。这就是所谓的"开一线以通云南"。统治者将贵州作为连通湖广、四川、云南、广西等地的重要交通枢纽，使整个西南连成一片②。

洪武五年（1372年），贵州土司相继来附，如八番及贵州宣慰使霭翠与普定府总管适尔等。土司的相继归附使明朝在西南边疆的统治得到进一步加强。洪武十五年（1382年），在统治者的授意下，贵州都指挥使司③正式建立。贵州都指挥使司与贵州宣慰司同城，共同主管贵州的军事。据《明史》记载："永乐十一年（1413年），思南、思州相仇杀，始命成以兵五万，执之送京师。乃分其地为八府四州，设贵州布政使司，而以长官司七十五分隶焉，属户部……贵州为内地自是始。"④贵州境内的卫所分别隶属于贵州都指挥使司和湖广都指挥使司，贵州都指挥使司下设贵州十八卫及二直隶千户所。永乐十一年（1413年），在思南、思州改土归流后，正式建立贵州承宣布政使司，管理贵州的军政一切事务。贵州承宣布政使司的建立，标志着贵州行省的正式确立⑤。

永乐十八年（1420年），又设立贵州提刑按察使司，负责全省的刑事案件。三司互不统辖，遇事相互协商，分别隶属于中央各部、院。提刑按察使司派出的监管地方的"分巡道"，由按察副使及金事按道分巡。因分巡道负有军事职责，

---

① "黔"的名称由来已久，早在秦代即设置黔中郡。隋设立黔安郡，唐置黔中道及黔州都督府，管辖湘鄂西、川东，即今贵州大部分地区。因今贵州大部分地方在唐代黔中道属于黔州都督府管辖，故有"黔中"之称。又因黔州都督府的治所在今四川彭水，而今贵州之地尽在其南，故又称"黔南"。贵州建省后，以"黔"为简称。

② 朱元璋控制贵州的过程：元顺帝至正三年（1343年），思南宣慰使田仁智和思州宣抚使田仁厚先后归附朱元璋。明朝建立之初，洪武四年（1371年），朱元璋出兵攻夏，为了控制整个西南形势，在今贵阳设立贵州卫，与成都卫和武昌卫形成掎角之势，并开设驿道，使三卫相互联通。

③ 贵州都指挥使司是明朝统治者分散军权，加强中央集权的一大举措，在五军都督府之下，于各省区建立的掌管一方军务的机构。

④ （清）张廷玉.明史·贵州土司传[M].北京：中华书局，1974：7984.

⑤ 贵州布政使司的派出机构称"分守道"，由布政使司、参议分管，按地区统治各府卫及土司。贵州建省之初，贵州布政使司仅辖宣慰司、八府、三州，到了明朝末年，除贵州宣慰司外，还有十府、九州、十四县。

皆加"兵备"衔。其分巡的范围比分守道更广，负责督催粮饷、协济①，军事武官的荐举与选拔，军事操练，同时将邻省与贵州毗连边地也划归贵州提刑按察使司节制。镇守一方的军事长官为总兵，独立于都指挥使司外，下设参将三员、守备七员。贵州省首任按察使为成务②。从此，明代贵州三司正式成立。贵州行省的建立，标志着贵州社会进入了一个新的发展时代。贵州的各个方面都发生了显著变化。政治上，实行"土流并治、军政分管"的制度；在土司地区，逐步实行"改土归流"，陆续增设府、州和县。"改土归流"有利于统治者对贵州的直接管理，进一步加强贵州同中央朝廷的联系以及同内地的经济文化交流，同时也为贵州接受中原儒家文化开辟了道路③。在建省后派往贵州的地方官员中，无论是省级官员，抑或府、州、县级官员，深受儒家文化的熏陶，他们带来了先进的行政管理和文化管理的理念，大多尽职尽责，致力于促进贵州经济社会和文化的迅速发展，在保证中央政府各项政令在贵州地区的畅通与贯彻的同时，也为贵州的边疆发展和政治、经济、文化的发展提供便利条件"④

二、贵州建省后社会状况

1. 明代贵州交通改善与发展

驿传制度在中国古代交通史上占有非常重要的地位。驿传制度与国家的政治、经济、对外战争、军事战略、情报传达、官员往来、物资的运送都有着密切的关系。古代的驿传制度由工部所管辖，按照日程远近设置驿、站（递运所）和

---

① 协济：贵州建省之后，由于军事和政治的原因，驻扎在贵州的卫所数量大大增加，每年所需要的军饷更多，加之驿道和邮传体系不发达，所使用的开支费用浩大，财政非常困难。在这种情况下，朝廷每年必须由四川、湖广、云南三省调进钱粮，称之为"协济"。

② 成务，兴国州人。永乐初任监察御史，整肃风纪，颇有美名。永乐十一年（1413年）贵州设按察使司，成务为首任按察使，被称为"秉宪得大体，为黔皋贤能之冠"。贵州按察使其具体职责为按察使掌一省刑名按劾之事，纠官邪，戢奸暴，平狱讼，雪冤抑，以振扬风纪而澄清其吏治。

③ 正如王广翔等在《贵州教育考试史》中写道："明代虽然各地发展不平衡，但总体而言，已经进入了封建社会高度发展、高度成熟时期，并在后期开始了向近代社会的转型。在这种总态势下，贵州被纳入全国发展的主流运转轨道，对其吸收先进的经济文化，无疑是一大历史机遇，从此贵州'天启荒徼，渐染华风'。"

④ 贵州省招生考试院.贵州教育考试史[M].贵阳：贵州教育出版社，2012：31.

递铺。《明史》职官志道："凡邮传，在京曰会同馆，在外曰驿，曰递运所，皆以符验关券行之。"[1]明朝规定，每六十里设一驿、站，十里或二十里设一递铺。驿的任务是负责"邮传迎送之事"。驿有三种类型，陆驿备有车、马、驴、轿等四种交通工具；水驿备有船只，设在江河港口码头。水马驿设在水陆交汇处，备有舟、车、驴、马等交通工具。站的主要任务是运送军用物资、军事粮饷、朝廷贡品等，明代在各交通要道均设有站。铺主要负责传递公文信息，保证"上情下达，不误国事"，铺设铺兵和快马，日夜不停地传送公文。若有战事紧急，则按照铺换马驰行，飞传羽檄，故又称"急递铺"。

明代驿传制度，在中央隶属于兵部车驾清吏司执掌，在地方受各省布政使司和提刑按察使司双重管辖，布政使司由参政或者参议分管驿传事务，按察使司由按察司副使和金事分掌，衙署称"驿传道"。驿设有驿丞，负责驿道的监督、稽核、供养过往官员的舟船、膳食、住宿等。驿配有马夫和驿卒若干。站设有站长，有运夫百名，负责运输军事和朝廷的物资。递运设有大使和副使。在驿站途经地方置巡检司，设有巡检、副巡检，主要负责检查符验、盘诘奸伪、缉捕盗贼和逃犯。贵州驿传设贵州布政使司各六道，云南都指挥使司、云南布政司各十道，又设普安卫三道。毕节、乌撒、永宁、平越、兴隆、五开等卫各二道。

对于过往官员人等，必须持有通行证明，注明身份，方可通过。由朝廷颁发的通行证件有敕、符、勘合、火牌，这些统称"内符勘合"。在省与省之间通行令牌则要持有布政司、按察司共同开具的票和火牌才可以通行。明代中叶以后，朝廷放宽了驿站禁令，开始滥发勘合、火牌和票，往来驿站的官员及家属与日俱增，且不按制度用夫用马，甚至巧立名目，对驿夫、站丁、铺兵强加勒索、盘剥，如索要马钱、折夫钱、折吹手钱等，还任意凌辱欺压，致使沿途丁夫倾家荡产，生存艰难。景泰四年（1453年）正月，贵州按察使王宪曾上奏道："贵州卫所、站、堡，旗甲军人往差逃亡，十去八九。"[2]在这种情况下，驿传制度遭到严重破坏，危及地方政权的稳定与发展，对交通发展更是不利。嘉靖年间开始，朝臣纷纷上书要求整治驿传。如嘉靖三年（1524年）四月，贵州巡按御史陈克宅

---

① （清）张廷玉. 明史卷七十二·职官志一·兵部[M]. 北京：中华书局，1974：1750.

② 明英宗实录·卷二二五·景泰附录四十三[M]. 台北："中央研究院历史语言研究所". 1962：6.

曾向嘉靖皇帝上疏言驿传五事。^①嘉靖皇帝对此非常重视，于是条条照准。嘉靖二十六年（1547年）五月，巡抚贵州御史萧端蒙同上疏五事，阐述驿传弊端："贵州为川、湖、云南三省孔道，使客往来殆无虚日，军夷贫瘠，供就繁难，因条上议处驿站五事：一、禁使客附带商货；二、立供应限制；三、革冒滥关文；四、实站伍；五、议协济。"^②尽管明统治者和兵部再三严令，严禁通关制度，但积重难返，屡禁不止，情况日趋恶化，到了明万历年间，驿传制度破坏更为严重，积重难返。这种情况一直延续到明末，由于中央政府内忧外患，政治腐败，财政枯竭，无力整治驿传。这个问题始终未能得到根本解决，而且日甚一日，直至驿传制度被破坏殆尽。

与驿传制度直接相关的是驿道干线的开辟与完善。贵州驿道的设立早在秦代已经开始，经过魏晋南北朝、唐代与宋代不断进行修建和完善，累积到元明时代，前后共开辟五条驿道。一是由湖广至贵阳的湘黔驿道^③，二是由贵阳到云南的滇黔驿道^④，三是由四川叙永经贵州毕节、乌撒到云南的川黔滇驿道^⑤，四是

---

① 驿传五事具体包括："一、禁革滥给。言令甲符验有通达信字，号马有双单，今有司不问事缓急，一概应付双马，甚至三四马者，宜榜示定例，仍令符验尽出兵部，庶几真伪可辨。二、裁省虚文。言使客乘马之外，有看马二，而各巡历官又多马队，夫古之马以备乘，今之马以供看；古之马队用于征伐，今之马队用于送迎，虚张仪卫，实费民财，宜行禁革。三、清查役占。言各驿传官吏多以水马夫役别充门厨、书手等名色，猾者得以规避，而役者负累逃亡，宜清出以均役使。四、敦尚朴素。言锦绮铺陈，宜尽易以细绣布匹，大约一岁可省万计，通计天下一岁可省民财一二十万。五、严究需求。言使客多例外求索，又纵容下人勒取夫钱，既劳其力，又夺其资，宜行严究。"

② 明世宗实录·卷三二三[M]. 台北："中央研究院历史语言研究所". 1962：3.

③ 滇黔桂道，由云南省出发，东经宜良、师宗、罗平而入贵州境。据天启朝《滇志》记载，从罗平起，六亭至三板桥，三板桥七亭至江头，江头八亭至黄草坝（今兴义县城），黄草坝八亭至郑屯（今兴义郑屯），郑屯四亭至楼革，楼革四亭至安笼所（今安龙县城），安笼所六亭至板屯，板屯四亭至坝楼，然后渡红水河人广西，走安隆司（今广西隆林）、泗城州（今广西凌云）、田州（今广西田阳）、果化（今广西平果）而达南宁。

④ 滇黔驿道自贵州驿起，西经威清驿（今清镇县城）、平坝驿（今镇宁安庄坡）、白口堡驿、关岭驿、渣城驿（今关岭永宁）、尾洒驿（今晴隆县）、新兴驿（今普安县）、湘满驿（今盘县西北）、资孔驿（今盘县亦资孔），然后经云南平夷驿（今云南富源）、炎方驿、沾益驿（今云南沾益）至昆明。

⑤ 川黔滇驿道自四川永宁驿（今四川叙永）开始，西南经普市驿（今叙永普市）、摩尼驿（今叙永摩尼）、赤水驿（今毕节川黔交界处）、阿永驿（毕节县境）、层台驿（今毕节层台）、毕节驿、周泥驿（在今毕节与七星关间）、在城驿（今威宁县城）、黑张驿（今赫章县）、瓦甸驿（今赫章与威宁间），然后人云南倪塘驿、可渡驿而达曲靖。

由四川、重庆到贵阳的川黔驿道[①]，五是由贵阳经都匀到广西的黔桂驿道[②]。其中湘黔、滇黔、川黔、黔桂四条驿道均在贵阳交会，形成以贵阳为中心的交通干线。从此，贵阳不仅成为西南交通的中心枢纽，同时也在政治、经济和文化等方面发挥着重要的作用。在这几条驿道中，由湖广至贵阳的湘黔驿道的交通运输最为繁忙，是贵州所有驿道中的主动脉，发挥着巨大的作用。川黔滇驿道是沟通四川与云南交通的交通线，也是军事战略部署上的必经之路，在战略上亦具有重要意义。

明代的驿道建于明洪武初年[③]，洪武十四年（1381年）又增置湖广自岳州达辰州府马驿十八处，和贵州地区连接。洪武十五年（1382年）增置湖广通贵州九驿和四川通贵州五驿、凡十四驿。[④]洪武十七年（1384年）开赤水卫（毕节市赤水河）五撒道以通乌蒙（云南东川），建立龙场九驿。这两条驿道通往云南，进一步完善了黔南交通。洪武二十一年（1388年）四月，"开设湖广五开卫至靖州的驿站十二处，驿夫以刑徒充当，仍令屯田自给"[⑤]。洪武二十五年（1392年）秋七月派都督王成前往贵州，修建驿道。据《明实录》记载："命普定侯陈恒往陕西修连云栈入四川，都督王成往贵州平险阻，沿沟涧架桥梁，以通道路。"[⑥]经过洪武年间的整治和发展，贵州驿道四通八达，极大拉近了贵州与邻近省的交通距离。当时，有"道路四通皇华职贡，不日不月而冠盖檝驰"的说法，从中可见贵州驿道的发达程度。

---

① 川黔驿道自重庆府朝天驿起，南经百节驿、百流驿、东溪驿、安稳驿（均在今重庆市境）进入贵州。在今贵州境内，设有松坎驿（今桐梓松坎），夜郎驿（今桐梓夜郎坝）、播川驿（今遵义市红花岗区）、永安驿（今遵义板桥与观坝间）、湘川驿（今遵义县南境）。在乌江以南，有养龙坑驿（今息烽县养龙司）、渭河驿（今息烽县境）、底寨驿（今息烽县永阳）、扎佐驿（今修文扎佐），达于贵州驿。

② 黔桂驿道自贵州驿起，与湘黔驿道共同使用龙里、新添、平越路段及驿站，在平越分道南行，经都镇驿（今都匀市北）、来远驿（今都匀市南），通过独山州、荔波县而达广西庆远府（今广西宜山）。都镇驿、来远驿由都匀府出办，并协济平越驿。

③ 明代驿道的修建，主要是因为四川军备的需要，曹国公李文忠曾上书建议开辟："由播南、思州界至沅州以达辰溪二十一驿，辰溪至湖广一十六驿，凡三十七驿。"

④ 明太祖实录·卷一四二[M]. 台北："中央研究院历史语言研究所". 1962：5.

⑤ 明太祖实录·卷一九十[M]. 台北："中央研究院历史语言研究所". 1962：3.

⑥ 明太祖实录·卷二一九[M]. 台北："中央研究院历史语言研究所". 1962：11.

除以上驿道外，贵州还有龙场九驿①。龙场九驿由彝族首领霭翠之妻奢香所开辟，不仅沟通了川黔滇驿道与其他四条驿道干线，而且促进了水西的发展。据《明史·土司传》记载："（奢香）开偏桥、水东以达乌蒙、乌撒及容山、草塘诸境，立龙场九驿。"谢绍在《新辟水西纪略》也载："（奢香）开西路，设毕节（今毕节市）等三仓，应走龙场九驿十八站。"龙场九驿是贵州到达四川和云南的主要驿道之一。除了九驿而外，还设有十八站②。九驿十八站主要用于传递文书等重要信息，对贵州与中原的沟通起到了不可替代的作用。

贵州驿传制度和驿道的开发打破了贵州的封闭与落后，极大促进了当地与中原的沟通与联系，有利于中原先进的生产技术和文化传入贵州，为贵州农业、手工业等领域的发展提供了重要的物质和技术的保证；同时对贵州文化教育事业的发展具有重要意义。

2. 明代贵州工商业的兴起与发展

（1）明代贵州手工业发展

贵州是由苗族、土家族、布依族、侗族、彝族、仡佬族、满族等少数民族构成的多民族统一地区。在历史发展的过程中，具有独特的手工业发展特点。在传统的农业社会中，手工业多为自然经济产物，作为农业的副业而存在，主要是为了满足家庭的衣食住行。由于贵州多民族，民族的属性与传统习俗各不相同，因而手工业的发展也有所差别。手工业产品多因地制宜，并不相同。总体上来说，贵州地区的手工业具有鲜明的民族特色和地域特色，主要包括纺织业、染布业、酿酒业、造纸业和其他各类手工作坊等。

织布业是贵州重要的手工业之一。在古代自然经济条件下，中国一直保持

---

① 龙场九驿在中国交通史上占有重要的地位。龙场九驿主要是指龙场驿、陆广驿、谷里驿、水西驿、奢香驿、金鸡驿、阁鸦驿、归化驿和毕节驿。龙场驿在今修文县城，是贵州重要的交通枢纽，沟通贵阳、重庆与四川。南有驿道经木阁菁、卜野拿等地而达贵阳的皇华驿，北有驿道经扎佐驿、底寨驿、养龙坑驿而通播州和重庆府，西则有驿道通乌蒙、乌撒。毕节驿也同样是贵州重要的交通枢纽，它既是龙场九驿的终点，又是川黔滇驿道必经之路，从地理位置上看，毕节北可通达四川永宁卫和永宁安抚司，南经过吉泥、黑张、瓦甸、乌撒而达云南曲靖。

② 所谓十八站，主要指的是龙场、蜈蚣、陆广、青岗、谷里、垛泥、水西、雨那、杨家海、西溪、乌西、金鸡、阁鸦、落折水、老塘、归化、毕节二铺及毕节头铺。

"男耕女织"的传统①。仡佬族"女则长衣短裙，自织葛为之"，六额子"男女勤于耕织"，侭黄"男子计口而耕，女子度身而织"②。贵州盛产苎麻，麻织最先兴起，故明代贵阳府、思州府、黎平府、石阡府、铜仁府及新添卫（今贵定）、平越卫（今福泉）均产"葛布"③。铜仁府盛产葛布，葛布数量多、质量高，列入赋税，每年夏税征"洞蛮麻布二百九十五条零一丈五尺，每条二丈，阔一尺"，黎平府所属洪州的葛布颇有名，"女子善纺织棉葛，颇精细，多售于市，故有洪州葛布之名"。除此之外，明、清两代，民间又多以棉织成土布，如都匀府的"白布""青布""蓝布"，永宁、镇宁的"铁笛布"，仡佬族的"纹布"，定番州的"谷蔺布""克度布"④等。谷蔺苗在定番州，男耕女织，所织布最精细，谚云："欲作汗衫裤，须得谷蔺布。"水族"女子勤纺织，有水家布之名"。这些土布多用腰机织成，机绳系于腰间，经线板置于胸前，以双脚蹬机板，以手穿梭织布，故布多为窄幅。

织锦在贵州同样盛行，黎平的"土锦"最为驰名，以苎麻和五色线织成，上有挑刺，极为精美。据《贵州图经新志》记载："土锦，诸司出，以苎麻为质，彩线挑刺成之，今谓之洞被。洞布，绩苎麻为之，细密洁白。"⑤还有一种称为"诸葛锦"，《黔书》中曾记载道："锦用木棉染成五色线织之，质粗有文（色）彩"。

蜡染是贵州少数民族的一大绝技，以当地所产的蓝靛为染料，或用模板刻纹，或以铜刀蘸蜡在布料上绘花，着色后将蜡煮去，在布料上留下冰纹，如雪花，似龟裂，纹路天成，人工难以摹绘，别有神韵，妙不可言。蜡染之法在唐宋时期已有记载："模取古文，以蜡刻板印布，入靛缸溃染，名曰点蜡幔"。到了明、清时期，苗、瑶、仡佬、布依等民族都使用这种染法，例如花苗"衣裳先以蜡绘

---

① 所谓男耕女织，据史料载："男子计口而耕，妇人度身而纸。"男子耕地，妇女是纺织的主要劳动者。例如：苗族"勤耕樵，女子更劳苦，日则出作，夜则纺织"，布依族"妇人以花布蒙髻，细褶长裙，多至二十余幅……性勤于织"。

② 刘显世、任可澄纂. 中国地方志集成·贵州府县志辑·（民国）贵州通志[M]. 成都：巴蜀书社，2004：181.

③ 葛布：贵州地区特别是铜仁地区盛产此布，这种布宽仅一尺，是用机绳拴在腰间，经线板置于胸前，以手穿梭织布，这种称谓腰机织布。

④ 洪玠修，钟添纂. 中国地方志集成·贵州府县志辑·（嘉靖）思南府志[M]. 成都：巴蜀书社，2004：271

⑤ （明）沈庠. 中国地方志集成·贵州府县志辑·（弘治）贵州图经新志[M]. 成都：巴蜀书社，2004：88

花于布，而后染之，既染而去蜡，则花见"；仡佬族"男女以蜡画布"；独山州的斜纹布亦用蜡染，"盖模取铜鼓文，以蜡刻板印布"。

　　酿酒业是贵州少数民族地区具有特色的产业。唐代，贵州地区的酿酒业已经开始盛行。《旧唐书》曾载："婚姻之礼，以牛酒为聘。"明代，饮酒之风更盛，不但婚姻的习俗"以牛酒为聘"，而且邀请亲戚歌舞也多以饮酒作为助兴，"遇亲戚喜庆，则负酒牵牛，并随带新衣数袭以夸其富""春日晴和，携酒食高岗，男歌女和，相悦者以牛角盛酒欢饮"，若遇丧葬、祭祀则"酿酒砍牛，召亲属聚饮歌唱""富者唯多酿酒""以大瓮贮酒，执牛角灌饮"。从中可见贵州民间已经普遍酿酒。酒的种类根据地区的不同而有所不同，大抵可以分为贵州西部、东部和南部。西部地区盛产"咂酒"①，贵州东部和南部多饮"米酒"。"咂酒"又名"杂酒""竿儿酒"，盛产于贵州西部，在彝族、仡佬族等少数民族地区多为流行。据《贵州通志》载："酿大麦、苦荞、黄稗为酒，不筦，以筒吸饮之。"饮酒时，"凡会饮，不用杯酌，置槽瓮于地，宾主环坐，倾水瓮中，以藤吸饮，谓之咂酒"②。《黔记》载："咂酒，一名重阳酒，以九月贮米于瓮而成。他日味劣，以草塞瓶颈，临饮，注水平口，以通节小竹插草内吸之，视水容若干征饮量。苗人富者，以酿此为胜。"《贵州名胜志》中载："作酒盉（盅）而不缩，以芦管碎饮之。"米酒又叫"老酒"③，土人"每岁腊中家家造酢，使可为卒岁计，有贵客则设老酒冬酢以示勤，婚姻亦以老酒为厚礼"④。米酒为发酵类的酒，多以麦曲发酵，既可以密封深埋地下数年，也可以年终招待贵客或婚姻当作厚礼使用。在贵州黔南地区还有一种"女儿酒"，多用米粮，"以麦曲酿酒，密封藏之数年"。《续黔书》中记载："黔之苗，育女数岁时，必大酿酒。既滤，候寒月，陂池水竭，以泥密封瓮瓶置于陂中。至春涨水满，亦复不发。候女于归宁日，因决陂取之，以供宾客。味甘美，

---

① 所谓咂酒，实际上是一种发酵酒，以毛稗、荞子、苦荞、大麦等杂粮为原料，在木甑中蒸熟后即贮入瓮中，加入酒曲，密封使之发酵，饮用时将瓮缶抬出，众人以竹竿、芦管或藤插入缶中，围缶吸吮，不断加水，直到酒味极淡而止。在《黔语》中曾记载这种酒的做法："咂酒，苗俗也，古谓之竿儿酒。其法：蒸野稗如面实之罍，而涂其口。十日召客，则设罍堂中，撤涂，注水与口平，浅则复注，逡巡酿成。成细筒插罍腹，众客环而咂之，以次轮转，水味淡则酒力竭矣！"

② 洪玠修，钟添篡.中国地方志集成·贵州府县志辑·（嘉靖）思南府志[M].成都：巴蜀书社，2004：273

③ 米酒，多流行于贵州东部少数民族地区，其做法是"以麦曲酿酒，密封藏之，可数年"。

④ （宋）范成大.桂海虞衡志校注.志酒·南宁[M].南宁：广西人民出版社，1986：37.

不可常得，谓之女酒"①。除此之外，水族还有一种"九阡酒"，《续黔书》中载："又有窨酒，色红碧可爱。余初至黔，饮之经日，头热涔涔，后畏之如云白钩吻。问诸人，言此酒用胡蔓草汁溲也"②。贵州地区的酒多为发酵一类，与中原的烧酒不同。内地尤喜饮烈酒，嗜酒成风。无论土著还是迁居而来，无不好酒，以致盛京地区流传着这样的民谣"宁损十年寿，莫打烧酒瓶"。烧酒，又称"白酒"，以高粱或荞麦等谷物为原料，以酒曲为糖化剂，经发酵成熟醪，然后蒸馏而成。此种酒性甚烈，饮用可以活血驱寒，因此深受内地民众的喜爱。据《柳边纪略》记载："满洲烧酒曰汤子酒，斤银四分，黄酒斤银三分。烧酒家为之，惟黄酒多沽饮。"③贵州地区后来传入烤酒之法，始有"烧酒"，如高粱酒、黄酒、秋酒之类。"烧酒"又叫"夹酒"，《黔记》中载："夹酒，初用酿烧酒法，再用酿白酒法乃成。"《黔语》又载："南酒道远，价高至不易得。寻常沽贳皆烧春也。"④贵州北部地区，水质优良，当地人利用优质的条件酿酒。例如仁怀的茅台村，大约在明万历年间即出现酿酒作坊。

造纸业和印刷业是贵州文化教育事业发展的标志。随着中原先进的农业技术传入贵州，贵州地区生产力发展，该地区文化事业也取得了巨大的进步，同时纸张供应量越来越大，造纸业在贵州兴起。据万历年间的《贵州通志》记载，嘉靖三十二年（1553年），贵州巡抚刘大直在贵阳鱼铺建有一个纸场，招募江浙纸匠制造各色纸张，土民子弟学习多赖其利。除贵阳外，产纸之地还有平越卫（今福泉）、龙里卫、安庄卫（今镇宁安庄）、都匀府等。贵州石阡纸颇负盛名，《黔书》中记载："石阡纸，极光厚，可临帖"。从中可见石阡纸的质量非常好。遵义造纸技术亦颇高，"遵义之纸，以构皮制者曰皮纸，以竹制者曰竹纸，皆宜书。以竹杂草为者曰草纸，以供冥锭粗用。皮纸出遵义者，以上溪场为上；出绥阳者，以黄泥江为上，白腻坚绵，更胜上溪，极佳者贩人蜀中"⑤。贵州所产之纸，质量优良，不仅在当地盛行，且远销云南。《滇海虞衡志》中记载："纸，出大理，而

① （清）张澍.续黔书·卷六·女酒[M].台北：成文出版社，1967：139-141.
② （清）张澍.续黔书·卷六·女酒[M].台北：成文出版社，1967：139-141.
③ （清）杨宾.柳边纪略·卷四·载金毓绂·辽海丛书（第一册）[M].沈阳：辽海出版社，1985：259.
④ （清）吴振棫.黔语[M].贵阳：贵州人民出版社，1992：106.
⑤ （清）郑珍，莫友芝编纂；遵义市地方志编纂委员会办公室整理点校.遵义府志·卷二十.风俗[M].成都：巴蜀书社，2013：320.

禄勤亦出，然不及黔来之多且佳，故省城用黔纸。"

造纸术的发展推动了印刷术的繁荣。自元代以来，贵州一地就掌握了印刷术，印刷经籍，传播文化，为当地的文化教育事业做出了巨大的贡献，发展至明代更盛。明代主要是官刻，由官府主持、提调，募人刻板、印刷、装订、雕版、用纸、用墨不惜工本，故印刷精美大方，如（弘治）《贵州图经新志》、（嘉靖）《贵州通志》、（嘉靖）《普安州志》、（嘉靖）《思南府志》等。明代中后期，贵州佛教大盛，佛经、语录、灯录大量印刷，出现不少寺院刻本，今尚存永历十二年（1658年）所印的《语嵩和尚语录》十二卷。

（2）贵州商业的发展

城镇是商业兴起的重要标志。明代以前，贵州主要实行羁縻制度，多为羁縻州县，真正意义上的城镇极少，且并无固定治所，大多"寄治山谷之间"，无非是一些较大的村落集合。元代出现了一些城市，如镇远府城、黄平府城、普定府城、播州司城、顺元城（今贵阳）等，但规模较小，人口不多，主要是依托军事据点而建。明代以来，在贵州建立起若干城镇，据（万历）《贵州通志》记载，全省共建城四十三座，计有省城一座，府城四座，还建了屯堡两百八十余处。万历以后，又新增若干州、县、卫城。

省会贵阳，地理位置重要，是湘黔、滇黔、川黔、黔桂四条驿道干线的交会点，与湖广、四川、云南、广西相通，又有龙场九驿通往黔西北，还有大道与州县相通，过往马匹、夫差数以千计，往来官兵、客商不计其数，致使贵阳成为"万马归槽"之地。明初在贵阳设贵州宣慰司，又设立贵州卫、贵州前卫及贵州都指挥使司于宣慰司城，建省以后改为省城，又增设贵阳府、新贵县附廓，官署愈多，人口日繁，官户、民户、军户、匠户、客商、士人云集于此，成为"滇南门户"的地方，商业在此种背景下兴盛起来。发展起来的贵阳城原处于今贵阳城区偏南一隅，南抵南明河，北迄钟鼓楼，东起老东门，西至大西门。洪武年间将城池拓宽至北门桥外，人烟稠密，商贾辐辏，形成了新的街市。明末天启年间，贵阳城在北门外扩建外城，城区扩展到今威清门、六广门、洪边门一带。城内有通衢大街，交通商业网络纵横交错，延伸到城外。贵阳商业繁荣，主要出售货物有丝、麻、土布、葛布、皂靴、雕漆器、皮包、马鞍、蜂蜜、饴糖、土粉、水胶、油、生漆、蓝靛、乌梅、紫草、降真香等①。城中居民多贵州卫、贵州前卫戍军之裔及中州、川、湖、江南流寓。"多出腹里、中州，前代仕官经商流移至此"，距城不远的程番府则"多江西、川、湖客民杂处"，他们每逢上元灯节，"各街坊住宅或三、四户或二、三户絜（扎）一灯架，饰以绢帛"，入夜，"照户出灯悬其下""缙绅及士民宴庆赏放烟花，出游观灯"，极为繁华。

黔东北的镇远、思南、铜仁等三地，与四川、湖南相接壤，由湘入黔的重要驿道，又是水陆重要的枢纽，所以商业也较繁盛。镇远府"辰沅以此为上游"，而驿道在此转运，实为"水陆之会""滇黔门户"，故"舟车辐辏，货物聚集"②。由云南运送过来的货物，如铜、锡之类多在此处集散。

铜仁为苗疆雄郡，③有"九龙分秀，三江汇流"的说法。据《贵州图经新志》中载："郡居辰沅上游，舟楫往来，商贾互集，渐比中州。"这里不但水路便捷，且自然资源丰腴富饶④。同时，铜仁也产楠木、杉木、黄杨木及箭竹，为竹木出产之地，并可利用水道扎筏运往湖广，因此商业也日渐繁荣。

在城镇商业的推动下，卫所与民间、汉族与少数民族之间的经济交往日益频繁，于是在城郊附近，交通便利之处，出现了许多农村集市。人们以城镇为中心，分日期和地点轮流进行赶集，赶集场期依干支为序，以十二生肖命名，如此日赶鼠场，彼日赶牛场，名称不同地点也不尽相同，"郡内夷汉杂处，其贸易以十二支肖为该市名，如子日曰鼠场，丑日则曰牛场之类。及其各负货聚场贸易，仍立场主以禁争夺"⑤。

从总体上看，贵州的商品经济发展水平并不高，基本还处于自然经济的"男耕女织""自给自足"状态，用于商品交换的物资不多，所以集市只能相隔数日

---

① （明）沈庠.中国地方志集成·贵州府县志辑·（弘治）贵州图经新志·卷一·贵州宣慰司·风俗[M].成都：巴蜀书社，2004：10.

② （明）沈庠.中国地方志集成·贵州府县志辑·（弘治）贵州图经新志·卷五·镇远府[M].成都：巴蜀书社，2004：60.

③ 铜仁地区位于贵州省东北部，东邻湖南省怀化市，北与重庆市接壤，跨黔北山地和黔东低山丘陵地。地处黔、湘、渝三省市结合部的铜仁市，是西南地区连接中部和东部的桥头堡，素有"黔东门户"之称。

④ 铜仁地区的自然资源十分丰富，有约四十多种矿产，主要有锰、汞、煤、钾、磷、铅、金、大理石、重晶石、紫袍玉带石、国画石等。

⑤ （明）沈庠.中国地方志集成·贵州府县志辑·（弘治）贵州图经新志·卷五·镇远府[M].成都：巴蜀书社，2004：61.

进行贸易，且交易也没有脱离"以物易物"的方式，但毕竟有了城市商业和农村集市贸易，为清代商品经济的发展开辟了道路，同时也为贵州的文化教育事业的发展奠定了坚实的基础。

三、贵州的文化教育

明朝建立以后，统治者为了控制西南边陲，加强边疆的管理，大力推行"安边之道"①。此后，明朝各代统治者都遵循这一祖训，将推行儒学教育作为巩固边疆长治久安的政策，加强礼乐教化。历代统治者提出"治国以教化为先，教化以学校为本"的文化治理方针，从中央到地方大力倡导教育，提高办学水平。于是，各类学校蔚然兴起，儒学文化在贵州地区得以十分迅速的传播。为了使贵州文化教育大力发展，统治者采取了诸多扶植政策：

第一，在经济上予以补助，提高学校师生的待遇。贵州地区地处塞外，土地贫瘠，人民衣食难敷，因此中央政府在师生廪膳方面多予以照顾。洪熙元年（1425年），镇远府知府颜泽曾上奏："本府儒学，自永乐十三年（1415年）开设于偏桥等处四长官司，夷人之中选取生员入学读书，颇有成效，宜给廪膳以养之。"中央很快下诏令："边郡开学教夷人，若使自营口腹，彼岂乐于学？凡贵州各府新设学校，未与廪膳者，皆与之。"②

第二，政府拨款修建学校、学堂和斋舍，为学校正常运转提供保障。明洪熙年间，铜仁府知府周季向朝廷上奏："本府（铜仁）所设儒学，庙堂斋舍未备，生徒讲肄无所，欲发民创构，未敢自擅。"宣宗谕曰："远方初开学校，若无庙宇斋舍，何以饬祀事，变夷俗。"准其请奏，户部予以拨银并命工部兴工修建。③

第三，增加师资力量，扩大教学规模。贵州地处西南边陲，文化教育落后，

---

① 关于明代的文化教育政策，明太祖朱元璋即位之后，即确立"治国以教化为先，教化以学校为本"的方针，对于西南边疆少数民族地区，采取怀柔政策，将"移风善俗，礼为之本；敷训导民，教为之先"定为边疆安边的基本国策，在加强政治、经济、军事统治的同时，辅以佛、道，强调"广教化，变土俗"。

② 明宣宗实录·卷十二[M].台北："中央研究院历史语言研究所".1962：10.

③ 明宣宗实录·卷十二[M].台北："中央研究院历史语言研究所".1962：112.

师资力量相对匮乏。针对此种情况，朝廷特准"悉择新选贡生补之"①。因贵州地区封闭落后，语言不通，于是请求在本地贡生中择优选拔教职，遂授永宁贡生李源为宣抚司儒学训导。自此以后，贵州各地儒学多依照永宁惯例，在本地贡生中择优选取教职进行任教。

第四，放宽入学条件，扩大招生规模。如明宣德年间，礼部曾上奏要求增加贵州儒学贡生人数："思州府儒学选贡生员四人，于例不考，请送国子监读书。"宣宗诏谕："宜令学官加以训谕，开其知识，庶几可用。"②

第五，优待贵州籍国子监监生，给予适当照顾。自弘治三年（1490年）起，礼部规定"赐国子监云南、贵州、四川军民生夏衣如例"，每年夏、冬两季，各授衣一次，均由皇帝下诏，以示关怀与鼓励。

在明代，统治者为稳定边疆，非常重视在西南边陲文化教育事业的发展，大力贯彻"治国以教化为先，教化以学校为本"的方针，通过种种措施来扶植西南儒学的发展。不仅如此，在贵州的各级地方官吏中，无论流官、土官、布政使，还是都指挥使或各处儒学训导等人，多积极提倡办学，积极捐资办学，鼎力相助。如毕节卫学初创之际，无经费建学，卫所指挥使唐谏率先将自己所居住的房宅典当献出，作为学校的学堂与校舍，后又倡议所属千户、百户进行捐俸，于是毕节卫学建成。之后，毕节卫指挥使司金事林晟又捐出自己的薪俸支持建学，对卫学大加修葺，使学校日渐完备，招生规模扩大，形成由外地迁来的人"多读书习礼"，本地土人亦"日渐向学"的风气。应该指出的是，一些受贬的官员也积极投身到贵州的文化教育事业中，如王阳明、邹元标等被贬谪来到贵州，在极端艰苦的环境中办学授徒，创办了阳明书院、龙冈书院。除此之外，还有贵州地方的官员，其中做出最大贡献的是贵州的巡抚、巡按③，还有一批科举出身的乡宦士人，如王训、越升、詹英等，为振兴贵州教育事业奉献了自己的一生。而来自中原的乔迁之民希望通过科举获取功名和前程，积极支持办学。

---

① 宣德九年（1434年）永宁宣抚司奢苏奏："本司儒学生员，俱土僚夷人，朝廷所授教官，语言不通，难以教诲。"

② 明宣宗实录·卷十六[M].台北："中央研究院历史语言研究所".1962：1.

③ 在贵州书院的发展过程中，巡抚、巡按起到了重要的作用。如江东之、郭子章、毕三才等人，极力推动贵州教育发展。担任贵州提学副使的人，也有相当一部分颇能履行职责，努力创办官学、书院，如毛科、席书、蒋信、徐樾、谢东山、李睿等。

　　贵州是少数民族聚集地，该地区土司也较为集中，宣慰司、宣抚司、长官司及土府数以十计，统治者为了安抚土司，为自己所用，明确规定贵州土司的子弟必须送入州、府、县学习儒家经典，未经过学习者，不得承袭土司职务。当时的（土）司学及在贵州收取的国子监生，主要是吸收土司子弟入学，并给予优厚待遇。正如明太祖朱元璋曾道："朕惟武功以定天下，文教以化远人，此古先哲王威德并施，遐迩咸服者也。"①这就是明王朝以武力平定西南边陲后，以文教进行治理少数民族地区，其中最重要的是对土司的管理。

　　首先，土司子弟进国子监读书。入学有特恩、岁贡、选贡三途。如永乐元年（1403年）至永乐十八年（1420年），永乐皇帝先后令云南、广西、湖广、四川等地的土司衙门"生员有成材者，不拘常例，从便选贡"，对于土司子弟中成绩优异者可"免考送监"②。这些赴京入学的土司子弟，除在中央国子监读书学习外，还可以"观光上国"③，了解中原的风土人情，学习中原优秀的文化知识，统治者希望用这种潜移默化的方式，让少数民族上层子弟忠于朝廷。

　　其次，对土司应袭子弟入学予以强制规定。为了加强对土司的控制，使土司能够服从中央的管辖，更好地为明王朝效力，明统治者对土司应袭子弟做出了不入学不准承袭的强制性规定④。土司子弟为了承袭，世传绶印，也为了提高统治能力，增加威望，开始努力学习并使用汉文化。如云南丽江府土知府木增就是一个典型例子。他习汉文化，守中原之礼节，被称为"知诗书好礼守义"的典范。⑤《云南志钞》也曾赞道："（木）增延纳儒流，所著作为一时名士称赏。"⑥同时，统治者和地方各级官员对土司子弟入学予以奖励。如成化十七年（1481年）"贵州程番知府邓廷瓒奏，本府学校中有土人子弟在学者，宜分别处置，以示奖

---

①　明太祖实录·卷三十六上·"洪武元年十一月丙午"条[M]. 台北："中央研究院历史语言研究所". 1962：667.

②　（明）申时行. 明会典·卷七十七·礼部三十五·"贡举岁贡"[M]. 北京：中华书局，1989：1222上、1224下.

③　（清）毛奇龄：蛮司合志·卷二·贵州一·"成化十七年"条[M]. 南宁：广西人民出版社，2015：9.

④　对土司子弟入学才可以承袭爵位的规定，弘治十六年（1503年）明统治者曾明确下令："以后土官应袭子弟，悉令入学，渐染风化，以格顽冥。如不入学者，不准承袭。"

⑤　（清）张廷玉. 明史·卷三百一十四·云南土司传二[M]. 北京：中华书局，1974：8100.

⑥　（清）王崧. 道光云南志钞·卷七·土司上·"丽江府"条·第八册[M]. 道光九年刻本.

励""弘治初，提学毛科以文试土生，仿廷瓒意，多奖励"①；嘉靖元年，贵州巡抚汤沐上治苗之策中提出，土人入学"凡一切补廪科贡与军民武生一体"②。

同时，在土司地区设立儒学和开科取士。京城国子监生员数量有限，于是统治者下令在少数民族地区效仿汉族地区"府州县学"例，在土司地区设立"儒学"③。《明史》卷七十五载："其后宣慰、安抚等土官，俱设儒学。"④明朝在西南少数民族地区兴办儒学的基础上，也开科取士，为中央选拔官员。据《黔书》中记载："洪熙元年（1425年），始令贵州生儒就试湖广。宣德元年（1426年），诏云、贵合（共同）试。至嘉靖十四年（1535年），乃从巡抚王杏、给事中田秋之请，开科于贵州。"⑤至于云南和贵州乡试士子的数量，据《明会典》记载：嘉靖十四年（1535年），定"其解额，云南四十名，贵州二十五名"；嘉靖二十五年（1546年），"令增贵州乡试解额五名"；万历元年（1573年），"令增云南解额五名。"⑥云、贵开科取士，明统治者对及第的土司子弟大家擢拔。如《明史》卷三十六记载：万历末，贵州镇远府"有土舍杨载清者应袭推官，尝中贵州乡试，命于本卫加俸级优异之"⑦。总之，土司地区文化教育的兴起与发展对该地区的社会经济文化发展起到了积极的作用。

---

① （清）毛奇龄.蛮司合志·卷二·贵州一·"成化十七年"条[M].南宁：广西人民出版社，2015：9.

② （清）毛奇龄.蛮司合志·卷三·贵州二·"嘉靖元年"条[M].南宁：广西人民出版社，2015：1.

③ 据《明太祖实录》载：洪武二十八年（1395年）六月壬申渝礼部，"其云南、四川边夷土官，皆设儒学，选其子孙弟侄之俊秀者以教之。"

④ （清）张廷玉.明史·卷七十五·职官志四[M].北京：中华书局，1974：1852.

⑤ （清）田雯.黔书·卷上·"设科"条[M].光绪贵州刻本.

⑥ （明）申时行.明会典·卷七十七·礼部三十五·"科举"条[M].北京：中华书局，1989：1230.

⑦ （清）张廷玉.明史·卷三百一十六·贵州土司传·第二十七册[M].北京：中华书局，1974：8180.

第二节 明代贵州书院制度的形成

明朝建立以后，结束了元末的动荡局面，社会重新进入稳定发展的历史时期，这自然也给文化教育带来了新的发展契机。洪武年间起，明代统治者对文化教育事业给予了极大的关注。教育作为教化天下臣民，巩固统治地位的手段，明代统治者所制定的教育方针核心内容就是如何保证不仅在思想上而且在实际的治理国家过程中，使受教育者成为实现自己统治的合格人才或臣民。根据统治者的统治意图，明代教育的大致分为几个层次：

第一，以中央学校和地方学校为中学的儒学教育体系①。进入这一教育系统的人，可以称为"士"的阶层，因此，他们承上启下，在接受教育的过程中需要学习政府运作和统治民众的一整套官僚思想体系运作，而且在入仕之后，还要承担起教化民众的义务与责任。

第二，以乡约、旌表为中心组成的下层教育体系。与正规的学校教育不同，这类教育更具有松散性与不确定性，且多以家族和乡约作为主要的教育和约束的手段，直接面对全社会的下层民众②。

第三，私人教育体系——书院③。书院在中国古代文化教育体系中具有非常重要的地位，是一个颇具特色的代表。作为明代正规教育的补充，书院在明代教育制度中占据重要地位，但其发展并不顺利④。前期处于被抑制、被压抑的状态，众

---

① 儒家教育体系是整个教育体系的核心部分，是直接为国家培养合格的官僚队伍。

② 关于下层民族的教育，有的学者认为以乡约、旌表为中心组成的教育体系是为广大下层民众的存在，乃是一个政府得以存在的根本前提，所以控制底层民众的思想和行为，就显得尤其重要。

③ 书院教育由明中央政府制定、提倡教育方式，构成了明代教育制度的主体内容。而这种教育制度层次和水平的不同，也带来了文化教育在国家政治地位中的差异。书院与官方这种法定的教育制度相对应，依然存在一些适应社会需求的其他教育形式。

④ 明代书院发展并不顺利，同元朝统治者大力支持书院的发展大不相同，明代中央政府从一开始就将书院排斥于国家的教育体系之外。

多书院被迫改制成官学的一部分，书院的数量较少，规模与师资队伍相对落后，学术交流基本处于停滞状态。明代中后期，随着社会的发展、教育思想的多元化、学术交流的扩大化，还有王学的影响，书院有了进一步长远的发展，并逐渐走向繁荣发展。在这一时期，明统治者对书院多采取扶持和支持的态度。正德、嘉靖时期，书院的普遍发展使其逐渐取代各级官学而成为主要的教育机构。最著名的是东林书院。万历中期，顾宪成、高攀龙革职归田，两人在故乡重建东林书院讲学，传播学术思想和政治主张。针对当时黑暗的朝政，他们主张读书人积极入仕，参与国家政治，救民于水火。他们的学术思想与政治主张得到相当一批中下层士人的拥护，从而形成著名的东林党，其中不乏不畏权势、刚正廉洁之士，如杨涟、左光斗、刘宗周、黄道周等，在天启年间与专擅朝政的"阉党"进行了殊死搏斗。东林书院在当时获得极高的声望，"虽黄童、白叟、妇人、子女皆知东林为贤"①。总体上来说，明代书院的发展并非像两宋时期这般顺利，官方并不支持，主要是依靠个人的力量进行办学。因此，书院在兴办上具有鲜明的个人特色。该时期书院的数量及规模要远远超过唐宋两代，书院发展一骑绝尘，进入全盛时期。论其书院的分布，总体上是由先进发达地区向边远落后的边陲地区推进，这标志着书院发展进入了成熟的繁荣阶段。书院的功能不仅与地方文化教育建设与发展相关，同时训导民众的行为，移风易俗。明代书院普遍进入平民化阶段。②

一、明代的文教政策

明太祖朱元璋是布衣出身，在南征北战的过程中，意识到文化的重要性，认为政权的获得与稳固，没有儒学、没有儒士是不可能成功的，所以他非常重视文化教育的重要性。他聘请学者范祖干、叶瓒玉、胡翰、刘基、章溢、叶琛等作为

---

① （清）陈鼎撰. 东林列传[M]. 江苏：广陵古籍刻印社，1983：581.

② 明代后期的书院更具有了平民化特色，而且以同志相尚，品评人物，讽议朝政，使书院又具有了社团化、政治性的倾向。

顾问、秘书之类①。明王朝建立后，对人才更为重视，制定了相应的人才政策②。在这种背景下，明初广建学校，大力发展文化教育事业，培育人才，书院也是在这个时期所建立。

政治与教育息息相关，统治者通过制定国家教育政策，设立与教育有关的政府机构，通过政治权威或政治人物的行为以及通过旨在达到教育目的的媒介等方式进行政治宣传。对于明代而言，由于当时的教育乃是国家政治活动的一个重要组成部分，所以它的发展自始至终都处在政治的强烈影响之下。③从中央的角度来说，礼部掌管天下学校，负责科举事宜，但除儒学教育体系外，其余的学校或教育形式皆分属于中央其他机构，如内阁、都察院、通政司、詹事府、翰林院等。

贵州在洪武年间正式建省，成为全国十三个行省之一。在地方设置布政使司、都指挥使司和提刑按察使司，三司各执其职，布政使的职权限于民政和财政，提刑按察使司掌管刑法，都指挥使司掌管一省军政。这三个机构，统称"三司"。三司地位相当，互相牵制，均听命于中央。④而在教育体系中，府、州、县下设儒学，其学政由中央派遣，负责一省的文化教育工作，最终归于中央的礼部。地方各级官员，具体分工见下表：

---

① 《明史选举制》记载："太祖下金陵，辟儒士范祖干、叶仪。克婺州，召儒士许元、胡翰等，日讲经史治道。克处州，征耆儒宋濂、刘基、章溢、叶琛至建康，创礼贤馆处之。以濂为江南等处儒学提举，溢、琛为营田金事，基留帷幄预谋议。"

② 《明史》写道："洪武元年（1368年）征天下贤才至京，授以守令。其年冬，又遣文原吉、詹同、魏观、吴辅、赵寿等分行天下，访求贤才，各赐白金而遣之。三年，谕廷臣曰：'六部总领天下之务，非学问博洽、才德兼美之士，不足以居之。虑有隐居山林，或屈在下僚者，其令有司悉心推访。'六年，复下诏曰：'贤才国之宝也。古圣王劳于求贤，若高宗之于傅说，文王之于吕尚。彼二君者，岂其智不足哉？顾皇皇于版筑、鼓刀之徒者。盖贤才不备，不足以为治。鸿鹄之能远举者，为其有羽翼也；蛟龙之能腾跃者，为其有鳞鬣也；人君之能致治者，为其有贤人而为之辅也。山林之士德行文艺可称者，有司采举，备礼遣送至京，朕将任用之，以图至治。'"

③ 乔卫平.中国教育制度通史·第三卷·明代[M].济南：山东教育出版社，2000：8.

④ 明代贵州的地方行政设置，在布政司之下，一般设府（或直隶州）和县（或州）两级行政机构。都指挥使司之下，则设有卫和所。在边疆和少数民族地区，军政诸事由都指挥使司和宣慰使司、宣抚司、安抚司、招讨司、长官司、蛮夷长官司、军民府、土州、土县等掌管。

表2-1 明代地方机构的教育职权分工细目表

官职	与教育相关的具体职责	所属中央部门
布政使	向下级传达朝廷的德泽禁令;提调科举和贡士,按时颁给师生禄俸廪粮,旌表孝悌贞烈	隶属于吏部、都察院
按察使	掌一省刑名按劾之事,下设副使、佥事,分道巡察;专设一员提督学政	隶属于刑部、都察院
都指挥使	掌一方之军政,各率其卫,所以隶于五军都督府,对于卫学有监督的作用,直接听命于兵部	隶属于兵部
知府	总掌一府之政,凡宾兴科举、提调学校、修明祀典之事咸掌之	隶属于布政司、按察司
知州	总掌一州之政事,州分属州和直隶州,属州之政相当于县,直隶州之政相当于府。同时也掌握一州学校教育等事	隶属州隶府,直隶州隶布政司
知县	掌一县之政,凡养老、祀神、贡士、读法、表善良等皆亲理其政	隶属于州、府

贵州建省之初,提刑按察司并未设立提学副使,一切教育事务均由云南按察司佥事兼理,因此对贵州教育多有疏忽督促不力。弘治四年(1491年),巡按贵州监察御史汪律上奏请建立提学道署:"贵州学校,以云南提学佥事兼领,地远不能遍历,请改命贵州兵备使带管。"①弘治十六年(1503年),始命贵州按察使司副使毛科提调贵州学校并兼理屯田,于是建立提学道署。嘉靖七年(1528年),以贵州按察使司佥事陈琛专事提调学校,直到嘉靖十七年(1538年)方命田顼为贵州按察使司提学副使。②贵州的建学分为三个阶段:永乐十一年(1413年)建省之初,建立思州、思南等六所府学;宣德、正统年间,相继建立了一批卫学;嘉靖、隆庆、万历年间,因贵州已有专人掌管学政,又单独开科取士,所以官学教育有较大发展。关于贵州科举考试的情况,郭子章在《黔记》中载:自明初贵州开科取士至明末,全省中进士者为109人,其中卫所中进士者约占三分之二。(万历)《贵州通志》记载:贵州省自立省以来,举人共1145人,司学中贵州宣慰司共286人,这些进士举人等俊才都为贵州的文化教育事业建设发展做出了突出的

---

① 明实录·卷四十七[M]. 台北:"中央研究院历史语言研究所". 1962.

② (清)张廷玉. 明史·卷七十一·选举志·志四十五·选举一[M]. 北京:中华书局,1974:1689.

贡献，例如明崇祯年间的十巡抚的孙应鳌[①]、何腾蛟[②]、邱嘉禾。铜仁府陈扬产八兄弟皆中科举，一时被传为美谈，被称为"铜仁八英"。

明代贵州的官学主要有宣慰司学、宣抚司学、安抚司学、长官司学、府学、州学、县学、卫学、医学、阴阳学等类型。其中，宣慰司学、宣抚司学、安抚司学、长官司学主要设立在少数民族聚居地区，以招收土司土官子弟进行文化教育为主。

明宣德正统年间，贵州境内相继建立了一批官学，其中卫学的建立较为普遍。按照明朝制度，卫所所在区域自成一体，自立户口，统管所属军户，实际上是一个军政合一的军事政体。又因军户皆来自江南、四川、陕西等文化教育较为发达的地区，进入贵州卫戍之后，普遍要求兴办儒学，开科取士，使其子弟能有读书科举的机会，卫学在此基础上普遍建立起来[③]。洪武三十年（1397年），湖广都司所属铜鼓卫（今锦屏）又设立卫学一所。宣德八年（1433年），四川乌蒙军民府知府奏请建立卫学，可使"远人通知礼义，亦得贤才备用"。这一奏请得到统治者的高度重视，诏谕各地兴办儒学，于是贵州各卫纷纷建学。这一时期的卫学主要包括平越卫学、平坝卫学、都匀卫学、安南卫学、普定卫学、龙里卫学、新添卫学、威清卫学、兴隆卫学等。而随着各地卫学的相继建立，儒学在贵州的传播范围更广，影响也就更为深远。卫学与司学、府州县学、医学、阴阳学等都是贵州官学体系的主要组成部分。贵州府县学的设置始于永乐十一年（1413年）。当时，明统治者对思州、思南二宣慰司进行改土归流，将土司所辖之地分

---

① 孙应鳌（1527—1584年），字山甫，号淮海，贵州清平（今凯里炉山镇）人。嘉靖二十五年（1546年）参加贵州乡试中举，名列第一。嘉靖三十二年（1553年）入京会试，中进士，选庶吉士，从此步入政界。历任户部给事中、刑部给事中、佥都御使、大理卿、礼部经筵讲官、国子监祭酒、刑部右侍郎、南工部尚书等职。明万历十二年(1584年)，孙应鳌在家病故，享年五十七岁，谥文恭。孙应鳌品德高尚，学识渊博，被推崇为名臣大儒。逝世后，家乡人民在清平山甫书院旧址建孙文恭祠纪念他。《尚书文恭孙应鳌传》的作者郭子章任四川提学副使时，还将他的牌位请入四川的"大儒祠"，与周公、孔子等先贤一并祭祀。

② 何腾蛟（1592—1649年），字云从，黎平府（今黎平县）人，天启元年（1621年）乡试中举。南明三朝重臣，联合李自成的大顺残军共御清军。清军攻陷湖南后，率部退到广西。后收复湖南大部，在湘潭被俘遇害。《明史》不吝赞词，高度评价这位忠义之士："竭力致死，靡有二心，所谓百折不回者矣。明代二百七十余年养士之报，其在斯乎! 其在斯乎! "

③ 洪武二十七年（1394年），在元普定路儒学的基础上，首先建立普定卫儒学，开启了全省卫学教育的先河。

设八府，思州、镇远、黎平三府率先建立府学，后又将原思南宣慰司学迁至思南宣慰使田氏故宅，改为思南府学，同年又建铜仁、石阡二府学。在黔中地区，成化十四年（1478年）于程番司地建立程番府学，隆庆二年（1568年）移程番府治入省城，改为贵阳府，并将程番府学也迁至贵州宣慰司学旁，改为贵阳府学。①贵州地区的县学最早是荔波县学，隶属于广西布政司管辖，洪武十七年（1384年）建立，招收学生进行儒学教育，但由于当地生员多系苗族、瑶族、僮族等少数民族，言语不通，无法施教，奏请罢学，遂于洪武二十六年（1393年）正式废除县学。明初，由于资金不足、交流障碍、交通不便等因素，导致贵州县学数量较少，且中间不断停办，这种现象一直到明代中后期才有所改变。明代贵州布政使司所属九州、十四县，据不完全统计，所属县学主要有贵阳府的广顺州和开州，安顺府的镇宁州和永宁州，平越府的湄潭、瓮安、余庆三县，都匀府的麻哈、清平、独山三州，石阡府所领的龙泉县，思州府的安化县，铜仁府的思南县（原思州），镇远府的施秉、镇远二县，建立学校的州县不及三分之一。四川布政司所属遵义府，知府孙敏政等曾议请建立遵义、桐梓、绥阳、仁怀四所县学，但未获准，遂将四县生员附于遵义府学。贵州儒学教育的逐步完善标志着贵州官学体系的建立，大力促进了文化教育事业在贵州的传播与发展。

嘉靖万历年间，贵州的官学教育体系日趋完善，学校数量和规模进入全盛时期，出现了书院和阳明心学，这也是文化教育体系的特色之一。由于黔省初创，人口激增，文教有待进一步提高。而随着贵州地区经济社会的迅速发展以及科举制度的建立，当地官员和一批有识之士致力于发展贵州的文化教育事业，大力挖掘贵州的人力、物力资源，积极创办书院，使书院教育在嘉靖年间迅速兴起②。据贵州地方志记载，明初贵州创办的一批书院主要有魁山书院、草庭书院和中峰书院。魁山书院位于新添军民指挥使司治地（即今贵定县），由明初贵州都指挥使叶凤邑所建，是黔南最早的书院之一。草庭书院由兴隆卫人周瑛创办，是为黔东南乡贤书院之始。周瑛在草庭书院担任主讲十余年，倡导尊师重教，激励生员上进。中峰书院是弘治三年（1490年）由程番府知府汪藻筹资所创办，用以弘扬儒

---

① （明）郭子章，赵平略点校.黔记（上）·卷十六·学校志（上）[M].成都：西南交通大学出版社，2016：396.

② 书院的兴起与发展既满足了贵州社会各阶层的教育需求，又弥补了当时官学教育的不足。

家文化，也是本郡名士讲学交流之地。

　　总之，明统治者将"变夷俗以敷教化"作为治黔重点①，按照"治国以教化为先，教化以学校为本"的文教方针，开始在贵州发展儒学和书院等文化教育事业，而且在贵州的各级官吏中，无论流官、土官还是文臣武将，多愿兴办文化教育，并采取各种有效的措施加以贯彻，掀起一次又一次儒学教育热潮，形成"向学"的社会风气。明代统治者实行的"移民实边"政策，使外地迁来的人"多读书习礼"，进而影响本地人的向学之心，使本地土人亦日渐向学。值得一提的是，一些受贬的官员，如阳明心学创始人王阳明在极端艰苦的环境中"龙场悟道"，坚持办学授徒，创办龙冈书院，讲学文明书院，大力传播儒学文化，使贵州地区的社会风气为之一变。地方文士也自愿为教育奉献终生。如成都人汪藻以兵科给事中任程番府知府，以培育人才为己任，于弘治三年（1490年）筹资创办了中峰书院，以供本郡好学子弟入学肄业。同时，各界人士积极捐资办学，百姓鼎力相助，致使两百年间的文化教育事业得到蓬勃的发展。

---

① 对于治理贵州，明统治者提出"治天下当先其重及而后及其轻且缓者。今天下初定，所急着衣食，所重者教化。衣食给且民生遂，教化行而习俗美。足衣食者在于劝农，明教化者在于兴学校。学校兴，则君子务德，农桑举，则小人务本。如是为治，则不牢而政举矣"的政策。

第三节　明代贵州书院概况

贵州建省后，随着国家制度的日益完善，教育功能也大为提高。府、州、县学也相继建立起来。除此之外，还涌现了卫学、医学、阴阳学等，标志着贵州官学体系的正式建立，极大促进了儒学在贵州的传播。嘉靖、万历年间是贵州教育发展的最高峰，书院的兴起和阳明心学的出现成为该时期贵州文化教育的特色。随着贵州经济的发展，生产力迅速提高，对教育的需求也变得十分迫切，部分地方官员和儒家知识分子大力开发贵州的教育资源，积极创办书院，书院的数量激增，教学质量也大为提高。书院的出现既可以有效弥补官学教育的不足，又可以满足贵州社会各阶层教育的需要，具有十分重大的意义。

一、明代贵州书院介绍

对于明代贵州书院的数量，学者的看法并不一致，数量大致在18—45所之间。[①]具体名称、修建时间、地址等参见下表：

---

① 关于明代贵州书院的总数，学术界并未取得一致的意见，学者曹松叶统计为18所；丁益吾、朱汉民统计为27所；洪波统计为28所；张羽琼教授在《贵州古代教育史》中统计为38所；《贵州：教育发展的轨迹》一书中统计为26所；《贵州省志·教育志》一书中统计为27所；张羽琼教授在重新查阅贵州地方志、《古今图书集成》等资料，将明代贵州数量统计为44所。书院数量之所以存在较大差异，张羽琼教授认为首先是学者在统计明代书院的数量时遗漏了一些地方志的记载和明代部分学者的专著（文集）；其次，学者对书院的定义与内涵理解不同，也是造成统计数据有差别的重要原因。而张羽琼教授认为"在贵州地方志记载中，只要是授徒讲学，研习经典的固定场所，都可以将其归类为书院。"

表2-2　明代贵州书院统计表

书院名称	修建（重建）时间	书院地址	修建／重建者
魁山书院	洪武时期	新添卫（今贵定县）	指挥使叶凤噩
龙标书院	永乐十一年（1413年）	开泰(今锦屏县隆里所)	不祥
草庭书院	弘治元年（1488年）	兴隆卫（今黄平县）	卫人周瑛
中峰书院	弘治三年（1490年）	程番府（今惠水县）	知府汪藻
文明书院	弘治十七年（1504年）	治城内（今贵阳市）	提学副使毛科
兔儿坪书院	弘治十八年（1505年）	平溪卫（今玉屏县）	不祥
铜江书院	弘治十八年（1505年）	铜仁府（今铜仁市）	提学副使毛科提倡
龙冈书院	正德三年（1508年）	龙场驿（今修文县）	贬谪驿丞王阳明
镇东书院	正德十四年（1449年）	石阡府（今石阡县）	不祥
天香书院	正德嘉靖年间	黎平府（今黎平县）	郡人何志清
石壁书院	嘉靖七年（1528年）	平越府（今福泉市）	金事朱佩
紫阳书院	嘉靖九年（1530年）	镇远府（今镇远市）	知府黄希英
中峰书院	嘉靖十三年（1534年）	平越府（今福泉市）	贬谪驿丞陈邦敷
阳明书院	嘉靖十四年（1535年）	贵阳府（今贵阳市）	巡抚王杏
南山书院	嘉靖十五年（1536年）	偏桥卫（今施秉县）	郡人王溥
安庄卫书院	嘉靖十五年（1536年）	安庄卫（今镇宁县）	不祥
正学书院	嘉靖二十一年（1542年）	贵阳府（今贵阳市）	提学副使蒋信
渔矶书院	嘉靖三十五年（1556年）	贵阳府（今贵阳市）	巡抚王绍元
为仁书院	嘉靖四十五年（1566年）	思南府（今思南县）	知府田稔
月潭书院	嘉靖年间	兴隆卫（今黄平县）	不祥
鹤楼书院	嘉靖年间	杜云府（今都匀市）	郡人为谪臣张翀建
平溪卫书院	嘉靖年间	平溪卫（今玉屏县）	不祥
普定卫书院	嘉靖年间	普定卫（今安顺市）	不祥
明德书院	隆庆六年（1572年）	石阡府（今石阡县）	知府郑维京
銮塘书院	宋绍兴年间建，后废	沿河司（今沿河县）	不祥
竹溪书院	宋绍兴年间建，后废	沿河司（今沿河县）	不祥
斗坤书院	隆庆年间	思南府（今思南县）	金事周以鲁

续表

书院名称	修建（重建）时间	书院地址	修建/重建者
学孔书院	隆庆年间	清平卫（今凯里市）	郡人孙应鳌
平旦书院	隆庆三年（1569年）	清平卫（今凯里市）	郡人孙应鳌
学孔精舍	万历五年（1577年）	清平卫（今凯里市）	郡人孙应鳌
口口书院	万历十二年（1584年）	黎平府（今黎平县）	不祥
青螺书院	万历十八年（1590年）	毕节卫（今毕节市）	兵备道陈性学
南皋书院	万历二十三年（1595年）	都匀府（今都匀市）	提学副使徐秉正
兴文书院	万历二十四年（1596年）	施秉县（今施秉县）	知县陈月
开化书院	万历二十五年（1597年）	天柱县（今天柱县）	知县朱梓
大中书院	万历三十九年（1611年）	思南府（今思南县）	同知陈以耀重建
文明会馆	万历年间	城北真武观（今思南县）	不祥
东西会馆	万历年间	黄平千户所（今黄平县）	不祥
狮山书院	万历年间	湄潭县（今湄潭县）	不祥
山甫书院	万历年间	清平卫（今凯里炉山）	郡人孙应鳌
西佛岩精舍	万历年间	黎平府（今黎平县）	黎平府州人朱昆
儒溪书院	万历年间	遵义府（今绥阳县）	遵义府知县詹淑
凤山书院	创办年代不可考	程番府（今惠水县）	不祥
清平卫书院	创办年代不可考	清平卫（今凯里市）	不祥
花竹书院	万历年间	瓮安县（今黔南布依族苗族自治州）	不详

资料来源：张羽琼《贵州书院史》

据相关史料记载，明代贵州最早的书院为魁山书院、草庭书院和中峰书院。魁山书院位于明新添卫（今贵州省贵定县），由明代新添都指挥叶凤噐捐资所建。清初因修缮不力而废。道光十八年（1838年），贵定县知县俞汝捐出养廉银并由当地的士绅共同捐资重建。书院有明伦堂（又称讲堂）、房舍共二十余间，设备完整，后因战火而毁坏。同治二年（1868年）再次重建，重建后的书院房舍仅十间，规模较小。光绪三十二年（1906年），清末书院改制，改为学堂。

草庭书院建于弘治元年（1488年），是明代贵州籍进士周瑛所创建。据（嘉靖)《黄平州志·古建》记载:"捐家产,于城北龙渊池畔风衣胜地,创办草庭书院,又修建学官,协办兴隆卫学。"周瑛[1]从小聪颖智慧,专心于学习,开蒙之后到兴隆卫儒学就读。景泰元年(1450年),周瑛考中举人,四年后考中进士,成为黔东南地区的第一位进士。[2]弘治元年(1488年),周瑛辞官回乡专心贵州教育事业,开黔南私人教育的先河。他捐出全部家产在黄平卫城北龙洞旁创办了草庭书院。此处青山绿水,景色宜人,宁静古雅,屋舍齐全,非常适合创办书院。周瑛学识渊博,见识宽广,教学方针与教学理念先进,采取启发式的教学方法,着重培养学生独立思考和认知的能力。周瑛主持书院、讲学十余载,为黔东南地区培养了不少有识之士和杰出人才,促进了该地区的教育发展。草庭书院更是因此名声大振,从而引领黔东南学风,成为黔东南最具影响力的学府,其邻近地区的学子也纷纷慕名而来,拜入周瑛的门下。之后,草庭书院在周瑛之子周希廉的主持下,特邀请途经黄平赴江西庐陵任知县的明代著名教育家、哲学家王阳明来书院讲学,王阳明欣然应允。在他的教育与影响下,该书院的诸多学子均以"阳明学子"自称。

在周氏父子的努力下,草庭书院成绩斐然。据统计,明清时期,黄平县出了22名进士(一说29名)、举人250人。史称黄平县"科甲辈出,甲于他乡",乃源于周瑛倡导的尊师重教的优良学风。由此可见,周瑛对黄平文化教育事业的重大贡献。书院今日尚留有遗迹,"草庭书院"四字摩崖[3]依然保存完好。20世纪80年

---

[1] 周瑛,字廷润,号洞松,明宣德四年(1429年)出生于兴隆卫(黄平旧名)的军人家庭。据《镇远府志》记载:"明景泰元年(1450年)中举人。景泰五年(1454年)中进士。周性疏敏,多才学,以进士秋官主事,升外郎,出知临安、衡州二郡,转太仆卿,参广东省政,升广西布政史,剔历中外,德政洋溢。已而引年,优游林泉,多咏吟,尝出资修学,所著《兴隆卫志》二卷。"

[2] 周瑛被称为"黄平在黔为文物声名之地,科名辈出,甲于他郡",最初入仕为官任刑部侍郎。天顺年间,周瑛先后出任临安、衡州太守及太仆卿;成化年间中期,升任广东左参政,后迁广西右布政使;弘治元年(1488年)因官场原因,辞官回乡。周瑛为官三十余载,尽忠职守,清正廉洁、保民恤民,其大公无私,心怀坦荡,深所当地百姓的好评和赞誉。后辞官,创建草庭书院。在主持书院期间,周瑛撰写了兴隆卫第一部方志——《兴隆卫志》,又将居官以来四十余年所著诗文手稿编辑成《草庭类稿》一书,共七十二卷,其书目载入《明史·艺文志》。

[3] 摩崖镌刻于岩壁上部,横行排列,长方形底,底面宽1.36米,高0.69米,上沿距崖1.5米,下沿距崖麓壹8米,字为楷书,体兼颜、柳,结构谨严,笔力劲健,字高0.6米,宽0.3米。据民国《贵州通志·金石志》载,"草庭书院"系明嘉靖年间所刻。嘉庆《黄平州志·古建》记载,草庭书院为周瑛读书处。摩崖为后学追念周瑛所刻。

代，黄平县人民政府将书院遗址列为县级重点文物保护单位。

在明代贵州书院中文明书院较为著名，它是贵州提学副使毛科于弘治十七年（1504）所建，是贵阳第一所书院，位于贵阳府治（今贵阳市）城内忠烈桥西。文明书院，由教授何成禄于元朝皇庆年间①所建立。文明书院可谓贵阳史上最早的书院。书院建成于元代年间，持续一百七十余年，直至明弘治年间，因房屋腐朽而废弃。弘治十五年（1502年），贵州按察使毛科②出任贵州提学副使，就职后，花了一年多的时间考察贵州的教育情况，看到贵州经济落后、教育不旺，人才凋零，深感忧虑。在这种情况下，他"恒念贵阳士子，虽涵濡圣化之久，人才未底其盛；况初学小子立志不确，向学罔进，深以为虑，乃建书院，择师儒以陶熔之"③，于是产生建书院，弘扬儒学的想法。其想法得到巡抚洪钟、巡按王韶的认同后，毛科在元代顺元路儒学故址复建了文明书院。据《贵州通志》记载："弘治十七年（1504年），公于省城中，因择忠烈桥西胡指挥废宅，及四旁民居易得，遂官给以值而开拓之。右为提学分司，左为书院。平治庭址间，偶获断碑一通，为《重修顺元儒学记》，人多奇之。按《贵志》谓：儒学迁建后，有教授何成琛于遗址内改建文明书院，亦废。今建是院，即故址也。人愈以为异事，争相睹之恐后。公乃矢心重建，凡材木工力，措置规划，咸出于己，一财不资于公，一力不劳于民，间有乐助者不禁，经理于是岁十月，讫工于正德元年（1506年）七月。书院成，前有大门，门之内有文会堂，为师生习礼讲解之地。"④重建后的文明书院是明代贵州极为著名的书院，规模宏大，有门人弟子两百余人，由毛科任书院督查，总理书院大政事务，教学水平高，生徒更是成为第一代王学弟子。

文明书院复建工作历经十九个月完成。大门匾额为"文明书院"，书院有文会堂（又称明伦堂），是师生讲学和进行学术交流的地方。文会堂共分为四斋，颜乐斋、曾唯斋、思忧斋、孟辩斋，分别以颜回、曾参、子思、孟轲之才学德识

---

① 元朝皇庆年间是指公元1312—1313年。关于文明书院的建立时间，根据明（弘治）《贵州图经新志》记载："文明书院，在治城内忠烈桥西，即元顺元路儒学故址，皇庆间教授何成禄建。今废。"

② 毛科：字应奎，浙江余姚人，成化十四年（1478年）进士。弘治十六年（1503年），毛科出任贵州按察副使兼提学副使。

③ （明）谢东山修；（明）张道纂.（嘉靖）贵州通志·卷十二·记类·重建文明书院记[M]. 成都：西南交通大学出版社，2018：764-767.

④ 同上。

命名。^①斋门上设有戟门，门内设有左右厢房，上有先圣庙，庙后设师文、学孔二斋，主要用来祭祀，要求学子学习效仿先师圣人，以达到"操存涵养，而不为利禄之所动"的目的。

文明书院最为人所熟知之处就是王守仁在此传播讲授"知行合一"的思想。毛科一向敬佩王阳明的学问，早有求教之心。毛科与王阳明有同乡之谊，感情甚笃。毛科与席书将文明书院修好后，于正德四年（1508年）将王阳明从龙场聘请来讲学，并以师礼事王阳明^②。文明书院培养了众多儒学之士，如孙应鳌、李渭、乌廷锡等人，都为贵州的文教事业做出了巨大的贡献。

孙应鳌^③在职期间主张实务、着重培养人才和发展教育事业。在《与楚侗论师道书》一文中指出："世道理乱，关系人才，人才成就，系于师道。"说明治理国家需要人才，而培养人才关键在于教师。他在陕西任职期间书写了《谕官师诸生檄文》（《教秦绪言》），全面系统地阐述了他的教育理论与教育思想^④。在国子监担任祭酒期间，他针对当时存在的弊端，锐意进取，革除陈规陋习，加强对监生的管理，制定了"严监规、亲考课"的制度。在他的带领下，国子监的学风为之焕然一新。同时，他还创办书院，亲自讲学。如在家乡贵州清平创建学孔精舍，后又建山甫书院，教书育人，将一生所学倾力传授给黔东南的学子。明清两代中黔东南的进士及第达19人，中举者多达86人，在全省名列前茅。孙应鳌一生著作颇丰，任陕西提学副使时，著有《教秦绪言》；任国子监祭酒时，著有《雍谕》；在家乡讲学时，著有《幽心瑶草》《涯海易谈》《四书近语》等。孙应鳌一生高洁，学识渊博，被推崇为名臣大儒。逝世后，家乡人民在清平山甫书院旧址建孙文恭祠，而他的牌位被请入四川的"大儒祠"，与周公、孔子等先贤一并

① 毛科建立四斋的目的是以此期望生徒"企慕乎群贤，进修践履，而不为他岐之惑"。

② 王阳明因上书皇帝援救敢于直言的南京科道戴铣、薄彦徽等人，得罪窃权的宦官刘瑾，由兵部主事谪贬贵州龙场（今修文县）驿任驿丞三年。贵州期间，王阳明为贵州的文化教育事业做出巨大的贡献。他在文明书院讲学，不仅使书院成为最早阐发"知行合一"学说的圣地，且为贵州培养了众多有用之才，开创了贵州的一代学风。三年后，王阳明回京任职。

③ 孙应鳌，字山甫，号淮海，贵州清平（今凯里炉山镇）人，不仅是明代的理学名臣，还是著名的文学家和教育家。清代学者莫友芝曾称他为"儒术经世，为贵州开省以来人物冠"，曾担任陕西提学副使、礼部经筵讲官、国子监祭酒。

④ 《谕官师诸生檄文》共分崇制、订学、论心、立志、破迷、修行、规让、饬礼、励勤、戒速、博理、讲治、进业、孝友、养蒙、严范等十六个部分，长达数万字。

祭祀。

正德四年（1509年），毛科去任，文明书院随之荒废。嘉靖二十年（1540年）秋，王阳明弟子蒋信^①出任贵州提学副使。他目睹文明书院残破之现状，深有感触，便拿出家产并多方募资，重建书院，并建专祠祭祀王阳明，亲任讲学，为生徒授课。自此，求学之人愈来愈多，书院规模已无法满足正常的教学需求，只能在书院附近修建正学书院。可见当时书院之盛况。文明书院后衰落，改为官学。

龙冈书院由龙场驿丞王守仁^②（世称阳明先生）建于正德三年（1508年），书院位于贵州宣慰司龙场驿（今贵阳市修文县龙城镇阳明村）。贵州巡抚阮文中曾在《阳明书院碑记》中写道："始，贵阳人士未知学，先生与群弟子日讲明良知之旨，听者勃勃感触，日革其浇漓之俗而还诸淳，迩者衣冠济济，与齐鲁并。先生倡导之德，至于今不衰。"

明武宗正德元年（1506年），王阳明因事贬谪到贵州三年。初到龙场^③时，无处可居，他只好和童仆自搭迎风、漏雨、高不及肩的小茅屋居住，继而迁居东洞，但洞内烟熏、阴冷、潮湿。此后，他经历断粮饥饿之苦，不得不在南山下学种田，在西山下采摘蕨菜果腹，生活非常艰辛。后在当地百姓的支持和帮助下，在龙冈山建了几间茅草屋，得以度日。王阳明分别将其命名为"何陋轩"^④"君子亭""宾阳堂"，并以何陋轩为校舍，创办了龙冈书院。书院学生的具体数目已不可考，求学者除龙场附近的乡民，以当地少数民族子弟为主，也有相隔百里外

① 蒋信，字卿寔，湖南常德人。命运坎坷，十四岁居丧，酷爱读书，拜王阳明为师。嘉靖初年为贡生，嘉靖十一年（1532年），蒋信举进士。进入仕途后，累官至四川水利佥事。在四川任上，蒋信曾因拒收播州土官贿赂及惩治妖道而名声远播，为民众所赞诵；其为官清正、廉洁奉公的作风，亦得到朝廷嘉许。嘉靖十九年（1540年）九月，蒋信升任贵州提学副使。

② 王阳明（1472—1529年），名守仁，字伯安，浙江余姚人，自称阳明子，世称阳明先生。二十八岁中进士，历任刑部主事、庐陵知县、左佥都御史、南京兵部尚书等职，后被封为新建伯，死后谥号"文成"。他是我国明代中期著名的哲学家和教育家，创立阳明心学，提出"知行合一"的观点，此观点遍及全球，影响巨大。

③ 龙场，今贵州省贵阳市修文县，地处万山丛中，属贵州安氏土司辖地，苗、僚杂居，民风淳朴，刀耕火种，巫术盛行，百姓生活困苦，过去从未有过书院、学校等文教组织，因此民治尚未开放，文化教育极其落后。

④ 《龙冈新构》中写道："诸夷以予穴居颇阴温，请构小庐。欣然趋事，不月而成。诸生闻之，亦皆来集，请名龙冈书院，其轩曰'何陋'。"其中可见王阳明虽遭贬谪，但坦然面对，不惧困难，以讲学为乐。

从各府、州、县慕名而来的学生。王阳明担任书院的主讲，前后讲学近两年的时间①。龙冈书院的开办开启了贵州书院发展之先河，意义重大。据学者统计，明代贵州书院教育若以龙冈书院的创建为分界线，此前一百四十年（1368—1507年）贵州的书院教育发展非常缓慢，仅有四所；此后一百三十六年间（1508—1644年），贵州的书院教育发展一度到达顶峰，多至41所。

王阳明一生热爱并奉献于教育事业，途经之地皆会建立学校、创立书院，并亲自讲学、布道，启迪人心。在这些实践过程中，逐渐形成了一套完整而科学的教育理论，进而形成了一个在中国教育史、学术史上赫赫有名阳明学派。其教学理论的形成过程，有的学者认为前后可分为两个阶段：王阳明从三十四岁起收徒讲学，到五十七岁去世，从事讲学活动二十余年，而贬谪贵州的三年是其教育思想的形成时期；五十岁以后回乡讲学的五年其学术成就达到顶峰，是阳明学说最后的形成时期。②

王阳明延聘到贵阳文明书院进行讲学，这是他"阳明心学"和教育思想理论走向成熟和进行宣传讲授的关键时期③。而其所做诗文同样反映了其教育思想理论。据《王阳明在黔诗文注释》一书所收诗文统计，王阳明在贬谪贵州期间共写诗129首、文26篇。其中《教条示龙场诸生》《龙场生问答》《何陋轩记》《君子亭记》《象祠记》《远俗亭记》等较为集中地反映了他的教育思想。特别是《教条示龙场诸生》深刻反映了他的教育理念与主张，直到今天仍具有重要的参考价值。具体来说，王阳明的教学理论与思想道德培养有着重要的关系，具体可概括为："一曰立志、二曰勤学、三曰改过、四曰责善。"

其一，立志。立志非常重要，《论语·为政》曾曰"十而有五志与学"。而王阳明所书写的《教条示龙场诸生》第一条为"立志"。"志不立，天下无可成之事，虽百工技艺，未有不本于志者。今学者旷废隳惰，玩岁愒时，而百无所成，皆由于志之未立耳。故立志而圣，则圣矣；立志而贤，则贤矣。志不立，如无舵

---

① 龙冈书院的开办不仅开今修文县教育的先河，而且使龙场成为明代贵州教育的一大圣地，其中王阳明的贡献不言而喻。

② 何静梧等.贵州社会文明的先导——贵州历代著名教师[M].贵阳：贵州教育出版社，2000：22.

③ 正德四年（1509年），王阳明应贵州提学副使毛科及其继任者席书的邀请，到贵阳文明书院讲学。讲学时，他首次阐发了"知行合一"思想理论。这不仅仅是王阳明的哲学思想，更为他的教育理论奠定了坚实的基础。

之舟，无衔之马，漂荡奔逸，终亦何所底乎？"①而所谓立志，则是要向古圣先贤学习。他将古圣先贤比喻为"千丈目""昆仑派"，鼓励他们先立志而法先贤。王阳明写有《赠陈宗鲁》诗②，提出对学生的要求。

其二，勤学与自谦。王阳明认为这是学生学习的关键。他认为："已立志为君子，自当从事于学。凡学之不勤，必其志之尚未笃也。从吾游者，不以聪慧警捷为高，而以勤确谦抑为上。"③这反映了王阳明治学的思想，首先立志，笃志于学，只有树立远大志向才能勤奋刻苦地学习。勤能补拙，某种程度上来说，勤奋远远比所谓的天分与聪明更重要。这说明后天努力的重要性。之后，他用自己的亲身经历说明善于治学的人既聪明又谦虚。

其三，改过，即人非圣贤孰能无过。人人都会犯错，犯错要勇于承认，之后改过自新，这是最可贵之处。他说："夫过者，自大贤所不免，然不害其卒为大贤者，为其能改也。故不贵于无过，而贵于能改过。"王阳明用发展的眼光看待知错改过，认为改过能使盗贼变成贤者。这与传统儒家思想不同。他强调，所谓人"能一旦脱然洗涤旧染，虽昔为寇盗，今日不害为君子矣。若曰吾昔已如此，今虽改过而从善，将人不信我，且无赎于前过，反怀羞涩凝沮，而甘心于污浊终焉，则吾亦绝望尔矣"。

其四，责善。与朋友相处，贵在给予忠告并善加引导，帮忙改过；教师对学生要循循善诱、谆谆教诲；学生也要勇于批评教师的错误。这就是"朋友之道"与"谏师之道"，主张对教师的批评要直率，但不能形成攻击；语言婉转，但不要回避错误，使他能"明其是，去其非"。这就是"教学相长"。所谓"责善，朋友之道，然须忠告而善道之。悉其忠爱，致其婉曲，使彼闻之而可从，绎之而可改，有所感而无所怒，乃为善耳"。"人谓事师无犯无隐，而遂谓师无可谏，非也。谏师之道，直不至于犯，而婉不至于隐耳。使吾而是也，因得以明其是；吾而非也，因得以去其非：盖教学相长也。诸生责善，当自吾始"④。

① （明）王守仁. 王阳明全集·卷二十四. 外集六[M]. 上海：上海古籍出版社，1992：912-913.
② 陈宗鲁即陈文学，是王阳明在贵州从教最器重的弟子。其诗云："学文须学古，脱俗去陈言。譬若千丈木，勿为藤蔓缠。又如昆仑派，一泻成大川。人言古今异，此语留虚传。吾苟得其意，今古何异焉。子才良可进，望汝师圣贤。文学乃余事，聊云子所偏。"
③ （明）王守仁. 王阳明全集·卷二十四. 外集六[M]. 上海：上海古籍出版社，1992：912-913.
④ （明）王守仁. 王阳明全集·卷二十四·外集六[M]. 上海：上海古籍出版社，1992：912-913.

王守仁所提出的"八字教育方针"是其执掌龙冈书院的教育总纲，具有广泛而深刻的内涵，非常具有启迪意义，其中最重要的是对"德"的重视，也就是注重道德品质的培养。先从德育入手，进而要求加强德育教育，让学生明白道理，无论待人待己皆是如此。其间提出一些新的观点，比如"教学相长"，师生之间相互批评，共同交流；"以身作则，为人师表"等观点①。这些观点还深深影响了当今文教事业的发展。

龙冈书院培养了第一代"王门"弟子。其中著名的人物，据《镇远旅邸书札》记载，有陈宗鲁（陈文学②）、汤伯元③、叶梧（叶子苍）④、高鸣凤、蒋信⑤、何廷远、陈寿宁、范希夷、阎真士、张时裕、向子佩、越文实、邹近仁、郝升之、汪原铭、李维善、陈良丞、易辅之、詹良丞⑥、王世丞、袁邦彦、李良丞⑦等人。除上述弟子外，还有孙应鳌、李渭、马廷锡三人，他们虽不是王阳明的直传弟子，却是王门的再传弟子。三人都为贵州教育事业的发展发挥了重要的作用。

在王阳明和龙冈书院的影响下，贵州书院的数量迅速上升，形成大办书院之风。明（万历）《贵州通志》中载："村村兴社学，处处有书声。盖喜其向道，知方也今人。"此前，贵州只有銮塘书院、元代建立的贵阳文明书院、明代周氏父子创建的草庭书院等少数书院；而在王阳明到来后，随着龙冈书院的建立，贵州的书院接踵而立，文教事业迅速得以发展。其中不乏王阳明弟子所创建的书院。嘉靖十三年（1534年），王杏到贵州任巡按御史，倡议当地学子进书院学习。在这种情况下，王门弟子纷纷上书，要求建立书院。于是，地方官和当地乡绅筹措资金，在城东选址建院，于嘉靖十四年（1535年）落成，取名为"阳明书院"。此书院后来屡经改建、迁址、重修，维持了两百年之久，培养人才数以千计。

嘉靖二十一年（1542年），王阳明的入室弟子、贵州提学副使蒋信到职，感念先生的恩情与风采，在贵阳建立了正学书院。之后改建"阳明书院"，聘请学识

---

① 王阳明认为教师应改"诸生责善，当自吾始"。

② 陈文学即上面说到的陈宗鲁，是王阳明最为重视的弟子，曾考中举人，官至耀州（四川雅安）知州。

③ 汤伯元考中进士，官至南京户部员外郎、任潮州知府，巩昌府知府。

④ 叶子苍考中举人，曾任湖南新化县主管教授，后任陕西镇安县知县。

⑤ 蒋信考中进士，曾任兵部员外郎，四川水利佥事，贵州提学副使。

⑥ 詹良丞考中进士，曾任大理评事，大理寺副卿等职。

⑦ 李良丞考取举人，曾任山东省临清县儒学教授。

渊博的文士入书院任教，发挥所长。同一时期，省城所在地就有三所书院，文教可谓盛极一时。此外，他还去龙场参拜恩师阳明先生遗迹，为阳明祠购置祠田，进行书院管理、修葺祠堂及节日祭祀之用。蒋信被尊为一代宗师，被称作"正学先生"。隆庆、万历年间，王阳明的再传弟子李渭在思南讲学于为仁书院，孙应鳌在清平（今属凯里市）建学孔精舍，马廷锡在贵阳建渔矶书院。明代对贵州教育影响较大的还有万历、天启年间的邹元标①。他在都匀讲学读书，大力传播王阳明学派的心性之学，培育黔南地区文士，开黔南一带向学之风。在他离开都匀后，其门人及地方有识之士着手集资兴建书院。万历二十二年（1594年），贵州提学副使徐秉正承提倡在都匀城南新建书院，为感念邹元标的功绩，特取名"南皋书院"。贵州巡抚江东之曾在《南皋书院记》中载："盖始于郡诸生之倡议，作于督学徐君之表章，若有司、学博、乡先生、武胄之捐资俸，与门人弟子拮据之劳。"之后，南皋书院曾一度更名归仁书院，后来恢复旧名，直至清代晚叶。据不完全统计，明代贵州各地共设书院四十多所，其中绝大部分是王阳明到贵州后才出现的。

龙冈书院名声逐渐传扬出去，常有邻近地区的学子背着粮食前来求学，时任贵州提学副使的席书早闻阳明先生的大名，十分钦佩其为人，因此诚挚邀请他到文明书院讲学，开拓学生的视野，扩大书院的影响。王阳明虽身体抱恙，依旧欣然前往。正德四年（1509年），王阳明到贵州文明书院担任主讲，系统讲授儒家经典和阳明心学。席书挑选优秀学生来书院学习，并以师长的礼仪待阳明先生，并多次到文明书院与王阳明讨论学术，进行文学交流，长至深夜，不知疲倦。文明书院的学生也受益匪浅。王阳明在龙冈书院著书立说，修身讲学，"士类感慕云集听讲，居民环聚而观者如堵焉"。

到了清代，龙冈书院几经修复。乾隆五十年（1785年），知县秦睿复建龙冈书院于察院山之巅。乾隆五十三年（1788年），知县宋铎捐养廉银和乡绅筹措资金修复阳明祠五间，具体包括二门二间，头门三间，讲堂、房舍共十间。县人俞彦圣募修围墙、甬壁。咸同年间（1860—1863年），龙冈书院频遭兵燹（灾），阁

---

① 邹元标，字尔瞻，号南皋。江西吉水人。任刑部侍郎时，因斥责张居正丁忧中仍留任宰辅，被廷杖，谪戍都匀卫。他在都匀辛勤讲学，大力传播王阳明学派的心性之学，培育南荒子弟，开黔南一带向学之风。元标谪戍都匀六年之久，与黔中著名学者孙应鳌、李渭等交游，切磋学术，共同传播王阳明心学。

城瓦砾，惟川主宫、城隍庙及龙冈书院幸存。然而，书院房舍"半就倾圮"。光绪元年（1875年），县署落成，乃复为书院。光绪二十年（1894年），知县李崇峻题"阳明学舍"四字匾于讲堂。光绪二十一年（1895年），前提督学政杨文莹额以"读书立志"四字。光绪二十八年（1902年），清政府颁布壬寅学制，"废科举，兴学堂"，知县曹沛霖就地筹款重修，易名修文小学堂①。为纪念王阳明，贵阳、修文和黔西等地都建有阳明祠和阳明书院，至今贵阳还有一条街道叫阳明路，贵阳的阳明祠、修文的阳明洞于2006年被列为全国重点文物保护单位。

王阳明创建龙冈书院，讲学于文明书院，时间虽不长，但在贵州教育发展中起到巨大的作用。这种作用，不仅表现在为贵州培养（直接或间接）了大批人才，大开贵州学术研究之风等先河，而王阳明的哲学思想、教育思想、教育主张、理念对贵州地区的影响尤为深远。

二、明代贵州书院特点

明代之前，贵州的教育发展滞后，学校数量较少。北宋灭亡，南宋建立后，贵州的教育有所发展，在播州（今遵义）地区修建孔庙，讲学传道，有"建学养士，留意变俗"之意，而在思州所属的沿河地区建立銮塘书院。元代在贵州设顺元（今贵阳）、普定（今安顺）和播州（今遵义）三路建立儒学。明代儒学在贵州迅速发展，创办了一批府县州学、卫学、社学、书院。明统治者也多次下诏修建学校，修建孔庙，开设科举，以达到"怀柔远人"之意，从而达到"建学校以化夷"的目的②。洪武二年，朱元璋曾下旨："朕惟治国以教化为先，教化以学校为本，京师虽有太学，而天下学校未兴，宜令俊贤皆立学校，延儒师，授生徒，讲论圣道，使人日渐月化，以复先王之旧。"③在统治者的大力倡导下，明代贵州的文化教育得到恢复和发展。

---

① 龙冈书院的建筑，如何陋轩、宾阳堂和君子亭等自嘉靖时期创建后，几经变乱，清代多次重建，现存建筑多为清代和1924年所重建。阳明洞存有明万历以来与王阳明有关的摩崖石刻，对研究王学在贵州修文龙场的形成和逐步传播具有重要意义。

② 明太祖朱元璋采取怀柔政策，把"移风善俗，礼为之本；敷训导民，教为之先"定为治边的基本国策。

③ （清）张廷玉.明史·卷七十一·选举志·志四十五·选举一[M].北京：中华书局，1974：1688-1689.

1. 明代贵州书院的时间分布

贵州在明代正式建省，为了更好地治理西南地区，统治者要求各级地方官吏重视教育，大力办学，并采取了各项优惠措施。同时，贵州各级地方官吏捐资捐田产，掀起一次又一次的办学热潮，形成民心向化的社会风气。明代贵州各地官学发展迅速，书院数量却很稀少，据统计从明朝建立到明弘治年间，贵州境内仅有九所书院。正德年间到明朝末年，贵州书院数量则急剧上升，特别是王阳明贬谪到贵州后，创办龙冈书院。在他的提倡与带动下，贵州书院的数量一度到达顶峰。

表2-3　明代贵州书院分朝统计表

朝代	洪武、永乐	弘治	正德	嘉靖	隆庆	万历	未知	总计
书院	4	5	3	12	15	14	2	45

资料来源：张羽琼《贵州书院史》以及《中国地方志集成》中（万历）《贵州通志》、（嘉靖）《贵州通志》、（乾隆）《贵州通志》、（民国）《贵州通志》等相关地方志。

通过上表可知，贵州书院的分布时期具有不平衡性。明初，由于受到"重官学，轻书院"思想的影响，前期书院的数量不足，仅有九所。其中，魁山书院、文明书院因资金不足、修缮不力而废毁，后期得以重建，但已无法再现当初的规模。龙标书院、兔儿坪书院、铜江书院的相关史料记载较少，规模均较小，影响不大。只有草庭书院保存得相对完整。书院数量稀少的主要原因如下：

一是贵州教育基础较为薄弱。贵州建省以后，统治者在贵州地区设立贵州布政使，管理一省的民政，学校教育则由云南提学副使管理，直到明嘉靖年间才设贵州提学副使，管理一省的文化教育事务。贵州教育管理制度设置较晚，府、县、州学尚在建设之中，相应地，贵州的书院建设更为滞后，数量不多。

二是贵州是土司较为集中之地，宣慰司、宣抚司多设土司学，《明史》记载："其后宣慰、安抚等土官，俱设儒学。"[1]同时还鼓励土司子弟学习[2]。在这种情况下，贵州土司学较为发达，但在该地区书院很少甚至是空白。

---

[1]　（清）张廷玉.明史·卷七十五·职官志四·第六册[M].北京：中华书局，1974：1852.

[2]　为鼓励土司子弟进行学习，明统治者曾下令"其云南、四川边夷土官，皆设儒学，选其子孙侄俊秀者以教之"。

　　三是自南宋至元代，全国各地书院官学化，书院或为官学所吞并，或主动与书院合并。明统治者为了实现"广教化，变土俗，使之同于中国"的"变夷为华"的政策，给予贵州地区多项优惠政策，例如贵州地区土地贫瘠，百姓生活贫苦，因此在生员廪膳方面予以多方面照顾。明宣德年间，就曾规定："凡贵州各州府新设学校，未与廪膳者，皆与之"①。中央政府拨款修建学校斋舍，给予专门的学田，支持办学。对于贵州地区人才匮乏、师资不足的问题，恩准"择新选贡生补之"。对贵州本地儒学生员择优选择，可任儒学训导一职，同时扩大贵州生员的名额，放宽入学条件。加之贵州各级官吏捐资办学，推动了贵州官学的发展，但这并不意味着贵州书院得到了发展，相反，这些对其发展还具有抑制作用。统治者重视地方官学的发展，不重视私人创办的书院，且在明代只有科举一途入仕，学校与科举是密不可分的，明统治者规定"科举必由学校""学校则储才以应科目者"②，学习优秀者可以保送至中央国子监读书。宣德元年（1426年），礼部上奏道："思州府儒学选贡生员四人，于例不考，请送国子监读书。"宣宗下旨："宜令官学加以训谕，开几知识，庶几可用。"③因此，贵州儒学之士并不愿意到书院讲学，也无意创办书院，书院只由一些卸职的贵州籍官员创办，且贵州官学生员待遇较为优厚，自弘治三年（1490年）起，规定"赐国子监云南、贵州，四川军民夏衣如例"。每年夏、冬两季，各授衣一次，以示皇帝对该地区生员的鼓励和爱护。由此看来，一旦生员进入官学读书可谓前程似锦，不仅待遇优厚，且入仕机会大增，但在书院读书并无此契机。这也是明前期贵州书院不兴盛的重要原因。

　　明代中后期，贵州书院发展进入繁荣时期。明代各朝中，万历朝书院数量最多，达14所，其次是嘉靖朝，有12所，第三是隆庆朝和弘治朝，为5所，三朝合计31所，占已知年代书院总数的68.88%。明代前期自洪武至弘治（1488—1505年）年间，书院数量稀少、规模较小，属于发展的沉寂阶段。从成化、弘治、正德年间起，书院开始发展，嘉靖年间继续攀升，隆庆年间略有下降，到万历年间达到最高峰。可以说，明代贵州书院的时间分布特点是前期书院数量很少，中后期由于王阳明贬谪到贵州，书院得以迅速发展，至嘉靖、隆庆、万历三朝达到峰

①　明宣宗实录·卷十一[M].台北："中央研究院历史语言研究所"校印本，1962：11.

②　（清）张廷玉.明史·卷七十一·选举志·志四十五·选举一[M].北京：中华书局，1974：1686-1687.

③　明宣宗实录·卷十六[M].台北："中央研究院历史语言研究所"校印本.1962：1.

值，晚期则迅速衰落，数量稀少。分析其原因，无外乎是王阳明开贵州办学之风。王阳明贬谪到贵州，在此地讲学授徒，带来了中原先进的文化，这对贵州文化教育事业的发展起到了重要的作用。据《黔记》载：弘治十八年（1505年），贵州书院零星分布各地，还有少量的官学与义学。贵阳有书院1所、社学24所，学生近700人，其中少数民族学生近百人。①贵州文教水平的落后导致学生想要进学读书，必须要走几百里，交通十分不便。而王阳明贬谪到贵州后，先是于贵阳创办龙冈书院，后受邀到文明书院讲学，大大促进了贵州书院的发展。王阳明大兴讲学之风，培养了数百名学生，使阳明心学"门徒遍天下，流传愈百年"。在他的提倡和带动之下，不少学者，尤其那些受贬官员在极其艰苦的环境下办学，收徒讲学；那些地方文士，王阳明的亲传、再传弟子更是愿意为贵州教育奉献一生。他们热心办学，捐资置办田产，在他们的共同努力下，贵州的书院从九所一下子激增到近三十所。这些书院主要有：

正学书院，于明嘉靖二十一年（1542年）由贵州提学副使蒋信所创立②。蒋信选择贵州全省的优秀学子就读于此，并亲临书院讲课。授以"默坐澄心，体认天理"，"洞然宇宙，浑属一身"之功夫，反对浮躁不安，急功近利之学，一时士习有所改变。隆庆年间，正学书院因为修缮不力而颓废。

阳明书院：明嘉靖十三年（1534年）建立，院址在贵阳，是专为祭祀王阳明而建的。据万历《贵州通志》记载："在治城东，嘉靖间，巡按御史王杏建。"从中可知，创建人为王阳明的学生巡按监察御史王杏。阳明书院的主讲是著名学者马廷锡③。听课学生达数百人，一时名声大振。阳明书院的规模宏大，共有房舍、明伦堂、斋舍共凡十三楹，其中三楹专门用来祭祀王阳明，有王阳明的画像和塑像。而蒋信任贵州提学副使时又增加了祀田。清康熙、雍正年间，阳明书院改名为贵山书院，清末改为贵州大学堂，之后又改名为高等学堂，是为贵州高等学府之滥觞。

石壁书院：由朱佩明于嘉靖七年（1528年）在平越（今福泉县城关）敬一亭

① （明）郭子章，赵平略点校.黔记（上）·卷十七[M].成都：西南交通大学出版社，2016：419.
② 正学书院，对于书院名称取"正学"，意思是"正学者，心学也，尧、舜、禹、汤、文、武、周公、孔子之所谓学也"。正学书院建立后，学者众多，黔中学子"士之秀者养之于中，而示以趋向"。
③ 马廷锡是王阳明的再传弟子。

所建。

中峰书院：建于明嘉靖十三年（1534年），院址在平越府（今福泉）旧卫治旁，由贬谪到贵州驿丞的陈邦敷所建。

南山书院：在偏桥（今施秉）卫治南，建于明嘉靖十五年（1536年），由知县王溥所建。

为仁书院：位于贵州铜仁府（今铜仁市）所属思南府治（今思南县）真武观内，明嘉靖年间乡里建"为仁堂"；隆庆年间，思南知府田稔于此地建为仁书院，王阳明的再传弟子李渭讲学于此。

紫阳书院：位于镇远府（今镇远市）治东河山畔青龙洞，明嘉靖九年（1503年），由郡守黄希英建。紫阳书院是为祭祀著名宋明理学家朱熹而建，几经扩建，规模宏大，影响力广[①]。紫阳书院是贵州黔东地区文教的代表，生徒众多，影响深刻。

天香书院：院址在黎平府（今黎平县）南皋山天香阁，由明正德、嘉靖（1506—1521年）年间郡人何志清捐资所建。有屋三楹，何腾蛟曾就读于此。

青螺书院：在毕节卫（今贵州省毕节市）青螺山内，隆庆六年（1527年）由明万历中兵备道陈性学修建，先为文庙，万历十八年（1590年）改为书院。

学孔书院：院址在清平卫（今凯里市炉山镇），明隆庆年间，由王阳明的再传弟子孙应鳌所建。隆庆三年（1569年），孙应鳌因病告假回乡，在家乡清平卫建立学孔书院，亲自讲学，传授弟子儒家经典，三年后奉诏回京任佥都御史。在孙应鳌的努力下，黔东南明清两代进士19人，举人86人，在全省的科举数量中名列前茅。

鹤楼书院：院址在都匀府治（今都匀市）城东高真观山麓，明嘉靖年间刑部主事张翀因罪贬谪到都匀时所建。隆庆元年（1567），张翀受诏还朝，鹤楼书院逐渐颓坏下去。明万历五年（1577年），刺史段蒙刚捐资重修书院，恰逢江右王学大师邹元标贬谪到都匀，受聘主讲于此。邹元标在都匀六年，"时时与都人士讲天人性衍之学"，深得弟子的爱戴，为都匀培养出陈尚象、吴铤等一批批优秀的人才。其中，陈尚象成为都匀第一位进士。

---

① 明万历五年（1577年），紫阳书院因校舍颓毁而增扩，后废毁；万历十三年（1585年），由巡抚都御史毛在再次重建。

南皋书院：院址在都匀府（今都匀市南）城南，明万历二十二年（1594年）由邹元标的弟子陈尚象、吴铤等恳请提学副使徐秉正建立，用以纪念王学大师邹元标（字南皋）而得名。南皋书院由各方集资而成，规模宏大，学堂校舍宽敞明亮。据《黔记》载："规制若环堵，门屏、夹室、甍楼、学舍、大都靓深虚闚，不啻一亩之宫。"书院有学田28亩，后又增加12亩。南皋书院影响颇大，据《都匀市志》所载："都匀考取举人以上者，多数曾在鹤楼、南皋二书院就读。"①

开化书院：院址在天柱城（今天柱县）城东学宫旁，由明万历年间知县朱梓所建，后改名为"凤山书院"。

中峰书院：院址在程番府（今惠水县）城南，明弘治年间（1488—1505年）由知府汪藻所建。嘉靖年间，知府陈则清重修，后邀请王阳明亲传弟子陈宗鲁为书院作记。

兴文书院：院址在偏桥卫（今施秉县）治所右侧，明万历十四年（1586年）间由知县张月所建②。

明德书院：院址在石阡府治（今石阡县）城南，明隆庆六年（1572年）由知府吴维京所建。后因修缮不力颓坏，分别于万历六年（1578年）和万历三十四年（1606年）重建。

斗坤书院：院址在思南府治（今思南县）万胜山顶，由金事周以鲁建。明隆庆二年至六年（1567—1572年）建立。

花竹书院：院址在瓮安县（今黔南布依族苗族自治州）治内，明万历年间所建。书院正堂供奉有王阳明画像，书院匾额题名为"后学师范"。

铜江书院：院址在铜仁府（今铜仁市）城殷家凸，明弘治十八年（1505年），由王阳明的同乡、贵州提学副使毛科所建，称姚江（王阳明）"文风丕振"。铜江书院是铜仁地区的第一所书院，影响颇大。

大中书院：院址在思南府（今铜仁市思南县）中和山普济寺，明万历三十九年（1611年）同知周以跃所建，原名为中和书院。书院崇祀王门弟子李渭。万历年间，同知陈以耀重修，后因不治而颓坏。

渔矶书院：由巡抚王绍元于嘉靖三十五年（1556年）在贵阳府（今贵阳市）

---

① 南皋书院在《都匀县志稿》中被称为"都匀之学"，始自张翀、邹元标。

② 据史料载，万历二十四年（1586年），"署县杨之翰改书院，祀先师（即王阳明），移文公于东庑"。

城南河左岸渔矶所建。嘉靖年间，王阳明的再传弟子马廷锡曾在渔矶湾旁的栖云亭静坐潜心研究学问，后于此处建立书院，由马廷锡担任主讲，讲授儒家经典，并传授阳明心学。

从以上可知，明代中后期所建立的书院大都是王阳明在黔中建立龙冈书院和讲学文明书院后建立的，这些书院均与他有着密切的联系，或仰慕阳明先生，祭祀阳明先生，或为阳明先生亲传或再传弟子为传播阳明心学而建立，在教育教学方面大都以王学为中心，有的书院还祀奉王阳明画像。

贵州书院的迅速发展也带动了当地科举考试的突飞猛进。在此之前，贵州的生员需要到云南参加乡试，山高路远，山林毒瘴遍布，交通极为不便。在这种情况下，贵州当地官员不断上书要求贵州单独设立贡院考场。直到明嘉靖十六年（1537年），统治者考虑到贵州的情况，终于同意在贵州省会贵阳开设贡院，进行秋闱。这与王阳明及其弟子或再传弟子的努力是分不开的。清道光年间，贵州布政使罗绕典曾道："五百年道统，得所师承。"①

2. 明代贵州书院的地域分布

明代贵州共45所书院，分布在新添卫（今贵定县）、兴隆卫（今黄平县）、平溪卫（今玉屏县）、偏桥卫（今施秉县）、安庄卫（今镇宁县）、毕节卫（今毕节市）、程番府（今惠水县）、铜仁府（今铜仁市）、石阡府（今石阡县）、黎平府（今黎平县）、平越府（今福泉市）、镇远府（今镇远市）、贵阳府（今贵阳市）、思南府（今思南县）、都匀府（今都匀市）、黎平府（今黎平县）、遵义府（今绥阳县）、程番府（今惠水县）、沿河司（今沿河县）、黄平千户所（今黄平县）、湄潭县（今湄潭县）、瓮安县（今黔南布依族苗族自治州）、天柱千户所（今天柱县）等23个卫所、府县等地区。明代贵州书院繁荣景象可见一斑。兹将各卫所、府县的书院数量统计列表如下：

---

① 李崇峻在《龙冈书院讲堂题额后跋》中也曾写道："黔中之有书院，自龙冈始也。"

表2-4 明代书院贵州分区域（卫所、府县）统计表①

序号	府县	书院数量（所）	备注（所属书院）
1	锦屏县	1	龙标书院
2	程番府	2	中峰书院、凤山书院
3	铜仁府	1	铜江书院
4	石阡府	2	镇东书院、明德书院
5	黎平府	3	天香书院、口口书院、西佛岩精舍
6	平越府	2	石壁书院、中峰书院
7	镇远府	1	石壁书院
8	贵阳府	5	阳明书院、正学书院、渔矶书院、龙冈书院、文明书院
9	思南府	4	为仁书院、斗坤书院、大中书院、文明会馆
10	都匀府	2	鹤楼书院、南皋书院
11	遵义府	1	儒溪书院
12	湄潭县	1	狮山书院
13	瓮安县	1	花竹书院
14	施秉县	1	兴文书院
15	沿河司	2	汇塘书院、竹溪书院
16	天柱千户所	1	开化书院
17	黄平千户所	1	东西会馆
18	清平卫	5	清平卫书院、山甫书院、学孔书院、平旦书院、学孔精舍
19	新添卫	1	魁山书院
20	兴隆卫	2	曹庭书院、月潭书院
21	平溪卫	2	兔儿坪书院、平溪卫书院
22	普定卫	1	普定卫书院
23	毕节卫	1	青螺书院
24	偏桥卫	1	南山书院
25	安庄卫	1	安庄卫书院
合计		45	

① 主要参照张羽琼的《贵州书院史》，以及《中国地方志集成》中万历《贵州通志》、嘉靖《贵州通志》、乾隆《贵州通志》、民国《贵州通志》等相关地方志收集整理而成。

考察以上明代书院的区域分布情况，有几个特点值得注意。

第一，明代贵州书院多集中于卫所之地①。明洪武七年（1374年），明太祖"申定兵卫之制"；洪武八年（1375年），改在京留守都卫为留守卫指挥使司，在各地设立北平、陕西、山西、浙江、江西、山东、四川、福建、湖广、广东、广西、辽宁、河南十三都指挥使司；洪武十五年（1382年）又置贵州、云南二都指挥使司，并颁布《军法定律》②。

贵州的卫所制度始建于明洪武年间，明统治者推行"土流并治、军政分管"的政策。贵州卫所在制度上与全国一致，同样是以"亦兵亦农""军政合一"为特征③。洪武四年（1371），建立贵州卫（今贵阳市）和永宁卫（今四川永叙）；洪武十五年（1382年），建立贵州都指挥使司，同时还建立了共十四卫④。十四卫的地理位置很重要。据清代学者顾祖禹在《读史方舆纪要》中载："一旦有警，则滇南（云南）隔绝便成异域，故议者每以贵阳为滇南门户，欲得滇南，未有不先从事贵阳者。"⑤卫所制度实际上是独立的军事个体，卫所军士有独立的户籍。他们进入贵州后，考虑到家族子弟要读书进学，便普遍建立了卫学。洪武二十七年（1394年），普定卫儒学率先建立；洪武三十年（1397年），贵州各卫开始建立卫学。当年，贵州都司所属平越、都匀、龙里、新添、威清、平坝、安南等卫，均建立了卫学。次年，又建兴隆卫学。正统年间，共建四所卫学；正统五年（1440年）建赤水卫学，正统八年（1443年）建立安庄、乌撒、清平三卫学。⑥贵州境内各卫凡有条件的都建有卫学，未建学的都是因本地已有府学或司学。各地卫学的

---

① 明朝建立后，百废待兴，百姓因战乱而流离失所，生活困苦，兵无所征，粮无所出。在这种情况下，明太祖朱元璋废除了元代军事制度，自京师达于各地区建立了"寓兵于农"的卫所制度。

② （清）张廷玉.明史·卷八十九·志第六十五·兵一[M].北京：中华书局，1974：2185.

③ 明朝在贵州开设卫所是中央集权政治向贵州进一步渗透的重大步骤，是贵州"比同中州"的一个开端。

④ 这十四卫，在贵州境内的有普安卫（今盘县城）、尾洒卫（今晴隆县城）、普定卫（今安顺市）、黄平卫（今黄平旧州）、乌撒卫（今威宁县城）、水西卫（治所地区不明），其余皆在云南。之后，又将黄平卫降为千户所，而将平越千户所升为平越卫（今福泉县城）。贵州卫设在贵州宣慰司城，也就是贵州的省城——贵阳府。贵阳为西南军事重镇，四条驿道干线在此交会，其地理位置"东连五溪，南接两粤，西通滇服，北屏川南"，历来为兵家必争之地。

⑤ （清）顾祖禹.读史方舆纪要·卷一百二十·贵州（一）[M].上海：商务印书馆，1937.

⑥ 成化十八年（1482年），设立偏桥卫学。正德三年（1508年），设立毕节卫学。具体参见（明）郭子章著；赵平略点校.黔记（上）·卷17·学校（下）[M].成都：西南交通大学出版社，2016：421.

建立给贵州带来了中原先进的文化理念，贵州的文化教育有了明显的发展，甚至出现"人才日盛，科不乏人，近年被翰苑台谏所选者，往往文章气节与江南才俊齐驱"的崭新局面：安庄卫"尚儒重信"、安南卫"浸有华风"、新添卫"附郭旧人迁自中州，多读书尚礼"。但贵州卫学数量有限，规模较小，师资力量也不够。如思州府儒学建立后，多年失修，学宫讲堂颓废，出现"学宫敝，廊萧然，茅茨塞道"的情况。在这种情况下，有识之士呼吁在卫学附近建立书院，用以满足驻黔官兵子弟的教育需求，推动了贵州地区的文化教育事业。在明代贵州书院中，建于卫所驻地的书院共16所，占总数的35.55%，可见明代贵州书院地域分布的特点。

府县学的设立始于永乐十一年（1413年）[①]。在黔中地区，先是成化十四年（1478年）于程番司地建立程番府学，隆庆二年（1568年）移程番府治入省城，改为贵阳府，并将程番府学也迁至贵州宣慰司学旁，改为贵阳府学。府县学的建立同样推动了贵州书院的发展，据统计在明代贵州书院中，建立在府县之上的约30所，占总数的64.44%。

从以上情况来看，在明代贵州书院中，建立在卫学之地的书院占有较大比重，约占总数的三分之一，其数量及其分布区域大体与府、县学的相当。明代贵州书院的分布，主要集中在黔东北六府及平越、贵阳、安顺三府；在黔东北地区，思州、思南、铜仁、镇远、石阡、黎平六府皆设有书院，平溪、清平二卫也设有书院。黔中一线，平越、贵阳、安顺三府建有书院，黄平千户所也建有书院；黔北的遵义府，虽宋元时期以来教育文化事业兴起较早，发展到明代只有一所书院，但规模较大，影响也很大。在黔西北地区，只有在毕节地区（今毕节市）设有书院，黔南则在都匀设书院。黔西南地区地理位置偏僻，经济发展落后，交通不便，所属普安州和安南卫则暂无书院出现。

第二，明代贵州书院设立在驿道干线之处。

明代，贵州的驿道交通主要是五条[②]。其中四条驿道（湘黔、滇黔、川黔、黔

---

① 明代贵州府县学的设立，先是思州、思南二宣慰司改土归流，以其地分设八府，思州、镇远、黎平三府率先建立府学，之后又将原思南宣慰司学迁至思南宣慰使田氏故宅，改为思南府学，同年又建铜仁、石阡二府学。

② 这五条驿道分别是湘黔驿道、滇黔驿道、川黔滇驿道、川黔驿道、黔桂驿道。

桂）与贵阳交汇，形成以贵阳为中心的交通干线。湘黔与滇黔驿道纵横交错，横贯东西，交通最为繁忙，带动全省的经济发展，而明代贵州的书院多集中于此。其中贵阳府、平越府、思南府、黎平府是书院的主要分布区，共计书院14所；程番府、石阡府、都匀府、镇远府等地共计书院7所。究其原因，主要有以下几个方面：一是书院地处要冲，为湘黔、滇黔驿道干线所经，交通便捷，与内地联系较多，经济繁荣，社会风气开放，为书院的建立与发展提供了较为便利的条件；二是卫所星罗棋布，外省移民成批迁入，带来了中原先进的文化理念，为书院的建立提供了较好的办学基础；三是在改土设（归）流后设立的府、州、县，形成了一批流官统治中心，推动学校教育特别是书院的发展。

省会贵阳位于黔中地区，凭借驿道与省内各地及湖广、四川、云南、广西相沟通，成为"万马归槽"的中心城市。自洪武以来，在统治者的大力倡导下，政治机构逐渐完整，经济发达，商业繁荣，人口日益繁盛，官户、民户、军户、匠户云集于此，人烟稠密，商家辐辏，形成了著名的商业街道与商业街区。明代中后期又拓宽城门，新扩街道，丰富了商业网络。据统计，当时贵阳城内外形成了十四个坊市。

黔东北地区的镇远、思南二府，与四川、湖南接壤，是由湘入黔的重要驿道，商业非常繁荣。镇远府地处黔省之通衢门户，实为"水陆之会"之所在。这里"舟船辐辏，货物聚集"，外地商客皆驻足于此。他们或单独而来，或结伴而来，带来了中原先进的技术和文化理念，让黔东北的思想与风气为之一变。思南府为商贾聚集之地，其文化教育更是冠于全省。"文教覃敷，民俗渐化。故士育于学，往往取科第，登仕版"[1]。

龙场九驿[2]在贵州交通史上占有重要地位，不仅沟通了贵州水西地区（今修文县），促进了水西地区政治、经济、文化和社会的发展，而且在某种程度上沟通了川黔滇驿道与其他四条驿道，促进了贵州地区交通的发展，而明代贵州最著名的龙冈书院也成立于此。

---

① 洪琣修；钟添纂.中国地方志集成·贵州府县志辑·嘉靖思南府志[M].成都：巴蜀书社，2004：556.
② 龙场九驿是贵州宣慰司宣慰使霭翠的妻子奢香所建。王士性在《黔志》中写道："惟西路行者，奢香八驿，夫、马、厨、传皆其自备，巡逻干辄皆其自辖，虽夜行不虑盗也，彝俗固亦有美处。"龙场驿在今修文县，是重要的交通枢纽，南有驿道抵达贵阳，北有驿道通播州和重庆府，西则通达乌蒙、乌撒。

3. 明代贵州书院建设力量的对比与分析

明代贵州书院的建设和发展主要有赖于地方官府的推动,许多地方官吏及卫所军官为此做出了巨大的贡献。明代,贵州书院共计45所,主要由地方官员创办,或由地方官与当地士绅合办。特别到了明代中后期,这种现象愈发明显。近年来,随着贵州地方志文献和相关档案史料的丰富,对于书院的相关考证也愈加详细而严整。张羽琼教授对明代贵州书院建设力量对比及书院建设者的情况做了深入的考证,具体可见下表:

表2-5 明代书院创建情况统计表①

书院名称	创建方式	创建人(含职务)	书院名称	创建方式	创建人
魁山书院	地方官创办	指挥使叶凤鸣	草庭书院	民众创办	卫人
中峰书院	地方官创办	知府汪藻	天香书院	民众创办	郡人
文明书院	地方官创办	提学副使毛科	南山书院	民众创办	郡人
铜江书院	地方官创办	提学副使毛科	鹤楼书院	民众创办	郡人
龙岗书院	地方官创办	贬谪驿丞王阳明	学孔书院	民众创办	郡人
石壁书院	地方官创办	金事朱佩	平旦书院	民众创办	郡人
紫阳书院	地方官创办	知府黄希英	学孔精舍	民众创办	郡人
阳明书院	地方官创办	巡抚王杏	山甫书院	民众创办	州人
中峰书院	地方官创办	贬谪驿丞陈邦敷	西佛岩精舍	民众创办	州人
正学书院	地方官创办	提学副使蒋信	儒溪书院	地方官创办	知县詹淑
渔矶书院	地方官创办	巡抚王绍元	南皋书院	地方官创办	提学副使徐秉正
为仁书院	地方官创办	知府田稔	兴文书院	地方官创办	知县陈月
明德书院	地方官创办	知府郑维京	开化书院	地方官创办	知县朱梓
斗坤书院	地方官创办	金事周以鲁	青螺书院	地方官创办	兵备道陈性学
大中书院	地方官创办	同知陈以耀重建			
合计	地方官创办共20所、民众创办9所,无法统计占16所,有待考证				

① 主要参照《中国地方志集成》中(万历)《贵州通志》、(嘉靖)《贵州通志》、(乾隆)《贵州通志》、(民国)《贵州通志》等相关地方志收集整理而成。

据上表可知，官方和民办书院在书院建立和发展过程中所起到的作用，较之前，明代书院具有新的特点，即由国家投资办学，官方力量明显超过民间力量。根据以上数据统计，有28所书院的创办者身居官职，其中官办约20所，占总数的62.22%，民办9所，占总数的20%，有待考证的有16所。综上，得出以下几点结论：

第一，地方官成为创建明代贵州书院的主力军，三分之二的书院都是由贵州各级官吏或直接倡导或协助他人建成的。

第二，越来越多的贵州中高级官吏提倡或捐资建立书院，可考者就有11位，其中主要以提学副使、知府、巡抚、佥事为主，这"比宋元两代增多，这是官力增大的证据"。除此之外，还有部分贬谪官吏，成为明代贵州书院建设的主力军①。他们都是在极端艰苦的环境下，不畏艰难险阻，在贵州少数民族聚集之地建立起一所所著名的书院，传播儒家先进文化与思想。除了现任官员外，还有告老还乡的官员，如曾担任国子监祭酒，被称为"儒术经世，为贵州开省以来人物冠"的孙应鳌。他是礼部经筵讲官，后因病回家乡养老，在家乡建立学孔精舍，后又建山甫书院，将自己一生的学问都献给了家乡，为贵州文化教育事业的发展做出巨大贡献。

第三，民办书院的数量明显减少，这与宋元两代完全不同②。

相对于中原其他地区，明代贵州书院的创建比较晚，创始人主要以提学副使和知府为主。他们所受官学习气不重，多是热衷教育之人。如创建文明书院的提学副使毛科。文明书院规模宏大，学生众多，徐节在《新建文明书院记》中曾写道："选聪俊幼生及儒学生员之有志者二百余人，择五经教读六人，分斋教诲。"③一所书院能拥有两百多名门生弟子，这在当时的贵州地区也是绝无仅有的。嘉靖十四年（1535年），巡按王杏因钦佩王阳明的学识和为人，创立了阳明书院，旨在弘扬王阳明心学，目的是"倡明良知之旨以立教"。嘉靖十八年（1539年），王

①　如贬谪驿丞陈邦敷在平越府（今福泉市）创办中峰书院、贬谪龙场驿（今修文县）驿丞王阳明创办了龙冈书院、张翀在都匀府（今都匀市）创办鹤楼书院、邹元标在都匀府的鹤楼书院讲学。

②　宋元两代建立书院相比相差甚远，从中可以看出民力衰退的现象。从中可以看出，明代贵州的书院，以官员建立为主干，民力已不如宋元两代那样重要了。

③　（明）谢东山修；（明）张道纂.嘉靖贵州通志·卷十二记类·重建文明书院记[M].成都：西南交通大学出版社，2018：764-767.

阳明的再传弟子蒋信调任贵州提学副使，从而大力宣传师祖的思想体系，创建了正学书院，并亲自临院讲学，听者莫不欢欣鼓舞。在都匀地区的两所书院也是当时贵州地区传播王学的中心①。张翀创建读书堂，在其启迪与悉心教导之下，都匀士人子弟努力读书，社会风气为之一变，后又建立鹤楼书院。邹元标贬谪都匀六年，开办书院，大力弘扬王阳明心学，陈尚象、金显凤、吴铣等士人皆从其学。邹元标离开后，为纪念他为都匀文教做出的贡献，人们以邹元标的号"南皋"为名创建了南皋书院。自贵州书院建立以来，人才联袂而起，俊秀之才层出不穷，并不落后于文化教育发达的中原之地②。

明代，贵州士人捐资创建书院已蔚然成风，进行捐资的有官员，有民众，有当地流寓，也有乡绅，还有流官和土官，有教职，也有当地的生员，这对贵州文化教育的发展起到了重要的推动作用。如都匀的鹤楼书院，原为张翀读书学习之所，原筑草亭半间，时间一久被风雨所侵，简陋不堪入住。于是，千户韩梦熊等人商议要将其修复，当地百姓更是踊跃前来帮忙，"争相求助，或以瓦，或以木石，乃前为堂三间，后为寝室，室之上复为一小楼……又两旁为厢房"，修理之后，旧址上已初步具有了书院规模。邹元标的讲学之所起初简陋不堪，后由都匀诸生陈尚象等倡议，当地有司、学子、乡绅都捐献资财复建成了南皋书院。诸如此类事件在贵州地方志中较为常见，可见捐资办学已形成当地的一种风气。

总之，有明一代不仅朝廷实行并贯彻"治国以教化为先，教化以学校为本"的文化方针，重视在贵州推行儒学教育，而且贵州各级官吏纷纷采取各种较有效的措施，掀起了一次又一次办学的热潮，形成了贵州子弟努力"向学"的社会风气。

---

① 张翀建读书堂，认为"人之有堂所以安身也，堂之有书所以明心也"。

② 贵州书院培养的人才，如思南府水德江人田秋，官至广东布政使；清平卫人孙应鳌，著有《淮海谈易》，官至南京工部尚书；贵州宣慰司人汤冔，正德十六年（1521年）进士及第，官至南京户部侍郎；贵州宣慰司人陈文学官至耀州知府，著有《陈耀州诗集》。

第四节 明代贵州书院制度

一、书院的组织机构

贵州书院在刚刚建立的时候，组织结构非常简单。由山长负责一切[①]。书院主持人的名称根据朝代和所属地域的不同而有所差别，即使同一朝代、同一地区其称谓也不尽相同。最常见的有洞主（或称主洞、洞正）、山长、堂长、院长、教授等称谓。[②]

明代建立后，书院很快发展到贵州，贵州书院的组织结构、教学体系和中原基本一致，书院的负责人称"山长"或"院长"，主要负责书院的一切事务，管理组织教学等工作，多由创办者担任。院长之下还有数名主讲（或称掌教人），也即今天的教师。教师一般由贵州本地的儒学名士（本地秀才、举人或进士）或有威望的名人担任，主要负责讲授儒学经典。他们多为院长所聘请，如开创贵州一带学风，提出精辟教育思想和理论的明代大儒王阳明，就曾延聘到贵州文明书院进行讲学[③]。

[①] 书院的主持人既要负责书院的组织管理，又担负书院的教学工作，一般没有其他管理人员和机构。

[②] 书院负责人的称呼较多，如洞主。洞主之称因白鹿洞书院而得名，其他书院一般不用这个称呼。山长的名称用得最久，也最为普遍。"山长"这个名称最早起源于隋唐五代时期，"五代蒋维东，隐居衡岳，受业者号为'山长'"。在书院授徒讲学的人多是隐居的长老，"山长"就是"山中长老"的意思，由宋到清绝大部分书院都相沿使用这个名称。"堂长"之称始于宋，清代也有此称，但两朝堂长的地位和职责大不相同。宋代的堂长就是书院的主持人；清代书院的堂长有的是由诸生中轮选的，负责督课考勤、替主讲教师做课堂记录，或搜集、整理诸生的疑难问题，相当于现代的学生班长。宋代叶梦得所著《槐堂书院记》中写道："乃延门人李子愿为堂长，以主教事。"院长之称在宋、元、明、清四朝的书院都曾使用过，但为数不多。雍正朝《河南通志》卷四十三记载："崇阳书院，在太室南，五代周时建，宋至道二年赐名太室书院。宋至道二年，更名嵩阳书院，王曾奏置院长。"

[③] 明代，贵州规模较大的书院中还设有副山长、副讲、助教等职，协助山长（院长）工作，后又逐渐增设了其他一些管理人员。

明代贵州书院的山长或主讲主要由以下几类人员担任：第一，派驻到贵州的各级官吏，尤其是主管教育的提学副使等官员。各级地方官员对贵州文教尽职尽责，在经济发达的城镇开办书院，提倡儒学，为地方培养人才。如"修一院、筵一人"，以兴文教为事业的贵州按察副使兼提学副使毛科。上任后，他深感贵州教育落后、师资不足之现状，便出资在原治所内忠烈桥西原顺元路儒学建立文明书院，并亲自担任院长，还几次写书信邀请同乡王阳明到书院讲学。在他的努力下，文明书院成为有明一代贵州规模最大、学术水平最高的学府，培养了大批优秀的人才，为贵州的文教事业做出了巨大的贡献。第二，贬谪或流寓贵州的中原名人文士。如阳明心学的创立者——王阳明，[①]再如开"都匀之学"的广西才子张翀、江西儒学之士邹元标。张、邹二人先后贬谪到都匀，在此聚徒讲授儒家经典。两人离开都匀后，为了纪念他们对该地做出的贡献，人们在他们的讲学之所创建了书院，两所书院是都匀教育之始，影响深远。第三，在朝中居官多年，由于各种原因辞职归故里，倾心于地方教育之士。如弘治元年（1488年）周瑛辞官回乡，捐出全部家产在黄平卫城北龙洞旁创办了草庭书院，开明代黔东南书院之首。后周瑛之子周希廉主持书院期间，著名哲学家、教育家王阳明由修文奉调江西庐陵任知县路经黄平，受邀草庭书院讲学，草庭书院由此深受王阳明思想的影响。隆庆三年（1569年），曾任陕西提学副使、礼部经筵讲官、国子监祭酒的孙应鳌因病告假回乡，在这期间创办学孔精舍，后又创办山甫书院，亲自担任院长，长期坚持讲学，教诲门生子弟。在他的努力下，清平县中举人、进士者达百人。他去世后，建立孙文恭祠纪念他。第四，本地有识之士为发展家乡文教事业而建立书院。在王阳明的影响之下，贵州地区人才济济，他们或为王阳明的嫡传弟子或再传弟子，都为贵州的文教事业做出了突出的贡献。如王阳明的亲传弟子陈宗鲁、汤伯元，再传弟子孙应鳌、李渭、马廷锡等，均在贵州省内书院进行讲学，传播儒学思想。后三人被称为王阳明在黔最有成就的门生，史称"读三家著述，真有朝闻夕死可之意"。特别是李渭，明神宗赐楹联"南国躬行君子；中朝

---

① 王阳明是贬谪官员的代表，他们或由于直言敢谏上书皇帝遭贬谪，或得罪重臣，与窃权的宦官斗争失败被贬。如得罪窃权宦官刘瑾的兵部主事王阳明曾贬谪到贵州龙场驿为驿丞三年，在黔期间创办了龙冈书院，讲学于文明书院，龙场悟道，讲解"格物致知"，提出"知行合一"的重要学说，并形成了著名的心学体系。

理学名臣",对其给予了高度评价。

书院普遍实行分斋学习制。分斋学习制始创于北宋教育家胡瑗[1]。据《文献通考》记载:"经义斋者,择疏通有器局者居之;治事斋者,人各治事,又兼一事,如边防、水利之类"。可见,经义斋主要讲授的是儒家经典,培养的是从事儒学经典的人才;治事斋传授实业,如边防、水利等事务,培养的是实用型人才。北宋以后,凡规模较大的书院多仿效这种办法,采用分斋制进行教学管理。如文明书院最初因修缮不力而颓毁,后为提学副使王阳明入室弟子蒋信所重建,门徒弟子越来越多,规模渐大,为了方便管理,便实行分斋学习制。据嘉靖朝《贵州通志》记载:"书院成,前有大门,门之内有文会堂,为师生习礼讲解之地。堂之后有四斋:曰颜乐,曰曾唯,曰思忧,曰孟辩。盖欲诸生企慕乎群贤,进修践履,而不为他岐之惑也。斋门之上戟门,门之内有左右庑,上有先圣庙,庙后设师文、学孔二斋。盖欲诸生取法乎一圣,操存涵养,而不为利禄之所动也。墙垣门宇,焕然一新。选聪俊诸生及各儒学生员之有志者二百余人,择五经教读六人,分斋教诲之。"[2]

书院的学生主要分为以下几类:一是感念书院讲学先生之人品、才学慕名而来者。如明代大儒王阳明曾受聘讲学于文明书院,听他讲学的门生子弟主要是文明书院、龙冈书院原有的学生,也有千里迢迢之外赶来寻访名师的中原子弟。周瑛主持黔东南草庭书院期间兢兢业业,努力培养人才,邻近的学子都过来求学上进。二是已取得功名、为求上进而入院学习者,此类者多为生员,如蒋信、徐樾、李渭等。[3]

---

① 胡瑗在教授湖州州学时,四方之士,云集受业,如同蜂拥蚁聚,至学舍不能容,遂分经义、治事两斋进行分别授业。

② （明）谢东山修;（明）张道纂.嘉靖贵州通志·卷十二·记类·重建文明书院记[M].成都:西南交通大学出版社,2018:764–767.

③ 蒋信是王阳明嫡传弟子,"践履笃学,不事虚谈";徐樾主张"讲明心学,陶镕士类,不屑于课程,尝取苗民子衣冠之,训诲谆切,假以声笑而加训诲,苗民率化";王阳明再传弟子李渭主张"尊孔孟、明道术"。

二、书院的课程及讲学设置

书院兴于唐代，在宋代走向繁荣，这与宋明理学的发展有着密切关系。宋、元、明三朝的书院大部分都对理学有着深入的理解和研究。随着明中期阳明心学的兴起，王阳明的著述也成为书院讲解的内容，特别在贵州地区。在此基础上，儒家的经典教材"四书""五经"成为书院的主要课程。①

除儒家经典外，宋、明理学大师的著作、语录、注疏等也是书院教学的重要内容②。明代，理学可分成程朱理学和陆王理学两大派别，书院因院长和主讲人不同也有程朱理学、陆王理学之分，根据尊崇的内容之别，分别讲授程朱和陆王的著作。儒家经典虽是共同的教学内容，讲解和阐述方式却有不同。

明代贵州书院的教学内容采取的也是儒学名士所推崇的经典著述，同时还会讲授阳明心学，这是区别于中原书院的一大特色。书院的教学主要以教师讲学和学生自学为主要形式，特别重视学生的主观能动性和自我修养，学习教材内容、提高道德修养的同时，要求学术造诣与科举考试并重，既保持了宋元以来书院教学的传统，也有所创新和发展。具体来说，有如下几个特点：

1. 教师讲授与学生自主学习相结合

明代贵州书院由阳明先生倡导而起，或由先生亲传弟子或再传弟子所创办，受到传统儒学的影响，基本保持了宋代以来书院的基本特点，非常重视教师授课和学生自主学习能力的培养。如王阳明在龙冈书院讲学期间曾提出对教师的教学要求：讲授内容具体而清晰，深入浅出，富有情感，说服力强且具有启发性。而且在教学活动过程中特别提出要重视课程的通俗性和实践性。这主要是为了满足众多贵州当地文化水平不高的学生和少数民族学生的要求，因而讲课内容必须浅

---

① 关于书院的课程，理学家特别推崇《大学》《中庸》《论语》《孟子》，合称"四书"，又特别重视《诗》《书》《礼》（包括《礼记》和《周礼》）《易》《春秋》，合称"五经"。通常来说，书院都是先教"四书"，再传授"五经"，它们是历代书院通用的基本教材，也是北宋以来参加科举考试的必备教材。

② 书院的课程多是关于宋明著名理学家的语录或重要著作，如宋明理学大师周敦颐的《太极图说》、记录程颢言行语录的《明道学案语录》、记录程颐讲学言论的《伊川语录》等，都是书院教材的重要组成部分。南宋以后，记录宋代大儒朱熹言论的《小学集注》《近思录》和《朱子语类》，以及陆象山的《语录》，都成为书院的必读教材。明代以后，随着阳明心学的兴起，记录王守仁与学生论学之道的语录《传习录》《心性图说》《心性总箴二图说》《四勿总箴》等也成为书院教学的重要内容。

显易懂，深入浅出，既没有深层次深奥的理论分析，也没有更多不同时期历史与文化的比较，主要是指导学生如何在实践中体验，从实际出发，深刻领会"人人皆可为尧舜""人人皆有成为圣人的潜质""一念发动处便是善"的理论观点，并做到学以致用。相关教学活动也不是读死书，致力于理论结合实际，明确树立道德追求目标与从事道德实践相结合。此外，砍柴挑担、洒扫庭院、弓马骑射、盘盂剑席等都是王阳明教学活动的一部分。

从王阳明的论著中可以看出，他对生产劳动心存敬畏，并不按照传统的士、农、工、商的理念去看待整个社会，对从事生产劳动者加以赞扬，并对劳动技术、劳动本领加以认真总结。他虚心地向当地少数民族百姓学习生产技术，但不是简单机械地照搬照抄，而是在学习的基础上加以升华和总结。他从生产劳动实践中总结的不仅是技术和管理经验，还有人和自然、人与社会的关系，知行合一的观点也是受此启发而生。王阳明以此作为授课的内容，不仅门生弟子喜闻乐见，易于接受，广大少数民族百姓亦很有兴趣，常会出现数以百计的民众围观聚集听课的情景，甚至出现所谓"士类感慕者听讲，居民环聚而观如堵"的场面。这也体现出王阳明"有教无类"众生平等皆可受教育的育人主张。

同时，王阳明对教学活动的组织与开展，要求必须以认真和务实的态度去准备和完成，不能有所敷衍。这就是"坐起咏歌俱实学，毫厘须遣认教真"的真正含义。他认为教师必须表里如一、为人师表，主张"庄敬自持，外内若一""毋事于言，以身先之"的理念。同时，他又反对教师高高在上，应具有亲和力，与学生平等相处，鼓励师生间进行学术交流，展开自由辩论，双方应自各抒己见。正所谓"讲习有真乐，谈笑无俗流。缅怀风沂兴，千载相为谋"[①]"稚子自应争诧说，矮人亦复浪悲伤。本来面目还谁识？且向樽前学楚狂"[②]。

王阳明主张把课程分为三类：一是诗歌、二是习礼、三是读书，将每天的课程定为五节：一、考德；二、背书和诵书；三、习礼或做课艺；四、复诵书和讲书；五、歌诗。

王阳明认为书院的教育方针与教学内容应与时俱进、紧密结合实际，注重课程的生动性与多元性，寓教于乐，使学生在课堂之中身心得到锻炼，而不会有任

① （明）王守仁. 王阳明全集·卷十九·诸生夜坐[M]. 上海：上海古籍出版社，1992：699.

② （明）王守仁. 王阳明全集·卷十九·观傀儡次韵[M]. 上海：上海古籍出版社，1992：711.

何厌烦感或不耐烦。除讲授、诵读、课学、习礼、讨论交流外，或弹琴，或郊游，或吟诗作对，或弓马骑射，凡有利于学生身心健康、促使他们努力上进的活动都是最有效的学习方法。因此，他提出"君子之政，不必专于法，要在宜于人；君子之教，不必泥于古，要在入于善"①。

贵州书院在教学方法和方式上非常注重启发学生独立思考。对学生的问题或疑问，不直接回答，而是进行引导，让他们尝试独立思考，通过教师给予的提示予以解答，从而意识到自己的不足之处，从而走向致良知之途。王阳明曾道："学问也要点化，但不如自家解化者，自一了百当。"②如学生们曾再三寻问世间是否有神仙、是否存在神仙之道、如何修道成仙等问题，王阳明并不明确回答"有"或"无"，而是通过启发的方式，鼓励学生独立思考，通过自己对神仙的理解领悟形成答案。《王阳明文集》中载："齿渐摇动，发已有一二茎变化成白，目光仅盈尺，声闻函丈之外，又常经月卧病不出，药量骤进。"③可见，王阳明对神仙的存在持一种怀疑谨慎的态度，并且通过自己的亲身经历来启发学生独立思考做判断。关于神仙之道，王阳明认为信则有，不信则无，神仙的有无只存于人们心中，不可言述，只能心悟。他认为："欲闻此说，须退处山林三十年，全耳目，一心志，胸中洒洒不挂一尘，而后可以言此。"④言外之意，神仙之道并无讨论的必要，可通过时间和思考来检验。

明代贵州书院非常重视学生独立思考的能力。王阳明龙场悟道，提出了心即理说，认为圣人之道，吾性之足，不须向外物去求理，也不必向圣人去求理，只须象吾心去求理。在龙冈书院教学期间，他编写了《五经臆说》作为教材⑤。关于《五经臆说》的创作过程，史载"（龙场）在南彝万山中，无所得书，日坐石穴中，默记旧牍，辄为训释。期有七月，'五经'之旨略要"⑥。王阳明在书中指出：

---

① （明）王守仁. 王阳明全集·卷二十三·重修月潭寺建公馆记[M]. 上海：上海古籍出版社，1992：897.

② （明）王守仁. 王阳明全集·卷三·传习录[M]. 上海：上海古籍出版社，1992：114.

③ （明）王守仁. 王阳明全集·卷二十一·答人问神仙[M]. 上海：上海古籍出版社，1992：805.

④ 同上。

⑤ 《五经臆说》中的"臆"字是有深刻含义的。王阳明编书时条件非常艰苦，连一本参照和笔记也没有，花了七个多月时间全凭自己的回忆写成。"臆"指两方面的内容，一是回忆，一是心思。

⑥ （清）查继佐. 孝宗纪·卷十·罪惟录列传[M]. 北京：北京图书馆出版社，2006：135.

"不必尽合于先贤，聊写其胸臆之见。"①这一观点在当时堪称惊世骇俗，这种不尊儒家经典的口径在当时的时代是不被接受的。宋明理学家朱熹曾道："敬字功夫，乃圣门第一义，彻头彻尾，不可顷刻间断。"又道，"学者看文字，不必自立说，只记前贤与诸家说便了。"②在朱熹看来，儒家经典、圣人之言是不可怀疑或随意解读的。然而，王阳明则认为："五经，圣人之学具焉。"读书思考不能形而上学，简单而机械地记诵文辞章句，亦步亦趋，完全照搬照抄，要领会书中的精神实质，并以此为资，形成了自己的见解与心得体会：如果一个人读书不思考，不求甚解，只是把"五经"读了许多遍，甚至将之背熟，却没有形成自己的见解和心得，那么他所得到的也只是"筌与糟粕耳"，并无任何实用价值。王阳明在教育教学的过程中从不墨守成规，所谓"尽信书不如无书"，不迷信权威，主张独立思考，不屈从于世俗偏见，要形成自己的观点，不随波逐流，不以他人的某些话或所谓的观点为主，而要以自己的思考、见识与本心作为判断是非的标准。

2. 注重培养学生的道德修养

明代的教育者非常注重对门徒弟子道德修养的培养，所谓"人无信则不立"。书院更是如此，既要培养饱读诗书的儒学名士，还非常注重门徒弟子高洁品格的养成。为了规范学生的行为，明代贵州书院制定了相应的学规，以此作为学子读书上进的准则。书院的学规是书院教育的总方针，规定了书院的培养目标、进德和为学的基本要求、标准，以及与书院生活相关的一些基本守则。最初，这些规定比较概括、抽象，之后陆续得以补充完善，制定得越来越详细具体，具有可操作性，尤其对学生在道德品质方面的要求愈发明确和严格。如王阳明在龙冈书院讲学的时候曾制定《教条示龙场诸生》，提出了对学生的四条教规，即"立志""勤学""改过""责善"，并将之书写于书院的墙壁上。立志，提出了立志的重要性，要求学生要树立远大的理想，所谓"志不立，天下无可成之事，虽百工技艺，未有不本于志者"；勤学，是学生学习上进的根本，主要指"勤勤谦抑""勤学好问"，所谓"已立志为君子，自当从事于学。凡学之不勤，必其志之尚未笃也""苟有谦默自持，无能自处，笃志力行，勤学好问"；改过，有过则

---

① （明）王守仁. 王阳明全集·卷二十二·五经臆说序[M]. 上海：上海古籍出版社，1992：86.

② （宋）朱熹著；（宋）黎靖德编. 朱子语类·卷十二·学六[M]. 武汉：崇文书局，2018：153-154.

改，善莫大焉，此乃致良知的要诀，所谓"过乃大贤之不免，不贵于无过，而贵于能改过"，只要能改过就是大贤；责善，主要是指如何规劝朋友并循循善诱加以引导，让对方同意，所谓"诸生自思，平日亦有缺于廉耻忠信之行者乎？亦有薄于孝友之道，陷于狡诈偷刻之习者乎？诸生殆不至于此"①，"大善"则是"知行合一"思想的最终目的。同时，《教条示龙场诸生》要求学生每天对照学规自查。其中规定，每天清晨教读之前，首先要进行考德，要求每个学生主动据实回答自己在孝敬尊长、忠信仁义等方面上还存在哪些问题，还有哪些做得不足之处，不断进行反思、改过就是取得进步。这些规定实际上是王阳明多年教育研究的总结性经验，是他的教育理论和教育思想的主张②。

　　3. 注重理论与实践相结合

　　通过龙场悟道，王阳明创立了"知行合一"理论，追求的是道德意识与道德行为的统一。他曾道："路岐之险夷，必待亲身履历而后知。"很显然，这和宋明理学家朱熹提出的"知先行后"是不同的。朱熹的观点机械地割裂甚至颠倒了"知"与"行"的关系，造成了宋明理学空谈义理、不重实践的"空谈误国"之风。针对当时社会愈积愈深的大谈义理、言行不一、脱离实际的社会弊端，王阳明特别强调，学而不行，不可以为学；知之真笃即是行，行之明察即是知；真知即所以为行，不行即非真知。知与行不能分开，必须合为一体。他一生倡导"在事上磨炼"。这种观点反映到教育思想与教育理论上，就是强调理论与实际相结合，着实躬行，表里一致，把学和行结合起来，学的过程就是行的过程。

　　对于行的认识，王阳明不仅主张精通诗书六艺、儒家经典，还要从事各种各样的生产劳动，如搬柴运水、建造房屋、修田种地、灌溉农业、培育庄稼等，让学生知道稼穑农圃之辛劳。在传统社会，劳动通常是被视为是斯文扫地的事情。王阳明却躬行实践，亲自带领弟子们从事生产劳动③。在他看来，劳动也是获得知

---

① （明）王守仁. 王阳明全集·卷二十四·教条示龙场诸生[M]. 上海：上海古籍出版社，1992：912-913.

② 王阳明的教育思想主张主要收集在《王阳明全集》中。从龙冈书院的学规可以看出书院非常重视学生品德修养，明确规定了待人接物和言行举止的要求。

③ 对于劳动，王阳明的看法与传统观点不同。他在《观稼》一诗中写道："下田既宜稌，高田亦宜稷。种蔬须土疏，种蔬须土湿。寒多不实秀，暑多有螟蟘。去草不厌频，耘禾不厌密。物理既可玩，化机还默识。"

识的一种途径，既然是知识就要去学习。而且无论农民、官学，还是读书人，都要结合本职进行学习，在日常生活中学习致良知，努力提升自己，克制自己的欲望。良知虽然是人所固有、不假外求的，但人多会受到外界环境的制约，如果不通过长期的磨炼，克制自己，磨炼自己的意志，知行合一共同进步，是不能复见的。另外，良知或本心虽为一体，但其体用则千变万化，只有事事依良知而行，遵从自己内心的"忠"，方可达到致良知的境界。

王阳明的"知行合一"，重点强调的是"行"，强调在实践中深入理解理论，不断丰富自己的知识和理论体系，这种观点在当今教育界仍具有重要的意义。

三、明代贵州书院的经费及藏书

书院经费是书院得以维持和发展的重要来源，一直就有"经费志养源也，必经费有余而后事可经久"的说法。具体来说，书院经费是指为了确保书院开展正常教学活动、维系组织结构而投入消费的人力、物力、财力的总和。书院的一切开销，包括设施、设备、器具、建筑、教学组织员人（山长、副山长、堂长、馆师等人员）、讲习人员开支与补贴、书院生徒的膏火银、勤杂人员的费用、对生徒的奖励、图书购买及刻印等内容皆属于经费的支出范围。在中国古代社会，书院的类型有官办、民办和官民共同投资办学这三种，依据不同的类型，书院的经费来源也不尽相同，有中央进行拨款或地方官员捐银或私人筹措、捐献的。民办书院的比重在宋以后越来越小，书院官学化的倾向日益严重。元代以后，大部分书院的经费主要是官民共同捐助，也有民办书院自筹经费的现象，但规模和影响力大的书院一般都由官方赐田、赐帑金。官方进行拨款有利于书院的发展，同时也方便官方掌握书院的发展。在以农业为主的传统社会，书院的经费由实物和货币两种表现形式，并称为"钱粮"："钱"主要是指铜钱、元宝或白银，"粮"主要指五谷杂粮，多数是以亩、石、弓等为计量单位的田亩体现。其中，学田是维持书院发展的重要来源。其他来源主要依靠租种土地所收的租金，或称为地亩田租，这和传统农业社会的租佃制度并无差别；地方政府给予的经费支持主要是拨田、拨钱；私人筹措经费基本是官员捐养廉银子、捐赠田产，富商家族进行集资，也有部分私人自费出资建立书院的。一般来说，稍具规模的书院皆购置学田，通过收取租税谷子的方式以农养学，用以维持书院的生计。如南皋书院，有学田二十八亩，后又有都匀府续置学田十二亩；阳明书院有学田五亩，可保证每年经费的开销银两。书院的经费开销按其功用，大体可分为养士、教学、祭祀、管理四个大类。养士是书院的基本功能，所谓"四民各有常业，时唯士不谋食，非养不时"①"养士无赀"，则书院"甫兴旋废"。"书院不可无田，无田是无书院也，院有田则士集，而讲道者千载一时，院无田养士难久集，院随以废，如讲道何哉！"②这是古代教育体系中的"教养相资"，其实质是讲学与养学分开，但二者也有相互继承、补充的部分。教学、祭祀用度是书院的主要开销，但实际上，书院的经费有限，祭祀经费更要节省，而养士的费用则不能省，因为"建立书院之意，首在教育人材，山长束脩、住斋肄业生童膏火薪水为培养根本"③。可见，二者相辅相成，不可分割。

明代贵州书院的日常开支主要有两项：一项是教师的补贴（讲学酬金），称为"束脩"④。束脩是书院在教学活动中最主要的开支。开支类型为铜钱或白银，具体数目并无定例，依据地区、经济水平不同而有所差别。另一项是学生的津贴，仅限于公费学生，称为"膏火"⑤。膏火一般用来资助家境贫寒的学子，但读书人多是贫寒之辈，故实际运作中皆普遍下发。凡书院生员，其数则等第有差，隐含有奖励机制。需要注意的是，膏火银仅限书院名额之内的生员，若超出名额，需要自付相关费用。对于膏火银的管理，书院的要求基本相同。⑥若不遵守书院的学规，则会被取消膏火银。书院经费筹措是关系到书院能否存在下去的关

---

① （明）吴道行；（清）赵宁等修纂；邓洪波，杨代春等校点. 岳麓书院志·卷三·书院[M]. 长沙：岳麓书社，2012：226.

② （明）李东阳. 白鹿洞书院新志·卷六·人物[M]. 南昌：江西人民出版社，2015.

③ （清）骆文光纂. （河北省）临漳县志略备考·卷二·古邺书院（经费）支销[M]. 台北：成文出版社，1968.

④ "束脩"之名来源于孔子《论语·述而》："自行束脩以上，吾未尝无诲焉。"束脩原指人孔门的一个基础条件，即十条干肉。这是孔子当年招收学生时的收费标准，经后世发展成为学生送给教师的薪金，书院亦沿用此称，或作束金、脩金、脩脯等。

⑤ 所谓膏火，本指膏油灯火。杜甫在《奉酬薛十二丈判官见赠》一诗中有"不是无膏火，劝郎勤六舒"句。宋元以来，膏火被用来指代书院、官学等发给肄业学生的生活费用，是养士费最通用的称呼。

⑥ 书院的膏火银除了供书院生员在院肄业之外，原则上还用来赡养家室，以使其安心学习，但"不赴课不居斋及请人顶替应课者，不给膏火"。

键。有了固定经费的常年供给，书院则能长久不衰。

官府赐拨、百官资助、民众捐输、书院经营是书院经费的四大来源。官府资助，主要是以官员捐资为主。有的是一人独立承担，如明代贵州草庭书院就是原广西布政使周瑛辞职回乡后变卖资产所建。除此之外，还有众多官员分担书院经费，抑或某一位官员捐资某项经费，或临时弥补捐资不足等情况。通常是提学副使捐出一部分薪俸，之后由所辖地区的乡绅民众提倡捐资，设置固定的田产，收取租谷或田亩利息作为经费开支。如贵州文明书院是由贵州提学副使毛科提倡、黔中乡绅踊跃捐资所建，后由于资金不足颓废，王阳明亲传学生蒋信再次提倡捐资重修书院。民众捐资是书院经费中最重要、最可靠的来源之一。除中央政府和地方官员外，举凡有影响力的士绅、工商各个阶层的成员，各族各姓等血缘组织，各村各乡等地缘组织，均非常关心地方文教事业的发展，这也是书院经费来源的重要组成部分。总体来说，书院的经费多半是民办资助或官民共同资助。为回报捐资者，书院通常会将捐资者的姓名刊入地方志或书院志中。如为纪念贵州提学副使毛科建立文明书院，嘉靖《贵州通志》中有如下记载：

贵州按察司副宪毛公，由名进士扬历中外，贤誉四达，简奉玺书，提督学校屯田，兼理词讼。公乃尽心所事，无一不举，首以学校为务，恒念贵阳士子，虽涵濡圣化之久，人才未有其盛；况初学小子立志不确，向学罔进，深以为虑，乃建书院，择师儒以陶熔之。弘治十七年，公于省城中，因择忠烈桥西胡指挥废宅，及四旁民居易得，遂官给以值而开拓之。右为提学分司，左为书院。平治庭址间，偶获断碑一通，为《重修顺元儒学记》，人多奇之。按《贵志》谓：儒学迁建后，有教授何成琛于遗址内改建文明书院，亦废。今建是院，即故址也。人愈以为异事，争相睹之恐后。公乃矢心重建，凡材木工力，措置规划，咸出于己，一财不资于公，一力不劳于民，间有乐助者不禁，经理于是岁十月，讫工于正德元年七月。

四、明代书院的学礼祭祀制度

祭祀是中国古代社会政治、经济、文化的重要组成部分，主要是向神灵、祖先等进行祭拜，以表示崇敬或祈祷之意。在中国古代礼治体系中，祭祀所代表的不仅仅是一种礼仪，而是关系到国家大政，被认为是国家政治生活中的大事①。如《国语·鲁语上》记载："夫祀，国之大节也。"中国古代社会也称"礼治社会"，可见"礼"的重要性。而在礼治社会中，祭礼尤为重要。《礼记正义》中载："凡治人之道，莫急于礼。礼有五经，莫重于祭。"②因此，在中国古代教育体系中，无论学校还是书院，始终存在祭祀活动③。《礼记》中曾多次提到古代学校的祭祀活动④。最早的学校祭祀制度据史料记载在周代就已经出现，主要是祭祀文教事业的开创者，对象包括先圣、先师与先贤，如孔子、孟子、荀子等。此后，学校的祭祀活动一直延续，祭祀的内容、形式也不断发展并逐渐形成独立的祭祀空间。周代以前，基本实行祭政合一的制度，教育本身和国家祭祀为同一活动，二者密不可分。这与宗庙、明堂是在同一地点而不同室是基本相同的，因此古代学校中亦有多种场合举行祭礼。这些制度对汉以后的教育具有较大影响。汉代的教育祭祀中有释菜、释奠之礼。从汉代起，古代学校的祭祀制度基本形成。东晋太元十年（385年），孝武帝在中央国子监西面建立孔子庙进行祭祀，庙学制度在这一时期首次出现。北齐天保元年（550年），文宣帝令地方郡学进行孔颜庙的祭祀活动，将庙学制度从京都推广到地方郡学。唐代统治者崇尚儒学，大力发展科举制度，对于学礼祭祀非常重视与倡导⑤，并制定了相应的祭祀制度，此后直至清代，庙学制度一直相沿不变。

书院的祭祀制度是一个不断完善和发展的过程，既吸取官方祭祀制度的优点又有所创新，甚至将祭祀活动，特别是"祭祀先贤"作为书院的重要特点和书院兴旺发展的重要标志⑥。书院祭祀制度源于何时、如何礼仪、祭祀对象为何人等，目前并无明确的结论，需要进一步进行考查。但可以肯定的是，早在宋初的书籍

---

① 关于祭祀，《左传·成公十三年》曾载："国之大事，在祀与戎。"

② （清）阮元. 十三经注疏·卷二十五·祭统·第二十五·礼记正义[M]. 北京：中华书局，1980年影印本：1602.

③ 《周礼·春官·大宗伯》中载："春，入学，舍菜合舞。"

④ 《礼记·祭义》中曾道："祀先贤于四学，所以教诸侯之德也。"《礼记·文王世子》中也道："凡学：春，官释奠于其先师，秋、冬亦如之。凡始立学者，必释奠于先圣先师，及行事，必以币。"

⑤ 贞观四年（630年），唐太宗将庙学制度推广到地方官学中的州学与县学。

⑥ 盛朗西在《中国书院发展史》中以供祀作为书院的"三大事业"之一。

中已载有祭祀活动①。咸平二年（999年）重修全国各地书院后，书院的规模不仅扩大了，存有藏书和刊刻的书院数量亦增加，同时，书院的祭祀礼仪与活动也得到了充分发展，并出现了专供祭祀之费的"水田"，也称为"祭田"。北宋末年，岳麓书院的祭祀制度已非常完备，出现了"岳麓书院有孔子堂、御书阁，堂庑尚完"的景象。祭祀的对象主要是孔子和众位儒学大师及宋明理学大师。②

　　贵州的书院的祭祀制度始于明洪武年间。据弘治《贵州图经新志》记载：贵州宣慰司治地"文庙，在府学前，永乐十一年（1413年）建，成化间知府王南重建。弘治三年（1490年）知府金燧复撤庙前民居拓建。中为大成殿，左右翼以庑。前为戟门，后为灵星门。其他神厨祭器皆备置焉"③。

　　虽然时代、地区有所不同，但书院的祭祀对象主要还是至圣先师、先贤等。如明代白鹿洞书院每年春秋仲月行释奠礼，对象是"至圣先师孔子"，并"以复圣颜子、宗圣曾子、述圣子思子、亚圣孟子配"④。这里所说的"至圣先师"具体来说，指的就是孔子和其弟子及其再传弟子，还有他的后学。而明代贵州书院祭祀的主要的是孔子，并多以颜渊、曾参、子思、孟子配，即所谓的"四圣配享"。书院祭祀的人物往往标志着该书院的学术方向和学风。通常来说，书院祭祀的对象除公认的儒家先圣、先师、先贤之外，还会将书院创始人，书院具有代表性、影响力的人物，书院主讲等加以特别祭祀。如明代贵州书院多祭祀阳明先生——王守仁。

　　明代，阳明心学取代程朱理学迅速兴起。阳明心学无论在思想上，还是在理论方面俱"别立宗旨，显与朱子背驰"，却与陆九渊陆氏心学在哲学、思想理论、治学方法等方面具有一定的契合度，因此，后世学者称二者为"陆王心学"。阳明心学在明代中后期的全国各地书院中不断发展，并最终形成"门徒遍天下，流

---

①　长沙岳麓书院的祭祀活动从北宋开宝九年（976年）开始。从此，讲学、藏书、祭祀成为书院的重要功能，也成为中国古代书院相对稳定的制度之一。

②　咸平四年（1001年），宋真宗诏令全国各地学校、书院发送国子监印本经书并修缮孔子庙堂。咸平五年（1002年），白鹿洞书院重新修缮并供奉宣圣十哲之像。

③　（明）沈庠. 中国地方志集成·贵州府县志辑·（弘治）贵州图经新志·卷一·书院[M]. 成都：巴蜀书社，2004：20.

④　（明）郑廷鹄. 释奠·白鹿洞志·卷四·嘉靖四十五年刻本·载中国历代书院志[M]. 南京：江苏教育出版社，1995（1）：354.

传逾百年"①的局面，这在当时的思想学术界产生了巨大的影响。

阳明心学学派非常重视书院的发展，以书院作为其学术交流和思想传播、发扬的重要基地。阳明学派的创立、发展以至被官方所采纳接受，均与王阳明及其弟子门人在全国各地建立书院并于书院从事讲学活动有着密切联系②。阳明心学一时间声名大振，无人能及。王阳明去世后，其思想及学术体系被其弟子及再传弟子所继承，而阳明心学仍以书院讲学的形式得以发展和传播，书院成为宣传阳明思想非常重要的学术基地。此后，书院讲学活动更是蓬勃发展。王阳明更成为这些书院的专门祭祀对象。《王阳明全集·年谱》中载，嘉靖年间（1522—1566年）阳明之学虽被朝廷斥为"伪学"，频频遭到打击，但其门人弟子众多，有识之士、儒学者等专门建立书院祭祀王阳明。其中，以贵州巡抚王杏所建的阳明书院最为典型。嘉靖十三年（1535年）十月，王杏出任贵州巡抚。据道光年间的《贵阳府志》记载："闻里巷歌声，蔼蔼如越音；又见士民岁时走龙场致奠（阳明先生），亦有遥拜而祀于家者，始知师入人心之深若此。王杏于是赎白云庵旧址立祠，置膳田，以供祀事。"③当时的书院文化活动中，除了延聘名师讲学以外，最重要的莫过于祭祀先贤、先圣，以此作为效法先师的楷模。据《阳明书院碑记》所载：

先生之学以谪官而成，先生之道其亦由龙场而跻身于圣贤之域也耶？当日坐拥皋比（学师座席），讲习不辍，闻风而来学者，雍雍济济（和谐众多）。观其《课诸生四条》，并《问答语录》，俾尼山之铎（孔子儒家之教），被于罗施（罗施鬼国，借指贵州），弦诵流传以迄今日。黔之士肆成人有德，小子有造（成就），岁时伏腊（秦汉时夏伏、冬腊均举行祭祀活动），咸走龙场致奠，亦有遥拜于其家者。先生之教何其广，而泽何其深且远欤！乃复于穷岩茂箐之间，以"何陋"名轩，"寅宾"为堂，"君子亭""玩易窝"，旧迹岿然，遗风宛在，虽樵人猎士过其地者，无不感而生敬，流连而忾慕（感慨仰慕）其为人。所谓顽夫廉懦，夫有立志而况于亲炙之者乎！

---

① （清）张廷玉等. 明史·卷二百八十二·儒林传序[M]. 北京：中华书局，1974：7222.

② 阳明书院的规模与影响力到明代后期，形成所谓的"阳明书院之在宇内者七十二，而浙中居其六"之局面。

③ （清）田雯.（道光）贵阳府志校注·阳明书院碑记[M]. 贵阳：贵州人民出版社，2005：1836.

关于祭祀的礼仪与规范，嘉靖年间的《贵州通志》载："赎白云庵旧基，给助之以工料之费，供事踊跃，庶民子来，逾月祠成。门庑堂室五座凡十三楹，祭田仪式亦备……今日立祠之意为诸君告。诸君之请立祠，欲追崇先生也，立祠足以追崇先生乎？构堂以为宅，设位以为依，陈俎豆以为享祀，似矣。"①

除祭祀著名人物、学者等，书院的祭祀对象还有与教育教学相关的神灵②。如贵州省镇远城内所建的紫阳书院，原名"朱文公祠"，是为纪念南宋著名理学家朱熹而建，后改名为"紫阳书院"。据乾隆年间的《镇远府志》所载："朱公祠在府城东山寺洞前，明嘉靖九年（1530年）知府黄希英建；并置田若干亩，立石碑于洞口，曰'紫阳书院'。明季坍。康熙十一年（1673年）重修。"③紫阳书院的圣人殿在顶层殿堂内供有"南宋徽国文公朱夫子神位"（朱熹神位），中层殿堂东壁悬有易舜恺题联一副④。老君殿顶层供奉老君（李耳）等"三清"神像，中层供祀雷神（殷太师闻仲）雕像。底层石山东壁上嵌有南明永历年间台使任国玺手书《宿镇远看灯》诗碑。其诗云：

> 天堑深溪偃巨虹，岩峮箭峭郁青葱。
> 道旁暂息图黎碣，壁上嗣题汉使功。
> 风静乌喧屏障里，月明人度镜函中。
> 呼棹直欲窥牛斗，为问灵源几曲通。

考祠的中层为纪念紫阳先生朱熹而开设的考堂。顶层殿堂即为三官殿，专门供尧、舜、禹"三官"神像。

中国古代书院具有培养、教育人才及进行社会教化、服务于社会的功能，其中，祭祀占有非常重要的地位并发挥了巨大的作用。在《礼记·祭统》中曾这

---

① （明）谢东山修；张道纂. 中国地方志集成·贵州府县志辑·（嘉靖）贵州通志·卷七·祠祀[M]. 成都：巴蜀书社，2004：381–382.

② 宋代后期，还有一些书院建魁星楼、文昌阁等，祭祀号称能主宰文章兴衰的文昌帝君和"掌人间禄秩，司科甲权衡"的魁星。如宋淳祐年间江西高安西涧书院祭魁星，希望"邀灵于星，文刃恢恢""春榜鳌头，禹门之雷。昨庭唱庐，百花之梅。万里荣途，瑞庆大来"。

③ 镇远府志编撰委员会主编.（乾隆）镇远府志·卷十九·祠祀[M]. 贵阳：贵州人民出版社，2012：142.

④ 楹联的内容：㵲水绕岩疆，万树烟霞，千里江山如画；吉光盈古殿，满蹊桃李，百年文教方兴。

样写道，祭祀是"教之本夫祭之为物大矣，其兴物备矣，顺以备者也，其教之本与……是故君子之教也，必由其本，顺之至也，祭其是与"。从中可见，书院祭祀的作用，即通过祭祀来增强士人子弟对儒家伦理道德观念的认同感和使命感。书院祭祀对象众多，基本包括了儒、释、道的著名人物，可以说是一个非常复杂的共同体。如儒家的孔子、孟子、荀子、颜渊、朱熹、王守仁等，道家的李耳、殷太师闻仲等。除此之外，还有一些与书院相关的先贤、名宦等。书院选择的祭祀对象有一个共同特点，他们或是礼乐制度的开创者，或是"制作礼乐以教后世者""承先圣之所作以教于大学者"。[1]他们为儒学理论的创立、发展、传播做出了巨大的贡献[2]。如唐代的韩愈提出"道统论"，以"道"的概念将此前儒家体系及思想进行了细化整理与研究。韩愈的道统说明确提出了儒家思想一脉相承的思想谱系和学术传承谱系，并自觉地把儒家的道视为中国文化的正统。"道统论"再次捍卫了儒家思想学说的正统地位，因此，康熙皇帝也称韩愈为有唐一代的儒宗。

全国各地的优秀学子来书院进行学习，游于斯，学于斯，长于斯，日日耳濡目染。这些祭祀表达出来的对古圣先贤的敬慕与怀念之心早已成为他们信仰的一部分，润物细无声般影响着他们。这就是"瞻先贤之遗像，肃然起敬，有不戢其傲慢之气，嚣陵之状者，岂复成为士也哉"[3]。学子们常常以希圣、希贤自期自勉，身体力行，不断向先师、先贤靠拢，最终成长为符合要求的儒者。这也是书院进行祭祀最重要的目的所在[4]。

---

① 孙希旦.礼记集解·卷二十·文王世子[M].北京：中华书局，1989：60.

② 如孔子被称为"素王、至圣先师"，是儒家学派的创始人与开辟者，在思想观点上主张"仁"与"礼"，在教育思想上更是主张"有教无类""诲人不倦"，从而打破了上层统治者对教育的垄断，将私学教育的观念普及到贫民阶层。他所提倡的启发式教学方法、"因材施教"的教学方针，在当代仍具有重要的意义。孟子继承了孔子的思想体系，提出"仁政"的观念，为弘扬儒家价值观念做出了重大贡献。

③ 蒯德模.改建平江书院并祀文丞相石像记·江苏·苏州府志·卷二十五·中国方志丛书[M].华中第5号.台北：成文出版社，1985：622.

④ 正如宋儒大师朱熹所讲："惟国家稽古命祀，而祀先圣、先师于学宫，盖将以明夫道之有统，使天下之学者，皆知有所乡往而几及之，非徒修其墙屋，设其貌像，盛其器服，升降俯仰之容，以为观美而已也。"

小　结

1368年正月，朱元璋进军南京，建立大明朝。朱元璋称帝后，总结前代王朝的经验教训，开始加强中央集权统治，在思想、文化、教育领域中的各项政策皆以强化统治为目的。在地方，为加强中央对地方的控制，实行"三司并立"制度，先后建立十三个承宣布政使司。永乐十一年（1413年），贵州承宣布政使司正式建立，标志着贵州行省的正式确立，贵州书院也在这种背景下得以建立。贵州建省后在政治方面和中原地区一样，实行"三司并立"的管理制度。在军事上实行卫所制度，建立军籍，军户归都指挥使司管辖，民户属府县州而归于布政使司。卫所与各州县互不干涉。在贵州的少数民族地区实行改土归流，由流官进行管辖。在经济方面，采取了"移民就宽乡"的政策，将中原人口转移到贵州地区，移民实边，一方面巩固边疆，一方面发展生产。同时，贵州驿传制度和驿道的开发打破了贵州封闭与落后，极大促进了贵州与中原的沟通与联系，这都为贵州的文化教育事业发展起到了重要的作用。

在明代，统治者为稳定边疆，非常重视西南边陲文化教育事业的发展，大力贯彻"治国以教化为先，教化以学校为本"的方针，通过种种措施来扶植西南儒学的发展。根据教育类型的不同，明代教育大致分为两个层次：第一，以中央国子监和地方官学为核心的儒学教育系统；第二，以乡约、旌表等构成的社会教育系统。

贵州地区的书院在洪武年间已经存在，但数量较少，多不成规模，到了明代中后期，特别是嘉靖、隆庆、万历三朝，书院的发展进入高潮，数量陡增，规模宏大，名师辈出，人才济济。特别是阳明心学的成熟与发展，更成为贵州书院教育的特色之一。随着贵州经济的发展，生产力迅速提高，对教育的需要也变得异常迫切，部分地方官员和儒家知识分子大力开发贵州的教育资源，积极创办书院，书院的数量和质量也大为提高。书院的出现不仅可以培养人才，让读书人多一条入仕之路，还能弥补和调和地方官学教育的不足，意义十分重大。明代的书院数量大致在四十余所，最早的是草庭书院，最著名的是王阳明创立的龙冈书院和文明书院。贵州书院的特点在时间分布上具有不平衡性，前期较少，后期数量迅速增加，弘治年间发展缓慢，而嘉靖、隆庆、万历年间发展达到峰值，原因有三：一是贵州教育基础较为薄弱；二是土司统治地区教育相对落后；三是书院官学化。明代贵州书院的区域分布特点有二：第一，多集中于卫所之地；第二，多设立在驿道干线之处。在贵州书院的建设和发展方面，最大的特点是官方力量超过民间力量，成为推动书院发展的主力。贵州书院制度在组织建设方面主要由山长（院长）负责，山长来源有三：一是中央派驻到贵州的各级官吏，尤其是主管教育的提学副使等官员；二是贬谪或流寓至贵州的中原名人文士；三是在朝中居官多年，由于各种原因辞职归故里，倾心于地方教育之士。书院普遍实行分斋学习制度。书院的学生来源主要有二：一是感念书院讲学先生的人品、才学慕名而来者；二是已有功名为求上进到书院进行学习的人，如已获得功名的生员等。书院在课程设置方面以儒家经典教材"四书五经"为主，宋、明理学大师的著作、语录、著述等也是书院的重要教材，此外还需要学习阳明心学，如王阳明的《传习录》等。明代贵州书院的教学采取教师讲授与学生自主学习相结合的模式；注重培养学生的思想品德修养；教学过程中，注重理论与实践相结合；不迷信书本，不迷信权威，鼓励学生要有怀疑与反思的精神。书院经费是书院赖以生存和发展的基础，其来源有的是中央政府或当地政府拨给的，有的是私人筹措、捐献的。书院的经费由实物和货币两种表现形式，并称为"钱粮"，"钱"主要是指铜钱或白银。明代贵州书院的经费，一部分由学官拨给，大部分则是依靠地方官绅和当地人民捐赠。一般来说，稍具规模的书院皆购置学田，通过收取租税谷子的方式，以农养学，用以维持书院的生计。私人建立的书院，其经费主要依靠私人捐助和地方士绅的集资。明代贵州书院平时开支主要有两项，一是教师的补贴（讲学酬金），称为"束脩"；另一项是学生的津贴，仅限于公费学生，称为"膏火"。从书院经费的收支和消费情况可以看出当时书院的规模和活动的情况。贵州书院的祭祀制度最早始于明代初年。书院的祭祀制度主要有释奠礼、释菜礼两种。释奠礼分时段进行，每年春、秋两季或春、夏、秋、冬四季举行此礼；释菜礼主要是天子为表达对儒学的重视，提倡中央及地方文教事业的发展而形成的一种礼仪。书院的祭祀对象根据不同时代、不同地区具有不同特点，主要包括至圣先师孔子及孔门一系列先贤，先贤主要是以孔子为首的，包括宋明理学在内的儒学大师、对书院做出巨大贡献的地方官员。明代贵州书院祭祀中，王阳明为主要的祭祀对象，以此作为效法先师的楷模。中国古代书院具有培养、教育人才及进行社会教化、服务于社会的功能，其中，祭祀占有非常重要的地位并发挥了巨大的作用。

第三章 清代贵州书院及书院制度

　　明崇祯十七年（1644年），崇祯皇帝缢死，明亡，清朝正式建立。清朝是继元朝后第二个少数民族入主中原的王朝，其统治具有非常鲜明的民族特色与地域特色。而作为中国封建社会的最后历史阶段，清王朝在政治上实行君主专制制度，集权于中央，大兴文字狱；在经济上，经过数年的休养生息，清丈土地、耕地面积增加，人口数量增多，农业、手工业和商业都得到较大发展。明代中后期产生了资本主义萌芽，发展到康熙中期以后，普遍出现资本经营现象，文化教育事业也发展起来了。官方提倡儒学，崇尚理学，建立学校，开科取士，编纂书籍。书院就是在这种背景下得以发展的。清代的教育体系始建于顺治初年，在雍正、乾隆时期逐步完善并走向成熟，嘉庆年间走向衰落，清末走向终结。顺治初年至康熙年间，基本确定了文教方针政策，建立了国子监、地方官学和科举考试相结合的制度模式。雍正年间至乾隆时期，进一步改革完善了国子监制度和书院制度，实现了清代教育体系的完整性，形成从中央到地方、从公立学校到私立的书院，从官府提倡到公益办学的教育制度。其间，书院教育以相对灵活的办学方式在清代教育体系中起着重要的作用，既弥补了官方教育的不足，同时对普及儒家知识文化有着一定作用。书院的兴建始终得到统治者的大力支持，高度官学化是清代各地方书院的总体特征。

第一节　清代书院制度形成的条件与背景

一、清代贵州军事、行政制度的设置

　　清军入关后，基本定鼎了中原王朝。清朝建立后，明朝的残部仍在坚持战斗，建立了南明小朝廷，与清政府进行周旋。李自成、张献忠部败退后，其余部在贵州、云南等地坚持与清政府对抗。为了巩固统治，统一南疆，顺治十四年（1657年）十二月，清朝派遣三路大军进入贵州地区①，会师于贵阳。李自成、张献忠部顽强抵抗，却未能阻止清军进入滇黔等地。短短不到半年，清军势力已深入贵州、云南腹地，李自成、张献忠部大败。清顺治十六年（1659年）正月，贵州、云南等地得以平定，清朝正式任命赵廷臣为云贵总督，卞三元为贵州巡抚。至此，南疆基本被平定，正式纳入清朝的版图。

南疆平定后，清朝设置官员对贵州地区进行管辖。按照清朝的政治制度，每一省或者二三省设置总督一名，官秩为正一品，主管该地区的军事，下设都指挥使具体管辖军事。每一省设立巡抚一名，官秩为正二品，总揽全省一切政务及审判。巡抚之下是布政使（"藩台"或"藩司"），具体负责赋税、漕政、刑狱、军事、粮饷等诸事，贵州巡抚于顺治十五年（1658年）设立，府衙在贵阳。巡抚下设布政使，协助巡抚处理全省政务。后因战事需要于顺治十六年（1659年）设置贵州总督，挟制云南，主要负责云贵一切事务。总督驻地因需要半年驻安顺地区（今贵州省安顺市），半年驻曲靖（今云南省曲靖市）。康熙四年（1666年），后边疆战事稍简，改云贵总督。雍正六年（1728年），因改土归流的原因，诸土司不服从中央管辖，挑起诸多事端。雍正皇帝任命鄂尔泰为云南、贵州、广西三省总督，负责苗疆事务。乾隆十二年（1747年），云贵地区苗疆战事又起，统治者再次对贵州的军政设置进行调整，又改设云贵总督，治所在昆明，仍在贵州设巡抚进行管辖。总督为云贵地区最高军政长官，总管一省的军事。除此之外，清朝初年，清政府借鉴明代的制度，各行省设提督学道进行管理。康熙四十一年（1702年），因教育事业不断发展，提督学道改为学政。清代的学政与明代提学道提学副使一样，是一省最高的教育长官，主管教育文化事业，各地官学、府学、社学、私人建立的书院都在其管理范围内。

总督、巡抚之下设布政使、提刑按察使，主要负责处理刑事案件，简称"臬台"，别称"臬司"。此外，还有分守道，由布政司派遣到地方，专门负责钱粮税收等事宜；分巡道由按察使派副使或佥事前往处理各地区的刑事案件。分守道与分巡道隶属于不同机构，称为"道台"或"监司"。

① 顺治十四年（1657年）十二月，清朝派遣宁南靖寇大将军罗托和经略洪承畴由湖南，平西王吴三桂和固山额真墨尔根及侍卫李国翰由四川，征南将军赵布泰与提督钱国安由广西同时进军贵州。

管理地方为知府、知县、同知。府为知府，负责一府的具体事务。直隶厅设同知，直隶州设知州，知县为品级最低的官员，直接管理百姓，负责一县的钱粮、赋役、税收等事务，官秩为正七品。清代贵州的官僚体系设置基本遵循这一原则。康熙二十年（1681年），清朝在贵州地区设分巡贵西道，下辖贵阳、安顺、平远、大定、黔西、威宁等府；之后又设分守贵东道，辖镇远、平越、都匀、思州、铜仁、思南、石阡等府。乾隆元年（1736年），又于古州添设分巡贵东道。至此，贵州全省共设三道，即贵西道（驻威宁）、贵东道（驻古州）、督粮道（驻贵阳）。基层行政机构的建制是实行省、府（直隶厅、直隶州）、县（散厅、散州）三级制。此制度在嘉庆、道光年间逐渐完备，贵州全省行政区划为十二府、三直隶厅、一直隶州、十一散厅、十三散州、三十四县。官僚体系的设置为贵州边疆地区的稳定、社会和谐、文化教育事业的兴旺发达奠定了坚实的基础。特别是学政这一职官，继承了明代提学副使一职，并在此基础上职权的范围更为扩大，从而有助于该地区文教事业的发展。这也客观上为清代贵州地区书院的发展提供了便利的条件。

贵州的军事制度实行八旗与绿营分别驻扎的制度，这是将明朝卫所制度下的戍守军队改变为"绿营"的建制。"绿营"是区别于八旗的旗帜，旗子是绿色的，故称。绿营的建制分为标、协、营、汛四级。[①]顺治十五年（1658年），设贵州巡抚标左右二营，驻今贵阳。这是贵州绿营制度之滥觞。顺治年间，贵州地区绿营设置从点扩展到一线，主要设置在重要的关隘。如督标、抚标、提标俱驻扎贵阳、安顺一带，控制交通要地。而其他地区则沿湘滇驿道一线进行设置，而在此线之南北即由副将、参将、游击、都司、守备等将领分别统兵据守各要害地方。可见，当时绿营只驻扎在军事重镇，在其他地区的设置还不够全面，有待进一步加强。康熙年间则由点到面地进行调整和安排，大大加强了对西南地区的控制。这一时期主要是加强对黔西南地区的统治，增设安笼镇总兵官。贵州绿营兵防主要是镇、协、分布在贵州各个地区，形成了非常明确的驻防及分守区域，皆驻扎在重要交通要道，将全省各地置于严密的军事控制之下。

"土流并治"是贵州地区地方政治的特色之一。在明代，统治者一直着手于

① 标为最高一级，由总督和巡抚所管辖，总督下辖绿营称"督标"，巡抚下辖的称"抚标"，提督统辖的称"提标"。绿营兵的主要任务是配合八旗驻守全国各地，"凡天下要害地方，皆设官兵镇戍"。

对土司的改造，思州、思南、播州、水东等大土司都先后改流，像明朝纳贡称臣，服从明朝的管制，从而正式纳入明朝的版图。清代初年，特别是康熙年间，贵州有实力的大土司还有水西安氏一脉。①康熙四年（1665年）五月，水西安氏正式改土归流。清朝统治者在水西原土司领地设立了大定、威宁、黔西三府，派遣官员进行管辖。虽然水西土司得已废除，但其下属的土目、土官依然存在，且具有很大威胁性。据载，大定府亲辖地存四十八个土目，水城厅存三十个土目，黔西州存三个土目，威宁州存五十七个土目，加上平远、毕节的土目共存一百五十多个土目。土司之间相互拼杀，社会秩序混乱。鉴于此，雍正四年（1726年），云贵总督鄂尔泰奏请雍正皇帝在西南地区实习大规模"改土归流"，对土司进行武力征服。"剿抚苗蛮"，即用军事暴力的手段打通苗疆，将不受官府管辖又不受土司约束的"化外之地"纳入中央版图，设流官进行统治。根据西南地区的不同特点，贵州地区的改流主要是治理苗疆，从贵州黔南地区的长寨（今安顺县）改土司为流官开始，调动军事力量，前后共五六年的时间，从而实现了"开辟苗疆"，在苗疆地区设置流官，沟通了黔桂、湘黔地区，使西南地区成为一个整体。雍正九年（1732年），清政府在黔东南先后设立了都江厅（今三都）、丹江厅（今雷山县）、八寨厅（今丹寨）、古州厅（今榕江）、清江厅（今剑河）、台拱厅（今台江），合称"苗疆六厅"；雍正十年（1732年），建立松桃厅，标志着贵州"改土归流"的正式结束。

雍正年间，在鄂尔泰的领导下，开始进行大规模的改土归流工作，对土司予以严厉的打击，从而取消了他们的特权，从根本上解决了土司不服从中央管束、各自为王的问题。这样做从主观上加强了贵州与中原地区的联系，对巩固清代的统治和国家统一，具有重要的战略意义和政治意义。贵州改土归流后，统治者采取了一系列的政治、经济、文化手段对该地区进行管理和开发。如增筑城池、设绿营驻扎、清丈土地、改变赋税钱粮制度、发展文化教育事业、广开学校、完善

---

① 贵州土司水西安氏曾于顺治十六年（1659年）正式归顺，清政府因其首领安坤归顺的诚意，正式册封其为水西宣慰使司宣慰使。康熙三年（1664）正月，吴三桂上奏说明水西在贵州的军事地位非常重要，必须废除土司改设流官，将此处行政权力集中在朝廷手中。康熙三年二月，安坤率众数万，联合明将皮熊，推其叔安如鼎为总领，联络乌撒土官安重圣，共同夺取云南，正式起兵反清。同年，清政府下命令平西王吴三桂领云南、贵州各镇守兵讨伐安坤。

科举制度等，从而促进了贵州地区的经济发展，改善了当地的生产力与生产关系，加强了各少数民族之间的沟通，为贵州地区与中原地区的进一步联系提供了窗口，为中原先进的文化得以传到贵州各地和书院的发展提供了重要的保障。

二、清代贵州地区文教制度

入主中原后，为维持全国统一、长治久安，清政府在文化事业上比以往的王朝更加重视。满族是游牧民族，长期的打猎行军生活使他们忽略了文化教育。统一中原后，统治者为了政权的稳固，开始学习汉文化。在还未完全实现国家统一之际，为安抚人心，争取政权的合法性，摄政王多尔衮借顺治皇帝的名义下旨"今天下渐定，朕将兴文教，崇经术，以开天下"①。之后的历代君主都非常重视文教事业，具体政策如下：

1. 尊孔敬儒，稳定政权与人心

任何一个国家若想持续稳定发展，必须凝聚全体社会的精神力量，拥有共同的信仰②。清统治者在入关之初就致力于打造这一理想，凝聚人心，笼络士子，借以消除满汉之间尖锐的矛盾。主要的做法是从顺治元年（1644年）开始崇祀孔子③，同时对孔子的后代给予官职与封赏，历代沿袭。如将孔子第65代孙孔允植奉为"衍圣公"。之后，清代历代皇帝均对孔子进行加封，顺治皇帝就曾加称孔子为"大成至圣文宣先师"，并规定每年春秋之际要举行隆重的祭祀典礼。康熙二十二年（1683年），皇帝亲赐"万世师表"匾额悬挂于各地孔庙大成殿，以示对孔子的尊崇。清代历代统治者还亲临曲阜进行祭祀，以表示对孔子的尊崇之意。除了对孔子加官晋爵、大加祭祀之外，清帝还亲自撰文纪念孔子。康熙皇帝就曾几次撰文，并在孔庙行三跪九叩大礼，雍正五年（1727年）御制《孔子诞辰告祭文》。可见，孔子已从明代的"素王""无冕之王"成为"文坛帝王"，与人间皇帝同等规制。如雍正年间制订避讳制度，改"丘"为"邱"；皇帝亲祀孔庙

---

① （清）赵尔巽等.清史稿・选举志[M].北京：中华书局，1976：3114.

② 所谓一个社会的共同信仰主要包括共同的理想信念与道德品质规范、共同的价值观。

③ 早在顺治元年（1644年），世祖皇帝就曾下令礼部崇孔子："先师为万世道统之宗，礼当崇祀，昭朝廷尊师重道至意。本内所开各款，俱应相延，期于优渥，以成盛典。著该部查照，一体饬行。"

必须行跪拜礼仪等。

不仅在中央，地方对孔子也是大加尊崇，全国各地府州县皆设有孔庙，各学堂皆安置孔子神位，以供学子祭奠。[①]从此，全国上下形成祀孔祭孔制度，孔子的权威一度到达顶峰。

2. 尊崇程朱理学，逐渐成为官方的主要学派

明清时期，王学与朱学两大学派逐渐成为儒家的两大流派。明代中叶，王学更是成为显学，逐渐取代朱学的地位。当时，王门弟子更是遍布天下，但随着朝代更迭，王学逐渐衰落，学者士人避书而不谈，士子学风逐渐转向朱学牢笼。更为重要的是，王学不为统治者所喜，尤其是王学主张建立书院、不重官学、只重视讲会、随意议论朝政等理念，与清统治者加强专制的意愿相违背，故自顺治初年清政府就将程朱理学作为官方的意识形态，以及士子读书的思想道德规范来实行。

清统治者大力提倡宋明理学，朱熹的地位也是与日俱增。康熙五年（1666年），康熙皇帝将朱熹的后人封为翰林院学士，为国效力，在籍奉祀；康熙五十一年（1712年），又下令将朱熹封为"十哲"之一，与孔子同受供奉，地位尊崇。

在朱子学说的影响之下，统治者进一步推崇儒学，在康熙年间花大力气命文人制定出《圣谕广训》[②]，以图将此作为全社会共同遵守的道德行为规范。《圣谕广训》具体内容如下：

敦孝弟以重人伦，笃宗族以昭雍睦，和乡党以息争讼，重农桑以足衣食，尚节俭以惜财用，隆学校以端士习，黜异端以崇正学，讲法律以警愚顽，明礼让以厚风俗，务本业以定民志，训子弟以禁非为，息诬告以全善良，诫匿逃以免株

---

① 顺治元年（1644年），统治者曾下令各府州县官员于每岁春秋仲月，必须按时行释奠先师礼，陈设礼仪与国子监祭祀同。如此，全国上下祭孔形成制度，尊孔之气蔚然成风。

② 《圣谕广训》又称《上谕十六条》，其前身是《六谕卧碑文》。顺治九年（1652年），皇帝颁布《钦定六谕卧碑文》于八旗和直隶各省，作为全体国民道德行为规范的准则。这六条是："孝顺父母，恭敬长上，和睦乡里，教训子孙，各安生理，无作非为。"康熙九年（1670年），康熙帝将这六条扩充为《上谕十六条》。

连，完钱粮以省催科，联保甲以弭盗贼，解仇忿以重身命。^①

圣谕十六条是结合当时的国情，对普通百姓民众的日常生活行为所做的规范，在家族、邻里、农业、学校、钱粮、经济、社会等方面等均有涉及，可说是当时社会共同遵守的道德行为准则，具有重要的意义。

雍正帝继位后，开始对《圣谕十六条》进行细化，将原来没有阐述清楚的内容与意蕴进行进一步的整理与说明。在此基础上，《圣谕广训》于雍正二年（1724年）制成，颁发到各省，要求每月进行诵读，并由饱学之士进行讲解。可以说，《圣谕广训》是对全国各民族、各阶层实行教化的重要文本。

《圣谕广训》的特点非常鲜明。首先，它是中国历代最高统治者书写的关于教化和社会治理的书籍，从中可见统治者对于社会伦理思想；其次，它是关于社会治理和教化的百科全书，内容极其丰富，^②上至纲常礼教，下至普通百姓的生活，事无巨细，全部写得清清楚楚；最后，《圣谕广训》的文字通俗易懂，文白交错，便于记忆、阅读和传播。

《圣谕广训》下发地方后，每月朔望之日由当地官员出面召集百姓，由儒学学者进行诵读讲解。官学、书院则延聘儒学博士和官员每月朔望进行大规模地宣讲，用以扩大影响，同时还在科举考试中增加默书《圣谕广训》一项。从雍正年间起，《圣谕广训》成为科举考试的必考内容之一，为读书士人子弟所重视，不仅如此，该书也为士人百姓各项行为道德提供标准与规范。

一系列尊儒的举措标志着清统治者对社会思想与士人行为规范的控制已到了空前的程度，却也为社会稳定、文化事业的发展起到了重要的作用。

3. 清代教育体制与组织结构

清朝在教育管理体制和学校系统构建上基本沿袭明代旧制，并在此基础上有所创新。从制度上来看，礼部的国子监是全国最高的教育机构，礼部负责全国上下的礼仪规范制定、科举考试的进行及各种祭祀制度。《钦定大清会典·礼部》载："尚书，满汉各一人；左右侍郎满汉各二人，掌吉、嘉、军、宾、凶之秩序，

① （清）昆冈等.钦定大清会典事例·卷三九七·风教·讲约[M].清光绪二十五年刻本.
② 雍正皇帝在《圣谕广训》序中自称："自纲常名教之际，以至耕桑作息之间，本末精粗，公私巨细，凡民情之所习，皆睿虑之所周。"可见，其文本之丰富。

学校、贡举之法，以赞邦礼。"礼部中专门主管教育的机构是仪制清吏司①。再看地方教育，礼部选拔学政，并由学政到各省主管当地教育文化事业。学政由明朝提学副使而改成，每省设一名，主管一省的教育、学务与移风易俗。清代学政直接管理所属的府州县学，并在每年年终考核教官。对不属于地方官学的书院、社学、义学、蒙学、八旗学，虽没有直接管辖的权力，但仍有监督之责。

清代的学校以中央国子监②和地方官学作为主要教学机构。国子监是全国最高学府，除具有教育、教学和考课的职能外，还承担一些社会服务工作，例如负责全国文化教育事业的重大礼仪仪式、接待皇帝进行孔子的祭祀、迎接新进士等。国子监的具体职责与工作。据《清文献通考》载："国子监掌成均之法，以经义教导诸生；每岁仲春、仲秋上祭祀先师，则总其礼仪；天子幸学，则执经进讲；新进士释褐，则坐而受拜焉。"③

国子监下设各级地方府县州学，从而形成严密而细致的学校教育体系。教育管理体制的建立与逐步完善，为清朝在文教方面的发展起到了重要作用，同时也为其政治、经济、文化的发展起到重要作用。

鉴于改朝换代的纷争，贵州地区的文化教育事业在清初的发展较为滞后，康熙年间仅有55所学校，生员稀少，但至清中后期，贵州的教育得到较大发展，到清末学制改革前，共有各类学校约74所，其中府学13所、直隶厅（州）学9所、州学14所、县学35所、卫学3所，只有罗斛（今罗甸县）、水城（今六盘水市）、丹江（今雷山县）、都江（今三都县）、台拱（今台江县）、清江（今剑河县）、归化（今紫云县）七厅未设厅学。

4. 清代贵州教育体制与组织结构

清初贵州的教育体系设置有府学、卫学、州学、县学等官方教学机构，也有卫学、社学、蒙学、书院等非官方的教育组织，但无论官方抑或非官方，教学内容都以儒学为主，统称"儒学"。清初官学的数量与规模基本沿袭明代，并在此基础上有所增加。康熙三年（1664年），随着水西土司改土归流后，在原土司地

---

① 仪制清吏司的官员设置为郎中满二人、汉一人，员外郎满三人、汉一人，主事满、汉各一人，掌嘉礼、军礼，学校、贡举并隶焉。

② 中央除国子监外，还有社学、义学、蒙学、八旗学、书院，作为地方官学的补充和发展。

③ （清）张廷玉等奉敕撰. 清朝文献通考·卷八十三·职官七·国子监[M]. 清乾隆年间刻本.

区设黔西、平远、乌撒三府学，派训导、教授进行管理；康熙六年（1667年）又在设大定府学；康熙八年（1669年），在遵义、桐梓、绥阳等三地设县学。这一时期，贵州地区的府县学有了较大发展。康熙二十七年（1688年），鉴于贵州府县州学数量较少，士人求学无门，时任贵州巡抚的田雯向皇帝上疏要求增设永宁、独山、麻哈三州，并增加贵筑、普定、平越、都匀、镇远、安化、龙泉、铜仁、永从九县学校。康熙帝非常重视田雯的奏疏，条条准奏，是年在贵州地区建立兴隆卫学和瓮安县学。从此，贵州各地纷纷建立州学、县学、卫学，并设置教官进行管理。雍正、乾隆、嘉庆、道光年间，清政府均对贵州学校进行增补，改土归流地区也进行学校的设置，至清末学制改变前，据统计贵州全省共有官学69所，其中，府学12所、直隶厅学3所、直隶州学1所、厅学6所、州学13所、县学34所①。新增学校主要有三类：一是沿袭明朝，在原有府县州学基础上建立的各类学校，如遵义府、都匀府及附属的各州县学；二是新增设的府州县学如大定府、兴义府，下设的府州县学；三是在少数民族地区特别是改土归流地区，如普安、仁怀、松桃三直隶厅学及郎岱、古州、八寨等厅学。

在教学组织与职官设置上，建立各级官学机构，分派不同的官员进行管理，如府学由教授进行管理，厅学、州学由学正具体负责，县学设置教谕。关于贵州省各府县州学的学额情况，依照地区人数的不同而有所不同。雍正三年（1725），皇帝下旨："贵州省各学取进文童额数，贵阳、威宁、镇远三府学各增额取进二十名；贵筑县向系大学，照府学额，取进二十名；毕节向系中学，升为大学，取进十五名；贵定、清镇、普定、瓮安、安化五县向系小学，升为中学，各取进十五名。"②可见，贵州各府县州学的学额数量大致如此分布：府学四十名或三十名、州学设三十名、县学设二十名。清代中后期，随着改土归流的完成，贵州的省市建制已趋完备，府、州、县学学额生员的数量大幅度增加，已远远超过明代。

清政府对生员的教育教学不仅包括传统儒家经典，还讲求修身和伦理道德。③

① 何仁仲编.贵州通志·第三卷·学校与科举[M].北京：当代中国出版社，2003：708.
② 清世宗实录·卷三十九[M].北京：中华书局，1986：501.
③ 官学的课程设置以儒家经典为主，如"四书""五经"，《性理精义》《资治通鉴纲目》，校订《十三经》《二十二史》等；在教育教学中强调以儒家思想为纲，讲求"治统原于道统""循之则为君子，悖之则为小人"等原则。

除此之外，还包括康熙年间出版的《圣谕十六条》、雍正年间的《圣谕广训》等内容，并规定每年朔望"令儒学教官集该学生生员宣读"，若不参与或违反情况，责令教官及府县州学的官员进行治罪。

为防止出现明末东林党党争，随意抨击朝政、妄议现实社会的情形或利用书院进行反清复明的宣传，清统治者对书院采取抑制、否定的态度。顺治九年（1652年）颁发的《训士卧碑文》规定："各提学官督率教官，务令诸生将平日所习经书义理，著意讲求，躬行实践，不许别创书院群聚徒党，及号召地方游食之徒空谈废业。"顺治十七年（1660年），规定"申言植党订盟之禁"，严禁读书士子"妄立社名，纠绞会盟"①。此后，全国各个书院或荒废无人主持，或并为官学，成为官学的一部分，贵州亦是如此。据史料记载，清代的贵州书院大多毁于战火之中，仅有少数保留下来，如思南府的大中书院、为仁书院；平越府的溥仁书院、贵阳府的阳明书院。此外，为了防止读书人结社抨击朝政，雍正元年（1732年）又下令："命各省改生祠书院为义学，延师授徒，以广文教。"②从此，书院更加衰落不振。

清代中期起，鉴于阳明书院的关系，贵州省地方官府非常重视文化教育事业，积极兴建书院，即以书院作为各级地方官学的补充与调试。此时的书院多以官员投资办学为主。在此背景下，贵州书院的数量与规模迅速得以发展。雍正十一年（1733年），贵州巡抚根据统治者的诏令在原文明书院的基础上建立贵山书院，至乾隆年间书院已达二十余所，嘉庆年间有所增加，道光年间在原有书院的基础上又增加二十余所，到了清末，由于政权跌宕，书院改制，书院多有所废弛，直到近代，贵州各类新式学校开始兴建。据统计，清代贵州新建和重建的书院多达133所，在数量上是明代的五倍还要多。③

三、清代贵州地区经济及农业发展

清代人口的分布与规模呈现出不均衡的特点，人口数量有较大规模的变化。

---

① （清）张廷玉等奉敕撰. 清文献通考·卷六七·学校[M]. 清乾隆年间刻本.

② 同上。

③ 何仁仲编. 贵州通史·第三卷·学校与科举[M]. 北京：当代中国出版社，2003：714.

受到战争的影响，明末贵州人口迅速锐减；顺治、康熙年间经济有所发展，人口逐渐上升，外地移民增加。至嘉庆、道光后期，贵州人口到达顶峰。据《清朝通考·户口考》中顺治十八年（1661年）的统计数字，贵州省共有男丁13839人，而当时全国人丁共计19137652人，贵州占全国总人口的0.08%；而到康熙二十四年（1685年）再次进行户口统计，贵州省有男丁13697人，全国男丁共计20341738人，仅占全国人口的0.06%。这主要是由于康熙中期经济迅速发展，统治者休养生息，国泰民安，全国上下出现了较为安定的局面。① 雍正五年（1727年），随着贵州地区改土归流的发展和完成，中央对贵州行政区划进行调整，将云、川等部分地区，如四川的乌蒙、遵义府，还有湖南部分地区划归贵州省的统辖。同时，又进一步将原土司地区的人口纳入统计，使当地的人口得到一定的增加与发展。乾隆十四年（1749年）再次对贵州省人口进行统计，贵州男丁已达307万余人，乾隆后期这一数字更是增加到525万余人。

人口的迅速增加，为贵州地区农业的发展提供了条件。明末清初，战火连连，先是平定南明朝廷，之后三藩之乱，贵州社会基本处于动荡不安之中，百姓居无定所，大量土地荒芜。在这种情况下，如何恢复农业生产、稳定赋税成为统治者急需解决的问题。顺治十八年（1661年），云贵总督赵廷臣在奏疏中陈述贵州省的农业与社会的情况，认为当地由于战乱田土荒芜严重，大片沃土有待开发，提出缓生科与民休息的方法，"有主荒田令本主开垦；无主荒田招民垦种。垦种之田土三年起科，并由州县给以印照，使之永为己业"。此奏疏得到顺治帝的高度重视，条条准奏。这种用土地所有权的形式和减免赋税的办法吸引、鼓励和支持更多的农民前来开垦土地。

乾隆六年（1741年），贵州总督张允上疏要求皇帝批准在贵州开垦土地，"凡山头地角的零星土地、杂以岩石或土浅肥差的土地，悉听夷民垦种，永免升科"，所开垦田土皆为农民自己所有，成为永久产业，免赋年限由原来的三年延长至五年，田亩质量较差或不适合耕种的土地则免税。这样增加了农民的积极性，贵州地区大量农民开始自发进行土地开垦，荒田变沃土，百姓生活水平大为提高。在传统农业社会中，土地占有极其重要的地位，而土地的发展依靠水利设施的完

---

① 在康熙五十年（1711年），又颁布了"圣世滋生人丁，永不加赋"的圣谕，这为贵州地区农业和经济的发展奠定基础。

备。贵州是地处高原，是典型的喀斯特地貌，山多地少，坝子、平地较少，且非常窄小，多数土地零星分布在山上，开垦较为困难，于是有了贵州"地无三尺平"的说法，进而导致"地益高，山益峻，重岩多岭"，水利设施不完备的情况。鉴于此，乾隆五年（1740年），清统治者要求贵州当地官员："查黔地多山，泉源皆由引注，斯沃壤不至坐弃。凡贫民不能修渠筑堰及有渠堰而久废者，令各业主通力合作，计灌田之多寡分别奖赏，如渠堰甚大，准借司库银修筑；其水源稍远，必由邻人及邻邑地内开渠者，官为断价置买。"清代的水利设施主要有竹筒水车①、龙骨车②、戽桶、枧等工具、水利设施及工具的大力开发与应用，大大增加了贵州地区土地的数量。③在中央和当地政府的共同努力下，贵州地区的农业经济迅速发展，如水稻产区镇宁州，出现"产米颇丰，民食所余，尚供邻封贩粜"的盛况，可谓是百姓丰衣足食。都匀、独山为中心的相邻各县也是水稻的重要产区，这里地势平坦、雨水充足，非常有利于水稻的种植。据乾隆年间的《独山州志·地理志》载："屋舍比连，绣壤交错，望万家之灯火，数百家之仓籍，富庶之象，宛然中州。"从中可以看出贵州地区的水稻产量几乎和中原地区比肩，亩产量非常可观。

贵州地区的农业发展也直接带动了工业和手工业的进步。清代贵州地区物资矿产十分丰富，主要以汞矿、铜矿和铅矿为主，其他煤矿、铝矿、岩矿也有零星的分布。清代著名的汞矿主要分布在铜仁府（今铜仁市）的务川、沿河等地，特别是铜仁府万山的水银朱砂场尤为著名。康熙以来，在这里进行工矿的大量开采，陆续开办朱砂、水银的采炼矿场。除此之外，修文县开有红岩、白岩矿，普安开

---

① 竹筒水车，亦称水转筒车。贵州常用的水车是筒车，用木材制成水轮，轮缘上装竹筒戽水，安装在河边急流处，靠水流冲动车轮旋转，竹筒逐一上水提倒入槽，再流进岸边田地。用水车浇灌，每架水车岁可灌五十石田，使"田无旱涝之虑"，且省劳力。

② 龙骨车，亦名翻车。翻车上端在岸上，下端在水中。翻车有一长形木槽，槽中架一块与槽宽相等的行道板，并于行道板上端装一大轴轮，行道板下端装小轴轮。以一条用若干木板连接成的长链环绕于行道板上、下两面，并套在大小轴轮上。大轴轮上装有拐木，脚踏或手摇转动轴轮，带动叶板抽水。龙骨车制作有定度：道长在1.2～2丈之间，槽道宽5寸，深1尺。

③ 据《清实录》记载，雍正三年（1725年），平越、大定、普安、贵筑等12府州县地区新开垦土地达15,100亩；雍正九年（1731年），安顺、思南等府所垦田地为14,000亩；乾隆二年（1737年），平越、大定二府垦出荒田地428亩；乾隆三年（1738年），思州、正安、玉屏等11府州县共开垦田土911亩；乾隆四年（1739年），平越、大定二府及修文县共垦田200余亩。

回龙湾矿，遵义开平水里矿，独山开凉亭矿等。据雍正年间的史料记载，朱砂、水银厂矿统计多达33处，可谓是规模宏大，颇为壮观。乾隆五十九年（1794年）遵义开办了平水里矿，占地极广，招募工人多达六七百人，而白马洞矿工数量更多，史载"背捶手，数至万余"。手工业方面，清代贵州有铁迪布、水家布、侗帕、洪州葛、谷蔺布、白纳布等著名的丝织品①。道光年间，贵州地区的手工业大为发展，"设局雇匠，教民纺织"，纺织业已颇具规模，从事纺织的手工业者"已不下数百家"。酿酒业方面，贵州茅台酒已有了相当的名声，稳坐全省第一名酒的宝座。《黔南识略》卷三十一载："茅台村地滨河，善酿酒，土人名其酒为'茅台春'。"②

在统治者的治理下，清代贵州的交通境况有了非常大的改善。清代的驿站是在明代驿站的基础上形成和发展起来的，基本实现了"以速驿递，以便商民"的用途。有清一代，贵州地区共设12驿③。雍正七年（1729年），清朝在开辟苗疆④后，为巩固改土归流的成果，以及西南边疆的长治久安，在明代的基础上新增了八条驿路⑤，基本形成了从平越（今福泉）到安顺"别开二路，凡十六驿，滇黔路八百余里"的局面。

---

① 关于贵州的丝织品，《续黔书》中有关于中永宁、镇宁二州铁笛布的记载："其纤美似蜀之黄润，其精致似吴之白越，其柔软似波戈之香荃，其缜密似金齿之缥叠。"

② 茅台酒以粮食为原料，以小麦做酒曲，取特定井水进行蒸馏，先后蒸馏九次，之后入窖再蒸馏，进行加曲、加料。用这种工艺制作出的茅台酒"无色透明，特殊芳香，醇和浓郁，味长回甜"。此后，茅台酒更为声名远播，成为贵州的著名品牌之一。

③ 贵州地区的12个驿站分别是：自皇华驿（今贵阳）向西有清镇驿、平坝驿、普利驿、安庄驿、坡贡驿、郎岱驿、阿都田驿（今晴隆北境）、白沙驿（今普安东北）、上寨驿、刘官屯驿、亦资孔驿，共550里。

④ 苗疆开辟从雍正四年开始，鄂尔泰向广顺、长寨用兵，用武力征服拉开了改土归流的序幕，"勒缴弓弩四千三百余，毒矢三万余，皮盔、皮甲、刀标各数万"。建参将营，分扼险要，易服剃发，立保甲，稽田户"。统治者强迫各族人民剃头辫发，并收缴民间所藏兵器；接着又乘军威，征服了"广顺、定番生苗六百八十寨，镇宁、永宁、永丰（今贞丰）、安顺生苗千三百九十八寨"。贵州南、北、西三面的局势逐渐稳定后，鄂尔泰又集中兵力，向黔东南苗岭山脉和清水江、都柳江流域进兵，用武力开辟"苗疆六厅"之地。从鄂尔泰向广顺、长寨用兵起，到张广泗武力踏平清江、古州，经过五六年的血腥屠杀，清统治者终于控制了广大"新辟苗疆"，古州上下两江诸苗悉被改流。

⑤ 八条驿路分别是：镇远经天柱、黎平干道；施秉县（胜秉）经台拱厅、清江厅、古州厅、下江厅干道；都匀经八寨至丹江（今雷山）大道；八寨经都江至古州大道；黎平至古州大道；清平经凯里至丹江大道；清江至天柱大道；丹江至台拱大道。

此外，贵州地区的商业在农业和交通得以发展的基础上迅速崛起，从最初"舟车不通，商贾罕至"，甚至省会贵阳及其重要的商业重镇皆属"人烟疏散"的荒凉境地，发展到康、雍、乾时期，随着贵州改土归流的形成及至完成，贵州少数民族与汉族移民进一步融合，贵州地区与内地中原的联系更为密切，从而使经济得以迅速发展，城乡集市贸易日渐繁荣，在贵阳和重要交通驿道地区甚至出现"冠盖往来，商贾辐辏"的现象。①

总之，在各族人民的共同努力和辛勤开发下，贵州地区的政治相对稳定，经济持续发展，皆推动了当地教育事业在明代的基础上继续向前发展。

清代中期以后，随着封建王朝国势衰落、吏治腐败，人口大幅度增长，王朝逐渐走向衰落，加之理学"空谈性理，不重实践"，以及闭关锁国的政策，中国封建社会最终走到终点。清晚期，西方科技、军事、文化迅速崛起，生产力大幅度提高，中国社会出现了"西学东渐"之风，文化教育事业也由此开始转型，不再拘泥于传统儒学。在这种背景下，传统的儒学思想和儒学教育日益式微，1904年科举制度被正式废除，中国社会出现了近代文化教育转型。

---

① 该时期出现了著名的"黔北四大镇"，即"一打鼓（今金沙县城）、二永兴（属湄潭）、三茅台（属仁怀）、四团溪（属遵义）"。

第二节　清代贵州书院概况

为了巩固政权，杜绝反清复明之隐患，清政府对书院持消极、不支持的态度，规定"不许别创书院，空谈废业"，将明朝已有的书院多数归为官学，接受政府的管理。雍正十一年（1733年），雍正帝对书院的建设与发展才有所放开，准许各省建立书院，须由当地政府直接管理，院长也要由政府指派，书院的经费与学田由政府拨给，并规定书院与官学同样，学政"有化导士子之职，各宜殚心奉行。使书院之设，于士习文风，有裨益而无流弊"。至此，清政府对书院由抑制转为开放并倡导，书院也由私办、官办、民办相结合到完全官学化，受制于中央和地方政府，完全沦为官方书院的附属。

清代贵州书院的形成和发展依据时间和区域的不同，大致可分为三个阶段：

一是清代贵州书院的恢复和发展阶段，主要是清朝初年至乾隆初年。经历明末清初的战火洗礼，书院逐渐复苏，开始有初步发展。清政府平定西南边疆及三藩后，贵州的政治、经济、文化领域均有不同程度的发展。鉴于国家安定太平，各地文风渐盛，文教事业兴盛发展，雍正十一年（1773年），皇帝下旨：

"近见各省大吏，渐知崇尚实政，不事沽名邀誉之为；而读书应举之人，亦颇能屏去浮嚣之习。则建立书院，择一省文行兼优之士，读书其中，使之朝夕讲诵，整躬饬行，有所成就，俾远近士子观感奋发，亦兴贤育才之道也。督抚驻扎之所，为省会之地，着该督抚商酌举行，各赐帑金一千两。将来士子群聚读书，须预为筹画，资其膏火，以垂永久。其不足者，在于存公银内支用。封疆大吏等并有化导士子之职，各宜殚心奉行，黜浮崇实，以储国家菁莪棫朴之选。如此，则书院之设，有裨益于士习文风而无流弊，乃朕之所厚望也。"[①]

---

① （清）张廷玉等奉敕撰. 清朝文献通考·卷八十三·职官七·国子监[M]. 清乾隆年间刻本.

　　雍正帝的上谕标志着全国书院开始普建，贵州地区亦如是。同年，贵州巡抚元展成在巡抚署左侧原文明书院的基址上建立了贵山书院，并亲自题写匾额，聘请名师在此聚众授课，又增设学田作为培养人才和书院日常开销的经费，后购置儒家典籍千余卷。一系列的政策使贵山书院成为清初贵州境内最高的学府。而在雍正帝这道上谕之前，贵州地区书院已经存在，多是在明朝书院的基础上重修或重建的，规模较小，学生人数不多；且硬件条件简陋，"墙垣破坏，榱桷摧颓"，生存非常艰难。其中虽有来自战争的影响，但主要还是因经费不足所致。据学者考证，清前期书院重建约10所左右。[1]从清军进入贵州至雍正十一年（1733年）下旨在全国兴办书院的这段时间，贵州共建书院50多所。[2]贵州书院在数量和规模上虽然与明代时的盛况无法相比，也没有太多名师开讲授课，却也开启了清中期贵州书院发展之先河，可谓意义重大。

　　二是清代贵州书院繁荣发展时期，横跨乾隆年间至清晚期，始于雍正四年（1726年）在云贵地区进行的大规模改土归流，即在原土司地区设官职发展文化教育事业。各地官学方兴未艾，必然带动书院的发展，特别是乾隆帝即位后，继续鼓励发展书院教育，致使该时期贵州书院有了很大发展。继贵山书院之后，嘉庆五年（1800年），由地方官员提倡，地方士绅、富商捐资，先后又兴建了正习书院（俗称"南书院"）和正本书院（俗称"北书院"）。这三所书院规模宏大，生徒数量众多，在贵州各书院中名列前茅，被称为"贵阳三书院"。而最早开始建立书院的是黔东地区。如镇远府（今凯里市）就有秀山书院、文明书院、龙渊书院等11所，思南府（铜仁市思南县）有斗坤书院、为仁书院、中和书院、思旸书院、屏山书院、瑞云书院等12所，铜仁府（今铜仁市）有铜江书院、卓山书院2所，石阡府（今铜仁市石阡县）有明德书院、龙泉书院2所，黎平府书院最多，共计20所，其中以南皋书院最为著名。该时期，在一些改土归流地区，或少数民族地区，也相继出现了书院，如长寨厅有东麓书院，归化厅有梅花书院，八寨厅

---

① 清前期，重建的书院主要有：康熙三年（1664年）重建石阡府的明德书院；康熙十二年（1673年）重建贵阳府（今贵阳市）的阳明书院；康熙三十年（1691年）重建思南府（今铜仁市思南县）的为仁书院；康熙四十四年（1705年）重建镇远府的秀山书院；康熙五十三年（1714年）重建思州府的思旸书院；康熙五十四年（1715年）在遵义府（今遵义市）设陪英书院；康熙五十六年（1717年）在遵义府设启秀书院等。此外，康熙年间还在毕节建黎社书院、鹤山书院、松山书院。

② 贵州省招生考试院. 贵州教育考试史[M]. 贵阳：贵州教育出版社，2012：71.

有龙泉书院，丹江厅有鸡窗、丹阳书院，台拱厅有三台、拱辰、莲花三书院。在少数民族地区建立书院对该地的文化事业发展有着重要作用，如八寨厅建立书院后，"生徒常住数十人，弦诵之声不绝"。这时期的书院数量基本在130—150所之间。

三是清晚期至清末贵州教育制度改制阶段，即从咸丰、同治、光绪年间到1904年废除科举制这段时间。该时期，书院正式退出历史舞台，改为近现代学校教育。该时期，由于西方列强的侵略，贵州地区出现民族大起义，当地书院基本全毁于战火之中。虽然之后进行了修复和重建，但数量较少，规模不大，再也无法恢复至盛清时的景象。随着近现代教育改制，贵阳学古书院于光绪二十四年（1898年）改为经世学堂，贵州各大书院也均改为大、中、小学堂。特别是戊戌变法后，贵州地区开启近现代化学制，出现经学、小学，后又加以改进。光绪三十年（1904年）之后，学校培养了大量人才，其中有不少学生出国留学，归国后为祖国做出了重要的贡献。

一、清代贵州书院的概况

关于明代贵州书院的数量学者统计并不一致，数量大致在140—190所之间。具体书院名称、修建时间、地址等参见下表：

表3-1　清代贵州书院统计表

书院名称	修建（重建）时间	书院地址／院址	创建人
贵山书院	嘉靖十四年（1535年）新建，雍正十一年（1733年）增建	旧为阳明书院，在府治东，隆庆三年（1569年）巡抚阮文中、按察使冯成能移于今地（贵阳府）	巡抚王杏新建，巡抚元展成奉旨增建，更名贵山书院
明德书院	康熙三年（1664年）新建，乾隆二十八年（1763年）重建	石阡府内（今石阡县）	知府罗文思创建
开阳书院	康熙三十四年（1695）新建，嘉庆十五年（1810）改建	开州府内（今开阳县）	知州杨文铎建，知州吕柱石改建
双明书院	康熙三十年（1691年）新建	镇宁州城北圣庙左（今镇宁县）	未详

续表

书院名称	修建（重建）时间	书院地址／院址	创建人
梅花书院	康熙三十年（1691年）新建	归化厅城东松山轮（今紫云县）	未详
鹤山书院	康熙三年（1664）新建	毕节县城郎岱（今毕节市）	知县方瑞合创建
松山书院	康熙三十五年（1696年）新建	毕节县永兴桥后（今毕节市）	知县李曜创建
黎社书院	康熙三年（1664年）建立	毕节县城内桥溪村（今毕节市）	士绅张克壮、罗英等建
启秀书院	康熙五十六年（1717年）建立	遵义府治城院左（今遵义市红花岗区）	知府赵光荣、知县邱纪捐建，旧名育才书院，督学孙士毅易今名
培英书院	康熙五十四年（1715年）建立	遵义府湘川之麓（今遵义市红花岗区）	知县邱纪建，旧名湘江书院，又名湘川书院，因知府刘诏暂别建湘川书院，始易培英书院。
南屏大舍	康熙二十八年（1689年）新建	黎平府内（今黎平县）	知府李大章兴创建
印台书院	顺治年间建，嘉庆十三年（1808年）民众捐资重建	黎平府官舟地（今锦屏县）	未详
小书院	清初建立	绥阳县城东门外（今绥阳县）	未详
三台书院	清初建立	绥阳县郑场（今绥阳县）	未详
三台书院	康熙五十八年（1719年）新建	麻哈城南（今麻江县）	知州吴秉正创建
紫泉书院	康熙三十八年（1699年）创建	独山州城（今独山县）	独山州人建，初名赵公书院，乾隆时州牧肖梅年扩建，易名紫泉书院
秀山书院	康熙四十四年（1705年）创建	镇远卫城西门（今镇远县）	未详
延陵书院	康熙年间创建	天柱县兴文里（今天柱县）	吴万年捐建
为仁书院	康熙三十年（1691年）重建	思南府坡贞武观内（今思南县）	知府刘谦吉重建
安化书院	康熙四十九年（1710年）新建，嘉庆十三年（1808年）更名改建	思南城南武胜关麓（今思南县）	知县邱纶捐建，原名文思书院，后知县移建更名为安化书院
銮塘书院	未详	思南府属沿河司（今沿河县）	清初犹存，康熙举人朱可熹兄弟曾就读于此

书院名称	修建（重建）时间	书院地址／院址	创建人
龙津书院	康熙二十七年（1688年）新建，嘉庆七年（1802年）更名	印江县城（今印江县）	知县黄忡创建，后知县张步虚更名近奎书院
溥仁书院	康熙四年（1665年）创建	平越府城南（今福泉市）	守道徐宏业创建
旗山书院	康熙末年创建	瓮安县城西文昌阁前（今瓮安县）	知县韩瑛捐建
岑簏书院	创建时间未详，清中叶因修缮不力废	施秉旧县（今施秉县）	未详
维凤书院	雍正十年（1732年）新建	永宁州城文庙左（今关岭县）	知州陈嘉会创建
□□书院	雍正十二年（1734年）新建	水城厅城南（今水城特区）	通判孟金章创建
古凤书院	雍正十一年（1733年）新建	正安州城内（今正安县）	知州张元钰创建
洋川书院	雍正八年（1730年）新建	绥阳县城（今绥阳县）	知县唐椿创建
敷文书院	雍正八年（1730年）新建	桐梓县城（今桐梓县）	知县邱忡徂创建
龙标书院	雍正三年（1725年）新建，乾隆五十年（1785年）重建	黎平府城隆里所（今锦屏县）	民人张应诏捐建，后重建
西山书院	雍正七年（1729年）创建	古州厅车江（今榕江县）	未详
聚星书院	雍正十一年（1733年）建立	玉屏县城（今玉屏县）	知县唐枚建
瑞云书院	雍正五年（1727年）创建	青溪县瑞云山麓（今岑巩县）	未详
中和书院	雍正十一年（1733年）创建	思南府中和山（今思南县）	知府史瑗重建
凤冈书院	雍正九年（1731年）新建，光绪四年（1878年）重建	思南府治东北（今思南县）	知府史瑗捐建，署知府蒲萌枚重建，更名凤仪
青岩书院	乾隆年间（1736—1796年）新建	贵阳府城青岩（今青岩镇）	未详

续表

书院名称	修建（重建）时间	书院地址 / 院址	创建人
凤山书院	乾隆五十年（1785年）新建	定番州城北（今惠水县）	未详
广阳书院	乾隆三十年（1765年）建立	广顺州城内（今长顺县）	知州孟衍泗创建
东皋书院	乾隆三十四年（1769年）	开州城（今开阳县）	知州赵由坤改建
兰皋书院	乾隆四十九年（1784）东建；道光二十年（1840年）移今地	贵定县城南太平寺（今贵定县）	知县周品金及乡官王政义捐资在城建立
龙岗书院	乾隆五十年（1785年）建立	佟文县城内（今修文县）	知县秦睿于察院山重建
双桥书院	乾隆间重建，易名习安书院	安顺府城（今安顺市）	未详
九峰书院	乾隆十二年（1747年）建	兴义府城北魁星山（今安龙县）	未详
文龙书院	乾隆十五年（1750年）建	大定府城南（今大方县）	知府王允浩重建
万松书院	乾隆四十九年（1784年）	大定府城内（今大方县）	知府永福踵创建
文峰书院	乾隆四十五年（1780年）	黔西州城东关外（今黔西县）	兵部尚书州人李士杰建
狮山书院	乾隆五十八年（1793年）	黔西州城西（今黔西县）	知州许学范建
凤山书院	乾隆二十七年（1752年）建立，嘉庆四年（1799年）重建	威宁州城郎岱（今威宁县）	知州刘捐建，后知州程正坤重建.改名涌泉书院
湘川书院	乾隆五十二年（1787年）建立	遵义府城东门外学宫左（今遵义市红花岗区）	绅士徐准、唐惟克等呈请建立书院，知府刘昇陷与知县程正坤选购学宫旁陈姓地建
鸣凤书院	乾隆五十二年（1788年）建立	正安州城南（今正安县）	正安知州罗才松重建
怀阳书院	乾隆二十四年（1759年）建	仁怀县城（今仁怀市）	未详

续表

书院名称	修建（重建）时间	书院地址／院址	创建人
双城书院	乾隆二十八年（1763年）建	赤水厅城内（今赤水市）	通判席缵改建
黎阳书院	乾隆三十八年（1773年）建立	黎平府城南门（今黎平县）	知府吴光廷倡建
秦山书院	乾隆三十年（1765年）建	黎平府城泰溪（今黎平县）	未详
萃文书院	乾隆五十二年（1787年）建立	黎平府娄口乡（今锦屏县）	民众捐建
南皋书院	乾隆四十五年（1780年）建立	都匀府城城黉序右（今都匀市）	知府宋文型重建，更名知匀阳书院
炉峰书院	乾隆四十二年（1777年）建	清平县城南（今凯里市）	未详
舞阳书院	乾隆初年建立	镇远府治西南（今镇远县）	知府赵之坛创建
龙渊书院	乾隆十三年（1749年）建立	黄平州城西（今黄平县）	里人朱定元告老还乡捐建
星山书院	乾隆四十八年（1783年）建立	旧州城南门（今黄平县）	州牧袁治倡建
柳川书院	乾隆五十二年（1787年）建立	柳霁厅城内（今天柱县）	通判胡章创建
凤山书院	乾隆二十五年（1760年）建立	天柱县（今天柱县）	知县马士升择地改建
斗坤书院	时间未详	思南府城万胜山（今思南县）	清初犹存，乾隆时废
龙泉书院	乾隆二十二年（1757年）建立	龙泉县署左侧（今凤冈县）	知县李自洁创建
达泉书院	乾隆三十年（1765年）建立	龙泉县城（今凤冈县）	未详
铜江书院	乾隆三十六年（1771年）建立	铜仁府城协署后山（今铜仁市）	知府周锡彤改建
墨香书院	乾隆五十一年（1786年）建立	平越府城东南（今福泉市）	知府唐乐宇重建
他山书院	乾隆五十三年（1788年）建立	余庆县城东隅（今余庆县）	知县詹某创建
平阳书院	乾隆二十年（1755年）建立	平远州城北（今织金县）	知州李云龙捐建，后更名凤西书院

续表

书院名称	修建（重建）时间	书院地址／院址	创建人
桂花书院	清中期设立	荔波县孔庙右（今荔波县）	未详
正习书院州	嘉庆五年（1800年）建立	贵阳城南，又称南书院（今贵阳市）	巡抚常明创建，光绪初易名学古书院
正本书院	嘉庆五年（1800年）二十四年（1819年）重修	贵阳城北，又称北书院（今贵阳市）	巡抚常明创建，后粮储道倭臣布修葺
治平书院	嘉庆二十年（1815年）建立	安平县署西（今平坝县）	知县陈嘉祚创建
檐峰书院	嘉庆二十一年（1816年）建立	兴义府城东门内（今安龙县）	生员邢总镐、阎敏仁等建
凤山书院	嘉庆十三年（1808年）建立	普安厅坡西门（今盘县特区）	未详
培基书院	嘉庆八年（1803年）	仁怀县城西门（今仁怀市）	知县陈照创建
养正书院	嘉庆十三年（1808年）	赤水厅城西（今赤水市）	同知陈熙创建
太平书舍	嘉庆年间	黎平府城太平山中（今黎平县）	郡人胡一中等重建
龙溪书院	嘉庆年间	黎平府龙里司（今锦屏县）	黎平府陈熙兴建
双江书院	嘉庆年间	黎平府潘老寨（今锦屏县）	黎平府陈熙兴建
双樟书院	嘉庆二十五年（1820年）建立	黎平府亮司（今铈屏县）	黎平府陈熙兴建
上林书院	嘉庆二十五年（1820年）建立	黎平府钟林司（今铈屏县）	黎平府陈熙兴建
清泉书院	嘉庆二十五年（1820年）建立	黎平府湖耳司（今锦屏县）	黎平府陈熙兴建
文峰书院	嘉庆年间建立	古州厅城内田陇街（今榕江县）	古州厅同知倡建
福江书院	未详	永从守备署前（今黎平县）	备庆年间知县阵熙建，旧名格州书院
兴文书院	嘉庆十四年（1809年）建立，嘉庆二十四年（1819年）重建	开泰县锦屏乡城西（今锦屏县）	绅士建，初名培龙，后知县张应燮易今名
文岳书院	嘉庆年间建立	黎早府卦治村上寨（今铈屏县）	未详
文育书院	嘉庆年间建立	黎平府卦治村中寨（今锦屏县）	未详

书院名称	修建（重建）时间	书院地址／院址	创建人
文阑书院	嘉庆年间建立	黎平府卦治忖下赛（今锦屏县）	未详
荔泉书院	嘉庆十九年（1814年）建立	荔波县城东（今荔波县）	知县蔡元禧创建
凤仪书院	嘉庆初年兴建	旧州城内（今黄平县）	未详
蔚文书院	嘉庆十三年（1808年）建立	柳霁县城北（今天柱县）	柳霁县县承金春谷倡建
东山书院	嘉庆五年（1800年）建立	镇远府坡东山寺（今镇远县）	未详
笔山书院	嘉庆十八年（1813年）建立	兴义县城东门外，后移城北（今兴义市）	知县杜友李倡建
仰山书院	道光二十一年（1851年）建立	罗斛厅城内州判署（今罗甸县）	署州判邵鸿儒创建
东麓书院	道光二十六年（1856年）建立	长寨厅城东（今长顺县）	城绅何桂荣、夏寅清等禀官创建
魁山书院	道光十八年（1838年）建立	贵定县城南（今贵定县）	知县俞汝本率士绅重建
凤仪书院	道光年间建立	安顺府城（今安顺市）	知府朱德遂改建
莲峰书院	道光四年（1824年）建立	龙里县城（今龙里县）	知县陈熙晋捐建
岱山书院	道光八年（1828年）建立	郎岱厅城（今六枝特区）	张绅懋德与十三绅耆捐建
凤梧书院	道光四年（1852年）建立	清镇县城内东街（今清镇市）	知县杨以增捐建
珠泉书院	道光十五年（1835年）建立	桅峰书院旧址（今安龙县）	知府谷善禾重建
珉球书院	道光十七年（1837年）建立	贞丰州城内（今贞丰县）	知州袁敏升率绅民捐建
册亨书院	道光二十二年（1852年）建立	册亨州郎岱（今册亨县）	知府张瑛率绅民捐建
盘水书院	道光二十二年（1852年）建立	普安县治城文庙左（今普安县）	知府张瑛率绅民捐建
培风书院	道光二十三年（1853年）建立	普安县治城新平街（今兴仁县）	未详

续表

书院名称	修建（重建）时间	书院地址／院址	创建人
莲城书院	道光十六年（1836年）建立	安南县城内学宫侧（今晴隆县）	知县张士英创建
凤池书院	道光七年（1827年）建立	水城厅城内（今水城特区）	通判袁汝相创建
阳明书院	道光十一年（1831年）建立	黔西州城东开元寺（今黔西县）	知州吴兰雪倡建
南书院	道光十一年（1831年）建立	黔西州城南（今黔西县）	知州吴兰雪倡建
北书院	道光十一年（1831年）建立	黔西州城北（今黔西县）	知州吴兰雪倡建
玉屏书院	道光十一年（1831年）建立	黔西州打鼓新场(今金沙县)	知州吴兰雪倡建
曹伍书院	道光初年建	毕节县北果屯（今毕节市）	知州吴兰雪倡建
文峰书院	道光年间	毕节县城内北花山（今毕节市）	知县鲁秉礼创建
鼎山书院	道光二十年（1850年）建立	桐梓县明伦堂左(今桐梓县)	知县甘雨掩创建
松江书院	道光二十年（1850年）建立	桐梓县马鞍山（今桐梓县）	未详
新添书院	道光十七年（1837年）建立	绥阳县城（今绥阳县）	知县李毓馨募建
榕城书院	道光十一年（1831年）建立	古州厅城内（今榕江县）	贵东道于充襄、同知徐宏倡建
培元书院	道光二十五年（1855年）建立	黎平府钟灵村（今锦屏县）	民众捐建
果泉书院	道光十年（1830年）建立	思南府城文昌宫(今思南县)	未详
培风书院	道光十九年（1839年）建立	思南府城（今思南县）	未详
凤鸣书院	道光朝建立	安化县城（今德江县）	周黄各姓禀准知县郑士范修建
淳化书院	道光二十二年（1852年）建立	务川县城（今务川县）	红丝塘巡检司创建

书院名称	修建（重建）时间	书院地址／院址	创建人
印山书院	道光七年（1827年）创建，光绪二十一年（1895年）建立	玉屏县城印山（今玉屏县）	初名"玉屏"，严修视学玉屏易名"印山"
思旸书院	嘉庆十三年（1808年）新建，道光二十七年（1857年）重建	思州府城东（今岑巩县）	知府张经田与城绅创建，原名青峨书院；后府祝佑率绅民重建，更名思旸书院
崧高书院	道光九年（1829年）建立	松桃厅城小河坝（今松桃县）	同知高中谋创建
狮山书院	嘉庆五年（1800年）建立	湄潭县城外西门坝（今湄潭县）	未详
玉华书院	道光十三年（1833年）建立	瓮安县城（今瓮安县）	郡人捐建
依仁书院	嘉庆七年（1802年）建立	重建印江县城（今印江县）	未详
悬鱼书院	咸丰二年（1852年）建立	郎岱厅落别（今六枝特区）	郎岱厅厅丞创建
安溪书院	咸丰十年（1860年）建立	正安州城内（今正安县）	知州于钟岳创建
台拱书院	咸丰六年（1856年）建立，后毁于兵火	台拱厅城南街（今台江县）	未详
南山书院	咸丰年间书院被毁	偏桥卫治南（今施秉县）	未详
中峰书院	同治十一年（1873年）建立	定番州城内东街（今惠水县）	知州扎拉芬改建今地
龙山书院	同治元年（1862年）建立	龙里县城西北（今龙里县）	县令吴书傅与绅耆捐建
景阳书院	同治十一年（1872年）建立	扎佐巡检司（今修文县）	知县俞渭实创建
源泉书院	同治末年建立	安顺府城（今安顺市）	地方人士筹款创建
坝羊书院	同治十年（1871年）建立	归化厅城（今紫云县）	副贡付良臣倡建
文峰书院	同治十三年（1874年）建立	兴义府城内（今安龙县）	知府陈廷栋创建
萃华书院	同治元年（1862年）建立	仁怀县城内（今仁怀市）	袁心培创建

续表

书院名称	修建（重建）时间	书院地址/院址	创建人
龙泉书院	同治十二年（1873年）建立	八寨厅城北街（今丹寨县）	同治刘垂祺重建
星川书院	同治十年（1871年）建立	平舟龙脑山（今平塘县）	知府罗星潭、善后委员李晴川及邑绅黄锦堂、石金声等创建
鸢鸣书院	同治十三年（1874年）建立	思南府属沿河司（今沿河县）	士绅捐建
正本书院	同治七年（1868年）建立	印江县城（今印江县）	邑绅冯谦臣创建
修文书院	同治元年（1861年）建立	务川县分水场（今道真县）	未详
起凤书院	同治十一年（1872年）建立	石阡府东门（今石阡县）	知府黄启兰创建
爱莲书院	咸丰二年（1852年）建立	郎岱厅岩脚（今六枝特区）	郎岱厅厅丞创建
文峰书院	光绪六年（1880年）建立	大定城东门外（今大方县）	大定知府程荣寿创建
味经书院	光绪十二年（1886年）建立	遵义府城南朝天街（今遵义市红花岗区）	总兵何行保捐建
习水书院	光绪二年（1876年）建立	习水县城（今习水县）	未详
龙岗书院	光绪三年（1877年）建立	古州厅城西门卧龙岗（今榕江县）	兵备道易佩坤、同知余泽春建
萃英书院	清末建立	古州厅脉寨（今榕江县）	未详
鸡窗书院	光绪二年（1876年）建立	丹江厅鸡讲汛（今雷山县）	未详
丹阳书院	光绪二年（1876年）建立	丹江城厅署右（今雷山县）	未详
龙江书院	光绪十九年（1893年）建立	清平县凯里（今凯里市）	凯里绅耆捐建
鹤楼书院	光绪二十二年（1816年）建立	都匀府协府街（今都匀市）	知府区维瀚重建
金鳞书院	光绪初年	三合县金峰山（今三部县）	先君子德金公倡建
合江书院	光绪三十三年（1907年）建立	三合县关帝庙（今三都县）	未详

书院名称	修建（重建）时间	书院地址 / 院址	创建人
习正书屋	光绪二十年（1894 年）建立	大营州城（今平塘县）	未详
白云书院	光绪九年（1883 年）建立	黎平府铜鼓乡（今锦屏县）	未详
文明书院	光绪五年（1879 年）建立	镇远府城（今镇远县）	镇远知县林品南率绅民捐建
台道书院	原名三台，光绪三年（1877 年）建立	台拱厅城西街（今台江县）	同知李道本重修，易名台道书院
莲花书院	光绪十七年（1891 年）建立	台拱厅城东南（今台江县）	同知周庆芝创建
崇德书院	光绪十三年（1887 年）建立	镇远县四十八溪（今松桃县）	知府刘桂清倡建
风翔书院	光绪十七年（1891 年）建立	施秉治城（今施秉县）	知县徐士诚募捐修，易名风翔书院
凤山书院	光绪二十六年（1900 年）建立	重安张爷庙内（今黄平县）	重安举人募捐
白云书院	光绪二十八年（1902 年）建立	天柱县黄哨山（今天柱县）	由居人里书院改建
龙津书院	光绪八年（1882 年）新建，十六年（1889 年）重建	重建思南府城南（今思南县）	知县唐汝霖建，后知县胡大经扩建更名
培宗书屋	光绪初年建立	思南府属沿河司（今沿河县）	举人张登云、庠生杨再藩等捐建
鹤鸣书院	同治十三年（1874 年）建立	思南府属沿河司（今沿河县）	抽盐捐建
育才书院	光绪八年（1882 年）建立	印江县城（今印江县）	未详
正本书院	同治七年（1868 年）建立	印江县城（今印江县）	未详
培元书院	光绪十年（1884 年）建立	务川县城（今务川县）	务川县知县张济珲督建
龙川书院	光绪三年（1877 年）建立	石阡府龙川河西岸（今石阡县）	知府杨熙瑞创建
卓山书院	光绪四年（1878 年）建立	铜仁县治大佛寺内（今江口县）	贵东道易佩绅改建

续表

书院名称	修建（重建）时间	书院地址／院址	创建人
双江书院	光绪十七年（1891年）建立	铜仁县治（今江口县）	知县胡瀛涛改建
松茂书院	光绪元年（1875年）建立	松桃厅孟溪（今松桃县）	未详
松阳书院	光绪十七年（1891年）建立	松桃厅乌罗司（今松桃县）	乌罗地方公众集资修建
花竹书院	光绪二十四年（1898年）建立	瓮安县城南门外（今瓮安县）	知县王教成创建
龙门书院	建立年代无考	贵阳府城南水月寺旁（今贵阳市）	巡抚田雯重修
膀上书院	清末建立	长寨厅（今长顺县）	未详
西岩精舍	建立年代无考	黎平府城西半里（今黎平县）	郡人何东风创建
小段书岩	建立年代无考	黎平府城平茶所（今黎平县）	邑人倪天和创建
小蓬莱馆	建立年代无考	开泰县城（今锦屏县）	早茶所人高继恺创建
图园书院	建立年代无考	锦屏乡隆里所（今锦屏县）	郡人张应诏建
榕春书院	建立年代无考	古州厅口寨（今榕江县）	古州厅脉寨
养正书院	建立年代无考	开泰县锦屏乡中林司（今锦屏县）	司人吴师贤建
化成书院	建立年代无	黎平府新化所（今锦屏县）	未详
许市书院	建立年代无考	思南府城许家坝（今思南县）	未详
凌云书院	建立年代无考	思南府人坝场（今思南县）	未详
古务书院	建立年代无考	务川县城（今务川县）	据王存成《玉华书院记》，务川有古务书院一所，余皆不详
罗峰书院	建立年代无考	务川县城（今务川县）	厚名教文书院，道光中叶知县冯子龄迁建今址，光绪初年知县罗庆春补修改今名
椰湖书院	建立年代无考	余庆县城松烟铺（今余庆县）	未详

资料来源：主要参照张羽琼的《贵州书院史》，以及《中国地方志集成》中（乾隆）《贵州通志》、（民国）《贵州通志》等整理而成。

从上表可见清代贵州书院的分布：贵阳府（今贵州省贵阳市）19所[①]；安顺府（今贵州省安顺市）12所[②]；兴义府（今贵州省安龙县）10所[③]；大定府（今贵州省大方县）19所[④]；遵义府（今贵州省遵义市）20所[⑤]；黎平府（今贵州省黎平县）31所[⑥]；都匀府（今贵州省都匀市）15所[⑦]；镇远府（今贵州省凯里市）20所[⑧]；思南府（今铜仁市思南县）23所[⑨]；思州府（今铜仁市玉屏县）4所[⑩]；石阡府（今铜仁市石阡县）5所[⑪]；铜仁府（今贵州省铜仁市）3所[⑫]；松桃直隶厅（今铜仁市松桃县）3所；平越直隶州（今贵州省泉州市）8所[⑬]。

据相关史料记载，最早的明代书院是贵山书院，设在贵阳府（今贵阳市），前身为纪念王阳明而建的阳明书院[⑭]。书院门庑堂室5座，凡13楹，其中3楹用来祭祀王阳明，用以"追崇先生""取先生遗教""服而习之，循而求之"。"祭田仪式亦备"，其余10楹为学社、明伦堂和讲习之地。王杏亲自撰写《新建阳明书

---

① 贵阳府（今贵州省贵阳市）19所，主要分布在贵阳府及下辖定番州、广顺州、开州、罗斛厅、龙里县、贵定县、修文县等地。

② 安顺府（今贵州省安顺市）12所，主要分布在安顺府及下辖镇宁州、郎岱厅、归化厅、清镇县、安平县等地。

③ 兴义府（今贵州省安龙县）10所，主要分布在兴义府及下辖贞丰州、册亨州、兴义县、普安县、安南县等地。

④ 大定府（今贵州省大方县）19所，主要分布在大定府及下辖普安厅、水城厅、黔西州、威宁州、毕节县等地。

⑤ 遵义府（今贵州省遵义市）20所，主要分布在遵义府及其下辖正安州、赤水厅、遵义县、桐梓县、绥阳县、仁怀县等地。

⑥ 黎平府（今贵州省黎平县）31所，主要分布在黎平府及其下辖古州厅、下江厅、开泰县、永从县等地。

⑦ 都匀府（今贵州省都匀市）15所，主要分布在都匀府及其下辖麻哈州、独山州、八寨厅、丹江厅、都匀县、清平县、荔波县等地。

⑧ 镇远府（今贵州省凯里市）20所，主要分布在镇远府及其下辖台拱厅、清江厅、黄平州、镇远县、施秉县、天柱县等地。

⑨ 思南府（今铜仁市思南县）23所，主要分布在思南府及其下辖安化县、印江县、务川县等地。

⑩ 思州府（今铜仁市玉屏县）4所，主要分布在思州府及其下辖玉屏县、青溪县等地。

⑪ 石阡府（今铜仁市石阡县）5所，主要分布在石阡府及其下辖龙泉县等地。

⑫ 铜仁府（今贵州省铜仁市）3所，主要分布在铜仁府及其下辖铜仁县等地。

⑬ 平越直隶州（今贵州省泉州市）8所，主要分布在平越直隶州及下辖湄潭县、余庆县、瓮安县等地。

⑭ 明嘉靖十四年（1535年），为纪念王阳明讲学于贵阳，王阳明亲传弟子黔籍门人叶梧、陈文学等数十人请求贵州巡抚王杏建立书院。王杏会同贵州布政使周忠、按察使韩志英等在贵阳城东白云庵旧址建立阳明书院。

院记》。后又增置祀田用以书院的经费开支。明末清初，烽火连绵，贵山书院因修缮不力，最终毁于兵火之中。康熙十二年（1673年），在贵州巡抚曹申吉提议下，地方士绅、富商捐赀重建书院，置书数千卷贮于院中。鉴于贵山书院在文教和思想上的特殊地位，康熙二十一年（1682年），贵州巡抚杨雍建捐养廉银重新修建书院，并将"原山斗堂"改名为"后觉堂"，建筑方面前后两庑12楹。康熙二十八年（1689年），贵州巡抚田雯再次修建贵山书院，新建合一亭、传习轩5楹，聚集门徒进行讲学。康熙三十一年（1792年），贵州巡抚卫既齐再次重修书院，增加学田以供书院经费开销。雍正十一年（1733年），鉴于朝廷对书院发展的大力支持，贵州巡抚元展成按照雍正皇帝储备人才、为国所用的旨意再次对贵山书院进行扩建，共扩建学舍50间，聘请名师进行授课，如著名学者陈法在书院主讲近20年，培养了大量的人才；后闽人张甄陶、黔人艾茂均讲学于书院，与陈合称"贵山三先生"。贵山书院增置学田以养书院，并购置经、史、子、集千余卷书，供书院的师生阅读，同时更名为"贵山书院"。嘉庆二十五年（1820年），粮储道倭臣布提倡扩充书院，于是地方士绅纷纷捐资。该时期，贵山书院蓬勃发展，规模宏大。倭臣布对贵山书院修葺后的规模有如是记载："现制头门三间，左为书办房五间，右为监院所三间，门内之西神宫三间，内房五间，客房二间，厢房一间。二门三间，内讲堂三间。堂左五斋曰：'居敬''尊闻''赏奇''晰疑'各十间，'聚学'五间；堂右五斋曰：'立诚''行知'各十间，'问辨'五间，'集思''广益'各六间；堂后山长内房三间。房东厨房一间，房西役房一间。左斋内'尹公祠'（祭祀尹珍）三间，'阳明祠'三间，缭之以垣，用以祀王守仁（阳明）。咸丰、同治年间再次对书院修葺。"①光绪二十八年（1902年），清末新政教育改制，贵州巡抚邓华熙遵循"着将各省所有书院，于省城均改设大学堂"的方针，将贵山书院改设为贵州大学堂，这是贵州历史上第一所高等学堂。贵州大学堂几经变迁，后于1928年成立了省立贵州大学，即今天的贵州大学。

---

① 季啸风主编.中国书院辞典·贵州省[M].杭州：浙江教育出版社，1996：311.

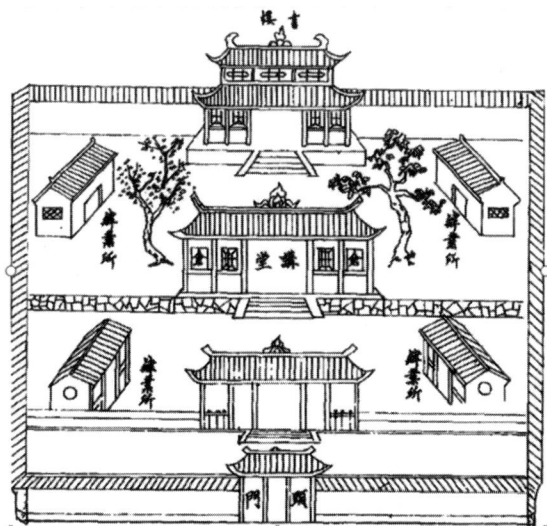

图3-1　贵山书院平面图

贵山书院因其规模宏大、门徒众多，被称为"黔中书院之冠"。乾隆末年至嘉庆初年，在何泌[①]、翟翔时[②]两位山长的多年努力下，贵山书院人才辈出，成果显著，有"贵阳人士有冠于西南之誉"。贵山书院门徒弟子常年维持在两百人左右，涌现了众多举人和进士，谢庭薰、宋劭谷、花杰、胡万青、何应杰、翟锦观、苏廷菜等皆出自于此，其中最著名的是赵以炯[③]。光绪十二年（1886年）四月

---

① 何泌，字邺夫，一字素园，贵州贵阳人。自幼受到良好的家庭教育，学习勤奋，知识广博；乾隆五十二年（1787年）考中进士，改庶吉士，授翰林院编修；因无意仕进，任编修未及一年便请求回籍，愿为家乡培育人才。

② 翟翔时（1744—1810年），字审庵，号悦山，贵州省贵阳人。性格淳厚，聪颖好学，七岁便能作文，青年时博览群书，对《尚书》《左氏春秋》尤有研究。乾隆四十二年（1777年）中举后，四次赴京会试不中，五十三年（1788年）获选贵阳府训导。乾隆五十六年（1791年）受何泌之邀，出任贵山书院监院。

③ 赵以炯，字仲莹，同治二年（1863年）出生，光绪十二年（公元1886年）成为云、贵两省"以状元及第而夺魁天下"的第一人。赵以炯出生于青岩一书香人家。其父亲赵国澍（字畏三），是当地的团总，早年就读于贵山书院。其同窗好友张琚、黄彭年、莫友芝，均是名噪一时的黔中才俊。光绪十二年（1886年）进士及第，廷试第一，成为贵州籍的第一个状元。殿试时，光绪皇帝曾出楹联以考贡士的才华，上联为："东津明，西长庚，南箕北斗，谁能为摘星汉？"赵以炯所对下联是："春牡丹，夏芍药，秋菊冬梅，臣原作探花郎。"赵以炯入仕后，先后任翰林院修撰、四川乡试副考官、广西学政及会试同考官。光绪二十六年（1900年），其母病逝，赵以炯回乡奔丧，一度主讲于贵阳学古书院。服阕后，于光绪二十九年（1903年）入京供职，因感到仕途艰难，而告归返里，在青岩讲学授徒。光绪三十二年（1906年）八月，赵以炯病故于贵阳，时年四十九。

二十一日，贵州贡士赵以炯在光绪丙戌科的殿试大考中才压群英，状元及第。此为贵州文坛的大事。来自西南边疆的士子摘得状元之冠，是清代开国的第一次。[①]

据史料统计，嘉庆二十一年（1817年）的丙子科有二十五名举人及第；清代中期之后进士及第者多达一百多人，而诸多人才中，在朝中担任布政使、按察使及道、府、州、县官员的有数十人。

（清镇）凤梧书院于道光四年（1824年）由清镇县知县杨以捐养廉银、乡绅集资所建。道光五年（1843年），知县出养廉银两百余两，置学田收租七十石作为书院膏火之用，后因资金不足，逐渐颓废。道光十八年（1856年），时任知县周潞出资三百余两增修学舍和明伦堂，又捐出八百余两置学田以增加膏火之钱，同治四年（1865年）因战争书院毁坏。光绪十八年（1892年），知县胡璧感叹该地文教事业滞后，为了移风易俗，变卖家产，捐出自己的平生积蓄，联合众乡绅重建凤梧书院。书院房舍共三十间，书院物资、各类管理设施齐备，又以余银四百两再修建房舍十六间以备使用。光绪二十五年（1897年），时任清镇县知县张藻出资二百两用以购置经、史、子、集各类图书千余册，发给书院门徒弟子使用。书院延聘主讲教师一名，进行课程的讲解；同时设斋长两名，用以管理学生；设一司出纳，管理书院的各类经费；另设一司管理图书。在学生管理方面，定时授课，每月考课一次，考课结果分等级，能力突出者进行银钱的奖励，如考核超等奖钱六百文、特等四百文、一等两百文；童生上等四百文、中等两百文。此后，书院各项规定逐步完备，直至光绪三十一年（1903年）书院改制，改为两级小学堂。

（贵阳）龙岗书院位于贵州省古州（今属榕江）。书院因祭祀王阳明而知名，也因地理位置靠近卧龙岗和汉代诸葛亮有着千丝万缕的关系闻名于贵州本地。光绪三年（1877年），由兵备道易佩绅、同知余泽春倡议，乡绅集资建立了书院，因位于卧龙岗之阳而得名。书院规模不大，共有书舍、明伦堂等房舍共十六间，供师生读书起居之用。书院的特色之处在于明伦堂上建立祭楼，名为"四贤祠"，主要用于祭祀诸葛亮、当地乡贤尹珍、明代著名学者王守仁、抗清名将何腾蛟。书院延聘当地名士为主讲，书院山长的年俸主要由当地米厂提供一百吊，生童

---

① 对于贵州的第一位状元，京都官员贵阳籍人李端棻曾如此写道："沐熙朝未有殊恩，听鸿胪初唱一声，九十人中，先将姓名宣阙下；岂吾黔久钟灵气，忆仙笔留题数语，五百年后，果然文物胜江南。"

（未重功名的学生）膏火无定数。其教学目的以家国天下为己任，培养各类人才，从而达到"彝秉之良以进蕲于道，以折其恣睢悖逆之萌"。改书院名为"开明学堂"，后改名"龙岗小学"，旧址今为榕江二小。

（石阡）明德书院位于贵州省石阡府（今铜仁市石阡县），一名龙川书院，也有传说为铜仁书院前身。书院是石阡府最大的书院，集藏书、教学、祭祀于一体。隆庆六年（1572年），石阡知府在石阡府学右侧建立书院，后因修缮不力，逐渐颓毁。万历六年（1578年），石阡知府郑一信重建书院，后因资金不足再次颓毁，直至万历三十四年（1605年）时任知府郭原宾捐资进行重修。明末清初，明德书院毁于战火。康熙三年（1664年），石阡知府刘启感念当地文风不振，于是出资修复门楼，亲自题匾额"明德"悬于之上。康熙五十五年（1712年），知府黄佐良提倡出资重修书院，当时的规模较小。乾隆二十八年（1763年），当地知府罗文思再次重修书院，增设学堂，聚徒讲学，规模日盛。道光二十一年（1841年），明德书院更名为"考栅书院"，院址迁往河西岐凤山一代。后因贵州战火连连，书院逐渐颓毁下去。光绪三年（1877年），知府杨熙瑞在河西岐凤山原址之上重修书院，并将附近的岐凤寺也归入书院的修建计划，从而扩大了书院的规模。修成之后，书院建设完备，设有学堂、明伦堂、祭堂、各类房舍共八十楹，四周围墙、莲池、园林、四焉亭等一应俱全。书院还藏经、史、子、集等数千卷。光绪年间，书院再次更名为"龙川书院"。光绪晚期学制改革，书院改为学堂，现为石阡中学。

（平远）平阳书院在贵州省平远州（今属织金）城北，又名凤西书院，因康熙帝御赐匾额而闻名，规模宏大，教学设施完善。书院于乾隆二十年（1755年）由知州李云龙捐养廉银和俸禄在原义学的遗址上建立起来。书院有各类屋舍、明伦堂共三十余间，康熙帝御赐"文教遐宣"匾额。书院还建有祭祀房舍，前后共建景贤堂五所，用以祭祀濂、洛、关、闽等九位宋儒名士。乾隆三十一年（1765年），当地士人共同出资扩建平阳书院，增建后堂屋舍三间。乾隆四十二年（1766年），平原州知州刘宗元对书院再次修整。嘉庆三年（1798年），书院进行重修并进行更名，因其位于凤凰山之西故称"凤西书院"。道光二十六年（1846年），知州徐丰玉出资二百两银子，提倡当地士绅、富商、士人进行捐资，再次对书院进行扩建和维修，这次共捐银共计17,549两。经过前后两次整修，书院焕然一新，规模宏大，除具有教学职能外，还能举行祭祀，增建了节孝祠。余银购置了学田，收租作为书院膏火和开支之用。同治十年（1871年），知州陈昌将书院更名为"文腾书院"，书院名声进一步扩大。光绪六年（1880年），贵州巡抚岑毓英筹银二千两用以维护书院的生存。光绪末年，时逢近代教育改制，书院改为学堂，后经扩建，现为织金第一中学。

（兴义）笔山书院位于贵州省普安州（今贵州省兴义市），是普安州第一所书院，嘉庆十八年（1813年）由当时的知县捐养廉银所建。书院经费由当地文武生童各捐钱一千文及其他社会人士集资。书院因地理位置形似笔架山而得其名。嘉庆二十三年（1818年），知县张梦骥为扩大书院的规模和影响力，特意购置学田以供书院的经费开支。道光十二年（1832年），时任知县徐铉再次扩大书院规模，在原来规制的基础上，增加屋舍。咸丰、同治年间，书院因民间起义而毁于兵火，彻底湮灭于历史之中。光绪十六年（1890年），当地文教事业衰落，本地士绅刘官礼捐资提倡重修书院，从而扩大了书院的规模，设有学舍、讲堂二十一间，各类教学设施、园林景观完备，书院制度也得以进一步完善。除此之外，书院的藏书功能也较为完备，藏书万余卷，包含经、史、子、集四部。在机构设置方面，设山长一人，由地方名士担任，年俸银300—400两；书院每月考课两次，分题进行批阅。在学生管理方面，设有奖学金制度：超等奖银1.2两、特等8钱、一等6钱，童生奖励减半。另设斋长两人对学生进行管理，由书院诸生成绩优异者轮流选任，每年得禄米四石。书院的教学内容以儒学为主，为适应时代的发展，还将时务书报、近代翻译的各类书籍如《天演论》《进化论》《海国图志》及经、史、子、集供书院门徒子弟借阅，书院学风、教风为之一新。此外，书院还有"讲会"制度，这基本沿袭了明代的做法。如光绪三十年（1904年）徐天叙担任书院主讲的时候，除讲授儒家经典外，每月还会邀请当地著名学士名流如姚华等具有新思潮的思想家在此进行讲会，以此开阔书院诸生的眼界。清末学制改革，书院改为小学堂，现为黔南民族师范高等专科学校。

（铜仁）铜江书院位于贵州省铜仁府（今铜仁市），一名铜仁书院[1]，也有说为

---

[1] 铜江书院经历多次地址变迁。嘉庆七年（1802年）重新选址，将基址移到府南门的古铜佛寺前。郡人刘朝祚撰有记。道光三年（1823年），知府陈兆熙书院再次换址，移至殷家墦，士人陈作《劝移书院引》，徐如澍作记来记录这段历史。

铜仁第一中学的前身。最初由弘治末年提学副使毛科所建，后因战争毁于战火之中。乾隆三十七年（1772年），铜仁府知府邹锡彤感念铜仁文化教育之风气，改协署建立书院，并由当地士绅张立贤为书院做记，并对书院进行重新修整，同时延聘名师进行讲学，进一步规范书院管理制度，定期进行考课。道光二十二年（1839年）又移至后水门。此后，为了发展和扩大规模，书院几易其地，后因管理不善，几近颓废。

（镇远）紫阳书院位于贵州省镇远府（今贵州省凯里市），是在明代基础之上扩建和重修的书院，以风景优美、环境优雅而著称。书院于嘉靖九年（1530年）建立，被称为"黔南第一洞天"。书院兼有祭祀功能，建有朝元阁及朱文公祠，专门祭祀朱熹等理学名士。万历五年（1577年），贵州提学副使凌琯扩大其规模，对书院进行重修。万历十三年（1583年），贵州提学副使巡毛科再次进行重修，后因管理不善，书院被废弃。康熙十一年（1673年）对书院进行修缮。因书院主体部分毁于战火，经历康熙、雍正、乾隆、嘉庆四朝，其主体部分修缮少量完成，从乾隆年间起在旧有遗址上陆续复建万寿宫、大佛堂、观音殿、五皇殿、吕祖殿、老君殿、藏经楼、莲花亭、六角亭等，构成庞大的亭台楼阁建筑群，规模蔚为壮观。之后几位皇帝陆续对书院进行重建工作，直至光绪初年，书院的建筑部分大多得以恢复。贵州巡抚林肇元题总门额为"青龙洞"，门楣上有石刻横书"紫阳洞"三字，两侧有楹联："舞水无双福地，黔南第一洞天。"大门口附近楹联："文笔临溪，二水潆洄环古刹；香炉鼎峙，万家烟火接丛林。"书院祭祀主体为朱熹，在圣人殿的顶层殿堂内供有"南宋徽国文公朱夫子神位"，圣人殿中层为纪念朱熹的考堂。书院还有老君殿，供奉太少老君神像。可见，紫阳书院结合了儒、释、道三风，地位特殊。书院教育教学的功能逐渐衰退，风景园林堪称一大景观。

（贵阳）正习书院，又称学古书院（或者南书院），位于贵阳府南隅（今贵州省贵阳市护国路一带）。书院由贵州布政使捐资于嘉庆五年（1800年）所建。书院的规模宏大，在贵州的书院中首屈一指。[1]书院内设有公祠，除先秦儒学大师外，主要的祭祀对象以贵州地区的先贤尹珍（道真）为主。后由于修缮不力，书

---

[1]　正习书院规模宏大，建成后设有学舍、明伦堂、祭堂室共四十三间，即头门三间，门右有司房五间，讲堂三间。堂后尹公祠三间，祠左右斋舍各五间，又西斋舍六间，书房一间，山长住房十间，厨房二间。

院逐渐颓毁。嘉庆二十四年（1819年），贵州省粮储道倭臣布感叹书院颓坏，筹款不过提倡当地士绅、士子进行重修修缮，后书院逐渐发展起来，在当地书院内占有一席之地。光绪初年，书院更名为"学古书院"，聘请当地乡贤黔籍学者莫庭芝①为山长，主持书院的一切事务，后又修建敬业楼三楹，购买各类书籍供师生进行阅读和学习。莫庭芝还亲自作书院楹联②，励精图治，大力发展教育事业，提倡"以古为鉴，以古为师，鉴古而知今"的教育方针。在他的不懈努力下，学古书院很快声名鹊起，"远近宗师者数十年，所裁成茂学之士甚众。凡莅临之大吏学臣，莫不争竭师敬之"。后因修缮不力，书院逐渐走向衰落。光绪二十年（1894年），著名学者严复曾先后三次受到光绪帝的召见，君臣谈及"教育救国"的思想。光绪皇帝特受命严复为督学贵州，后成为贵州学政，专管贵州文化教育事业。严复到任后，于光绪二十三年（1897年）亲赴正习书院进行考查，并制定《肄业条约》约束书院学生，并考遴选贵州地区四十名优秀学子到书院进行分斋肄习；同时延聘著名学者雷廷珍为主讲，讲述儒家经学，其余课程包括数学、格致、英文、史地等经世致用之学。书院以"中学为体、西学为用"为总教育方针。③严复为贵州近代教育做出了巨大的贡献，被称为"二百年无此文宗"。清末学制改革，书院改为经世学堂。书院人才辈出，如曾担任北京女子师范学校校长的贵州籍学者姚华，同时还是全国著名书画专家；贵州首任教育厅厅长，贵州籍留学海外第一人周恭寿；贵州高等学校教育创始人与倡导者邢端；中国同盟会贵州分会社长钟昌祚烈士等。他们都为新中国的成立、中华民族的伟大复兴做出了突出的贡献。

　　（贵阳）正本书院（又称"北书院"），贵州三大书院之一，位于贵州省贵阳府（今贵阳市六厂门）。书院于嘉庆五年（1800年）由贵州布政使捐银所建。书院规制完整，设备齐全，房舍宽大且明亮。据（道光）《贵州府志》记载，书院

---

① 莫庭芝，遵义"沙滩文化"主将之一，"西南巨儒"莫友芝之弟，一生苦学修德，从教四十余年，时有"主黔中文坛祭酒"之誉。

② 联云："释言宗许郑，考行法程朱，无庸汉宋分门户；得志懋励猷，平居依道德，莫以穷通改步趋。"

③ "中学为体，西学为用"突破了以往书院的教学只讲儒家经典，不重现实的特点，仍饬山长令其阅史书，探掌故，泛览中外时报及泰西各种书籍，以拓眼界；讲求经义及先儒语录，以正其心术；并举经济、内政、外交、理财、军事、格致、考工六事，按条考核，相语讲明而切研之。因此，贵山书院又称"经世学堂"。这也是贵州地区第一所中西结合的新式学堂，意义重大。

房舍设置"头门七间，左为门役房，右为书办房。门内讲堂三间，门左十斋舍各十间，堂内客厅三间，厅后山长住房三间，后为尹公祠。堂之左厨房三间，役房三间"。此外，书院还有用来祭祀的祀堂，祭祀对象一如学古书院，皆为当地著名学者尹珍（道真）。书院经费方面，贵州布政使常明以官府公用火耗银六千两作为储备金，用以束脩膏火维持书院的日常开销，后因被贵州巡抚伊桑阿所侵占，致使正本、正习二书院经费不足，无法维持下去，只得削减经费，开源节流，后将贵山书院的经费支出一半借予正本书院作为经费开支。这直接导致贵阳府三大书院经费均显不足，无法正常维持，逐渐走向衰落。嘉庆二十四年（1819年），贵州省粮储道倭臣布对书院进行修葺整理。晚清学制改革，正本书院改为贵阳府中学堂。

二、清代贵州书院的特点

清代贵州的书院最早是在明代书院的基础上建立起来的，因此具有明代书院的特点，同时也有清代书院高度官学化的特色。书院官学化使书院的规模与发展得到保证，教学和管理更加趋于正规化，更便于官方的控制与管理。特别是一些省一级的大书院出现，填补了当地书院发展薄弱的现实问题，部分省级书院更成为地方教育和文化的中心。在清代，书院的地位高于明代，与地方官学的联系更加紧密，大部分书院都是地方官吏提倡建立起来的。这是清代贵州书院区别历代王朝书院的重要特征，也是君权高度集中的体现。

1. 清代贵州书院的时间分布

雍正十一年（1733年），雍正皇帝下令恢复书院的建设和发展。贵州地处边陲，长期以来，书院的发展一直较为落后。明清之际，南明政权和平西王吴三桂长期割据该地区，使得当地的书院遭到极大的破坏；兼之此地以少数民族聚居，各地土司割据，三藩之乱后，书院发展更为滞后。鄂尔泰对贵州地区实行大规模的"改土归流"，为巩固其成果，他几次上书雍正帝，要求兴办学校，增加科举，鼓励汉族百姓和少数民族子弟一同读书，优秀者选入国子监进修，将来可为国家所用，并要求"购置经史子集等书卷，选士课读"。雍正帝对此高度重视，颁布一系列旨意，支持发展贵州的文化教育事业。此后，贵州的书院数量和规模均有大幅提高。

据史料统计，清代贵州书院共计192所，能够明确创建与重建年代的有174所，占总数的90.62%，相较于明代数据更为清晰了。这些书院分布于顺治至光绪九朝，另有18所书院只知其创建或重建于清代，而无法考证具体年代。有关书院时间的分布情况，具体可见下表：

表3-2　清代贵州书院的时间分布表

朝代	书院数量	未知数量	平均数（年）
顺治朝（1638—1661年）	1	—	0.05
康熙朝（1654—1722年）	19	—	0.31
雍正朝（1678—1735年）	15	—	1.15
乾隆朝（1736—1795年）	31	—	0.52
嘉庆朝（1796—1820年）	26	—	1
道光朝（1821—1850年）	34	—	1.10
咸丰朝（1851—1861年）	5	—	0.5
同治朝（1862—1874年）	16	—	0.81
光绪朝（1875—1908年）	27	—	0.82
总数	174	18	—

资料来源：主要参考张羽琼《贵州书院史》、季啸风的《中国书院辞典》《中国地方志集成》等整理而成。

从上表可见，在清代各朝代中，道光朝的书院最多，共计34所，之后是乾隆朝的31所、光绪朝的27所、嘉庆朝的26所、康熙朝的19所、同治朝的16所、雍正朝的15所、咸丰朝的5所、顺治朝的1所。宣统时期时逢学制改制，并未划入统计范围，清初太祖、太宗朝因未入关无法建立书院，故也不在统计范围之内。兹依据清代书院数量，以朝代为单位，将贵州书院在时间上的分布制作成如下坐标曲线图。

（数量）

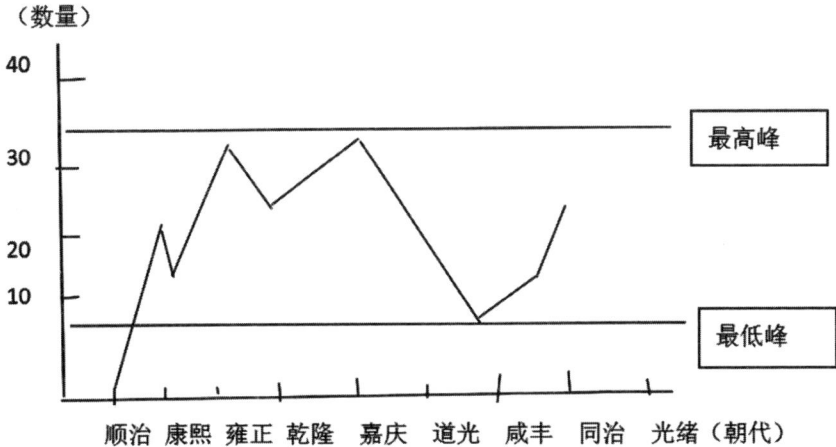

图3-2　清代贵州书院存续时间分布曲线图

上图更为清晰地反映了清代贵州书院的数量与规模，可以看出书院发展时期具有不匀衡性和特殊性。图中出现三次高峰，分别是乾隆朝、嘉庆朝和道光朝，三朝合计91所书院，占有清一朝书院总量的47.7%，这是此前从未有过的情况，也直接反映出清代贵州书院发展的繁荣程度。三个高峰中，嘉庆朝居中，前有乾隆朝，后有道光朝，恰成掎角之势，表明书院在清中期发展至最高峰，总体呈现一个上升发展—达到高峰—逐渐衰落的发展轨迹。这主要和清代的文化教育政策有关。清初，由于统治者对书院采取抑制政策，全国各地的书院数量都极少，直到雍正帝下召鼓励发展文化教育事业，书院发展才得以复苏，之后一路上扬，直到咸丰朝、同治朝才有所衰落。值得一提的是，清代前期放眼全国，贵州书院无论是数量还是规模均处于较为领先的地位。顺治、康熙年间全国书院整体处于低迷状态，数量少，规模小，且得不到官方支持，但即便如此，该时期贵州书院的数量为19所，比同期西北地区的陕西、甘肃、云南、四川，东北地区的盛京等地要多得多。而在年平均数量上的统计，书院发展的最高峰在乾隆、嘉庆、道光、光绪四朝，乾隆朝为高峰的起点，嘉庆朝、道光朝同为高峰期，后逐渐走向平稳，在光绪朝突然走高，而在康熙、雍正朝，书院数量稀少，平均值较低，甚至比同治朝还要低。可见，清代贵州书院的发展存在两个高峰期，一是清代中期，也即乾隆、嘉庆时期。该时期贵州文化教育事业发达，从而带动书院也迅速发展起来。从总体来看，书院在清代晚期的发展速度远高于中期，这是清朝所独有的情况。清代贵州书院在经历高速发展后，仍是走向衰落，究其原因，与当时的政治、经济、文化、外交均有很大关系。

清代的文化教育政策实行的是先抑后扬再彻底进行改变，导致了颠覆性的结局。清初，政权未稳，清政府面临内忧外患的局面，当务之急是如何稳定人心、控制大局。于是，统治者采取武力为主、文治为辅的原则，兴兵对贵州等西南边疆的反清势力进行剿灭。从三路大军进驻贵州到持续八年之久"三藩之乱"，贵州当地的社会较为动荡，经济落后，百姓流离失所，文化教育事业无从发展，明代建立的书院也相继毁于战火。清政府更是借鉴明末东林书院的党争带来的危害，防止书院借讲学名义宣传反清思想，形成势力，危及清王朝的统治地位，从而对全国的书院采取抑制的政策。该时期的书院发展较为滞后，一度出现沉寂或被官学所取代，或颓毁无法修复的现象。这是清代初期书院发展的特征。而随着政局逐渐稳定，康乾盛世出现（1662—1795年），相应地也带动了文化教育事业的发展。统治者开始重视书院在启迪人心方面的效果，于是各地的书院也开始复苏，进入迅猛的发展期。雍正四年，在云贵总督鄂尔泰的领导下，展开了大范围的"改土归流"，土司之地变流官，从而加强了贵州与中原地区的联系，并在西南边陲建立了"苗疆六厅"进行治理和管辖。正是在这一时期，贵州的书院走向繁荣，乾隆朝共建成和修复书院31所、嘉庆朝26所、道光朝34所。书院已成为地方教育的核心体系，在教学和育人方面起着重要的作用。近代以来，随着各类不平等条约的签订，中国的社会性质发生了改变。贵州地区更是烽烟四起，战火连绵，书院数量上下起伏，咸丰时期仅有5所，且规模都不大，发展至历史最低点。同治年间由于政治、经济上有所好转，书院数量开始回升。光绪年间，书院数量大规模攀升，基本恢复到了清中期的情况，前后创办了27所，成为书院发展的又一次高峰期。此后，书院的发展走向尽头，消失在历史的进程中。

光绪二十四年（1898年），随着新政的推行，教育成为重要的改革内容之一。慈禧太后以光绪皇帝的名义下旨废除了科举制，全国所有书院一律改为学堂。此前，贵阳三大书院之一的学古书院已在贵州巡抚的带领与提倡下，改为"经世学堂"，并综合了儒家经典、算学、历史、地理等中西方为一体的教学内容，成为贵州省内第一个近代意义上的学堂。

2. 清代贵州书院的空间分布特点

明代贵州的书院主要分布政治、经济、文化较为发达的省会城市和知名城镇，或交通驿站发达地区，书院发展的范围有限。而清代贵州的书院分布更为广泛，主要集中于贵阳府、都匀府、黎平府、铜仁府、思南府等地，从黔中到黔东南、黔西南再到黔东北地区，基本覆盖了贵州省全省，并深入到原土司地区，在"改土归流"的基础上，作为曾经的"化外之地"——八寨厅（今丹寨县）、丹江厅（今雷山县）、古州厅（今榕江县）如今也是书院遍地。书院官学化也成为清代贵州书院的重要标志。官府对书院大力支持，成为贵州书院发展的重要助力。据统计，清代贵州书院共计192所，从数量上看，已达明代的四倍，贵州书院对繁荣程度可见一斑。兹将各个府州、县厅的书院数量统计列表如下：

表3-3 清代贵州分区域（府、州、厅、县）统计表

府州、县厅	地区	顺治	康熙	雍正	乾隆	嘉庆	道光	咸丰	同治	光绪
贵阳府共19所书院，其中两所书院时间朝代未详	定番州				1				1	
	长寨厅						1			
	广顺州				1					
	罗斛厅						1			
	龙里县						1		1	
	开州	1			1					
	贵定县				1		1			
	修文县				1				1	
	贵阳城		1	1	2					
安顺府共12所书院	镇宁州	1								
	郎岱厅						1	2		
	归化厅	1							1	
	清镇县				1					
	安平县				1					
	安顺城				1		1		1	

续表

府州、县厅	地区	顺治	康熙	雍正	乾隆	嘉庆	道光	咸丰	同治	光绪
兴义府共10所书院	兴义府城			1	1		1		1	
	贞丰州						1			
	册亨州						1			
	兴义县				1					
	普安县						2			
	安南县						1			
大定府共19所书院	大定府城			2	1					
	普安厅				1					
	水城厅		1				1			
	黔西州				2		4			
	威宁州				1					
	毕节县		3				2			
遵义府共20所书院,其中2所书院时间、朝代未详	遵义府城		2		2	1			1	2
	正安州		1	1			1			
	赤水厅			1	1					
	绥阳县		1				1			
	桐梓县		1				2			
黎平府共30所书院,其中6所时间、朝代未详	黎平府城	1	1	1	3	9	1			1
	古州厅			1		1				1
	黎平县				1					
	开泰县				1					
	永从县				1					

府州、县厅	地区	顺治	康熙	雍正	乾隆	嘉庆	道光	咸丰	同治	光绪
都匀府共15所书院，其中2所时间、朝代未详	都匀府城				1				1	3
	麻哈州		1							
	独山州		1							
	八寨厅								1	
	丹江厅									2
	都匀县									1
	清平县					1				1
	荔波县					1				
镇远府共20所书院，其中2所时间、朝代未详	镇远府城	1	1							1
	台拱厅								1	2
	清江厅									
	黄平州				2	1				1
	镇远县					1				1
	施秉县									1
	天柱县	1			2	1				1
思南府共23所书院，其中6所时间、朝代未详	思南府城		2	2			2		1	2
	安化县						1			
	印江县		1		1				1	1
	务川县						1		1	1
思州府共4所书院	思州府城					1				
	玉屏县			1			1			
	青溪县			1						
石阡府共5所书院	石阡府城		1						1	1
	龙泉县				2					

续表

府州、县厅 \ 地区		顺治	康熙	雍正	乾隆	嘉庆	道光	咸丰	同治	光绪
铜仁府共3所书院	铜仁府城				1					
	铜仁县									2
松桃直隶厅共3所书院						1				2
平越直隶州共8所书院，其中1所时间、朝代未详	平越府		1		1					
	湄潭县					1				
	余庆县				1					
	瓮安县		1				1			1
合计	174	1	19	15	31	26	34	5	16	27

资料来源：主要参考张羽琼《贵州书院史》、季啸风的《中国书院辞典》《中国地方志集成》等整理而成。其中未详（时间、朝代）未定者为18所。

从上表可知，清代贵州书院在道光年间的发展到达高峰期，修建、复修书院34所，成为历朝历代最多；其次是乾隆年间，数量为31所；之后依次是光绪年的27所、嘉庆朝的26所、康熙朝19所、同治朝16所、雍正朝15所；咸丰朝由于战争和经济发展的关系，书院直接降为5所；顺治年间因朝局不稳，经济发展滞后，统治者无暇发展文化教育，对书院采取抑制的态度，书院数量仅为1所。书院所处地方府州县厅的具体位置，参见下图：

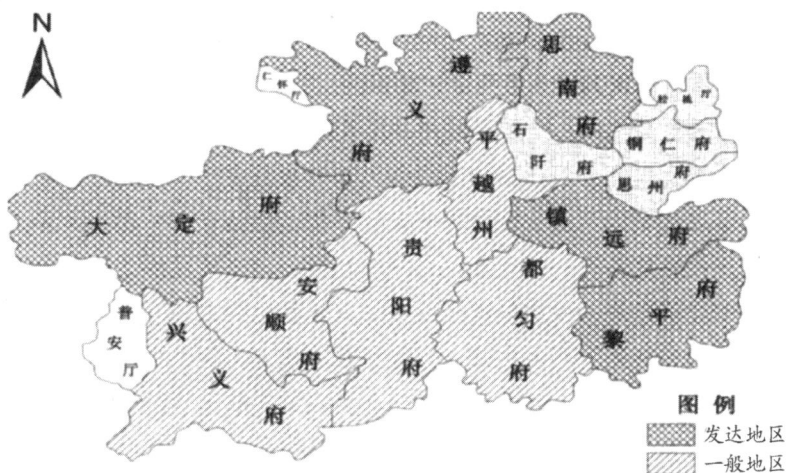

图3-3　清代贵州书院分布示意图

资料来源：张羽琼《贵州书院史》

考察以上清代贵州书院的区域分布情况，有几个特点需要注意。

首先，清代贵州省会城市和所属各州县均建有书院，数量发展不均衡。贵阳有贵山书院、正习书院、正本书院，安顺府有双桥书院、凤仪书院、源泉书院，兴义府有九峰书院、栀峰书院，大定府有文龙书院、万松书院，遵义府有湘川书院、启秀书院、培英书院、味经书院，黎平府有十四所书院，都匀府有南皋书院，镇远府有三大书院，思南府有斗坤书院、为仁书院、中和书院、凤岗书院，思州府有思旸书院，石阡府有明德书院、起凤书院、龙川书院，铜仁府有铜江书院。除省会城市外，各地州县同样建有书院，如桐梓县有鼎山、松江二书院，绥阳县有洋川、新添、三台等几所书院，仁怀县有怀阳、培基二书院。可以说，清代贵州书院分布在全省各地，这也从一个侧面说明贵州书院的繁荣程度。

其次，黔东地区交通发达，地理位置与重庆、湖南等地毗邻，因此经济发达，人口数量和土地开垦数量较多，基本处于省内的领先地位。明代的书院最早就建于此，发展到清代，书院基本遍布黔东各地。黔东地区共有六府、二厅，共计58所书院，占书院总数的30.21%，近三分之一的书院都在黔东地区，其中不乏著名书院。具体见下表：

表3-4　清代贵州黔东地区统计表

书院名称	所属府、厅	书院数量	备注
秀山书院	镇远府	11 所	其中南山书院、岑麓书院建立时间不详
文明书院	镇远府		
龙渊书院	镇远府		
铜江书院	铜仁府	3 所	
卓山书院	铜仁府		
思旸书院	思州府	4 所	
屏山书院	思州府		
瑞云书院	思州府		
明德书院	黎平府	31 所	其中 8 所书院建立时间不详。
龙泉书院	黎平府		
明德书院	石阡府	5 所	
起凤书院	石阡府		
龙川书院	石阡府		
南皋书院	都匀府	15 所	
溥仁书院	平越直隶州	3 所	
他山书院	平越直隶州		
松茂书院	松桃直隶厅	3 所	
松阳书院	松桃直隶厅		
斗坤书院	思南府	23 所	其中斗坤书院、许市书院、凌云书院、銮塘书院建立或重建时间不详
为仁书院	思南府		
中和书院	思南府		

第三，清代黔东地区的书院多数是在明代即有基础上建立起来的，先后建立了10所，分布在府治及都匀、清平、荔波等县，独山、麻哈二州及八寨、丹江等厅。还有一些从未建过书院的地区，如大定府、兴义府、松桃直隶厅等地，也于清代纷纷建立了书院。

第四，在一些偏远的少数民族地区，特别是改土归流地区，明代以前从未出现过书院。清代，随着经济和文化的发展，这些地区到清晚期也建立起了书院。松桃直隶厅为原土司统治区域，明代教育落后，并未建立官学和书院，到了道光九年（1829年）建立了崧高书院。该书院也成为当地的首所书院，有着重大意义。光绪年间，又相继建立了松茂书院和松阳书院。

除此之外，清代贵州书院还有一个特点，即一些书院是在地方官学的基础上发展起来的，或由义学改建，或书院、义学合一而成。如锦屏县境的龙标书院、龙溪书院、上林书院、清泉书院、养正书院（或称"养正义学"），就是在当地义学的基础上形成的。

3. 清代贵州书院的建设力量

与明代相同，清代贵州书院的建设力量主要来自官办和民办两股势力，民办书院数量下降，官方书院的数量明显上升。高度官学化已成为该时期书院建设的重要特征。

表3-5 清代书院创建者统计表

书院所在地区	创建方式	创建类型	创建或修复人（职务）	书院数量	平均率
贵阳府	地方官与民间创办	官办15所，民办1所未详3所	贵州巡抚（4）知州（3）知县（6）民人士绅（1）州判（1）知州（1）	19所	官办78.95%民办5%未详15.79%
安顺府	地方官与民间创办	官办7所民办2所未详3所	厅丞（3）民人士绅（2）知州（2）知县（2）	12所	官办58.33%民办16.7%未详25%
兴义府	地方官与民间创办	官办7所民办1所未详2所	知府（4）生员（1）知州（1）知县（1）民人（1）	10所	官办70%民办10%未详20%
大定府	地方官与民间创办	官办16所民办1所未详2所	知府（3）民人士绅（1）知州（7）知县（3）通判（2）兵部尚书（1）	19所	官办84.21%民办5.3%未详10.5%

续表

书院所在地区	创建方式	创建类型	创建或修复人（职务）	书院数量	平均率
思南府	地方官与民间创办	官办 11 所 民办 2 所 未详 10 所	知府（3） 民人士绅（2） 知县（6） 巡检司（2）	23 所	官办 47.83% 民办 8.7% 未详 43.48%
思州府	地方官创办	官办 3 所 未详 1 所	学政（1） 知府（1） 知县（1）	4 所	官办 75% 未详 25%
石阡府	地方官创办	官办 4 所 未详 1 所	知府（3） 知县（1）	5 所	官办 80% 未详 20%
铜仁府	地方官创办	官办 3 所	知府（1） 贵东道（1） 知县（1）	3 所	官办 100%
松桃直隶厅	地方官与民间创办	官办 2 所 未详 1 所	同知（2） 地方公众集资（1）	3 所	官办 66.66% 未详 33.33%
平越直隶州	地方官与民间创办	官办 6 所 民办 1 所 未详 1 所	守道（1） 知府（2） 知县（3） 郡人捐献（1）	8 所	官办 75% 民办 12.5% 未详 12.5%
总计		官办 74 所 民办 8 所 未详 24 所	知府（17） 巡抚（4） 知县（24） 知州（13） 州判（1） 守道（1） 贵东道（1） 巡检司（2） 通判（2） 兵部尚书（1） 厅丞（3） 民人士绅（9）		官办 70% 民办 8% 未详 22%

由上表可知，官方办学特别是由地方官捐资建立书院已成为贵州书院发展的主要力量，该趋势大致从明代起一直延续到清代，且官办力量已大大超越了民间办学的力量。创建者及职务可考的书院78所，其中官办约74所，占总数的70%，民办8所，占总数的8%；有待考证的书院22所。通过以上数据可知：第一，地方

官成为清代贵州书院的建立主力军，三分之二的书院都是由当地各级官吏直接倡导或捐资而建的，基本沿袭了明代书院的发展状况。清初，统治者对书院采取抑制态度，但随着政治、经济、文化的发展，到了雍正十一年（1733年），统治者对待书院的态度有所变化：

"各省学校之外，地方大吏每有设立书院，聚集生徒，讲诵肄业者。朕临御以来，时时以教育人才为念，但稔闻书院之设，实有裨益者少，而浮慕虚名者多，是以未曾饬令各省通行，盖欲徐徐有待，而后颁降谕旨也。近见各省大吏，渐知崇尚实政，不事沽名邀誉之为。而读书应举之人，亦颇能屏去浮嚣奔竞之习。则建立书院，择其省文行兼优之士读书其中，使之朝夕讲诵，整躬励行，有所成就，俾远近士子观感奋发，亦兴贤育才之一道也。"

此外，雍正帝还规定了各直省督抚在书院建立过程中的地位和作用，及书院的经费、管理工作应该如何进行：

"督抚驻扎之所，为省会之地，著该督抚商酌举行，各赐帑金一千两，将来士子群居读书，豫为筹划，资其膏火，以垂永远。其不足者，在于存公银内支用。封疆大吏等，各宜殚心奉行，黜浮崇实，以储国家菁莪棫朴之选。如此则书院之设，有裨益于士习民风而无流弊，乃朕之所厚望也。"①

为了便于管理，书院的院址将较为偏远的地方转移到省会城市，并由一省封疆大吏总督、巡抚进行直接管理，"有化导士子之职"。朝廷为书院出资，增强了书院的办学力量，也便于地方官府对各个书院的掌控，这亦成为书院官学化体制的雏形。

第二，贵州中高级官吏提倡或捐资建立书院的风气日盛，共计11位，以学政、知府、巡抚、尚书、通判、知州为主。如乾隆年间，贵山书院的三位著名山长，学识渊博，能力出众，经过多年的奋斗更是桃李满天下，被称为"贵山三先

---

① （清）昆冈等，钦定大清会典事例·卷三九五·礼部·学校·各省书院[M].清光绪二十五年刻本.

生"，他们分别是陈法^①、张甄陶^②和艾茂^③。

陈法在担任贵山书院院长期间为书院购置了大量图书供师生参考和学习。《安平县志》载："（先生）掌教贵山书院，十年所得修脯，一无所取，为置书院膏火，数遣人往京师购置内版书贮院中。"针对贵山书院存在的学风散漫、学生自由无度、教学不严谨等情况，陈法更是以身作则，严格执行各项规章制度，对学生"申明学约，于科举俗学之弊，谆谆致戒"，从根本上端正了学风。他培养的弟子众多，或入仕参加科举居官或成为文学、艺术领域的翘楚，如著名诗人兼书法家谢廷薰等就曾在书院读书，后考取功名，成为地方的杰出代表。对于陈法的杰出成绩与贡献，《黔诗纪略后编》有如下评价："吾黔理学，有明以孙文恭（应鳌）、李同野（渭）为开先。孙李之学时有出入，惟定斋（陈法）祈响紫阳，粹然一出于正，主讲贵山书院二十年，申明学约于科举俗学之弊，谆谆致戒。"

张甄陶以学识渊博、人品端正、领导能力强而闻名。他在云贵地区担任山长，其中在云南五华书院5年，培养了大批人才，之后赴黔担任贵山书院山长达11年，领导有方，功绩显著^④。

艾茂以教学思想先进、育人有方、教学效果显著而著称。他先后在云南五华书院、贵山书院任教14年之久（在黔约9年的时间），启迪人才，经世致用，注重

---

① 陈法（692—1767年），字世垂，号定斋，安平（今平烟）人。康熙年间进士，授翰林院检讨，出任过知府、运河道、庐凤道道员。受聘为贵山书院山长二十年，培养大批人才，著有《明辨录》，以批驳陆王心学，又著《易笺》8卷，收入《四库全书》中；另著治河专书《河干问答》1卷、散文《犹存集》8卷、《内心斋诗》11卷，均刊行。

② 张甄陶（1713—1780年）是乾隆帝特批的贵山书院山长。字希周，一字惕庵，福州人。乾隆年间进士，翰林院编修。曾在云南五华书院任山长5年，桃李满天下。后云贵总督刘藻（贵州人）特上疏表彰其业绩，并举荐他担任贵山书院山长。张甄陶博学多识，天文、地理、乐律、兵法、水利河防及农桑方技之书，无不周览。著有《周易传义拾遗》《尚书蔡传拾遗》《诗经朱传拾遗》《祀记陈氏集说删补》《春秋三传定说》百卷，以及《松翠堂文集》30卷、《惕庵杂录》16卷。

③ 艾茂（1722—1800年），字颖新，号凤岩，麻哈州（今麻江县人）。家学渊源，其曾祖艾世美与邹元标结为诗友，互有唱和，祖辈艾友芝、艾友兰、艾友芸均为元标门生。以下几代均有诗人。其后裔集有《艾氏家集》传世。艾茂中为乾隆年间辛未（1751年）科进士，改庶吉士，授检讨。14岁应童子试，提学使部一桂拔置第一，赠诗云："两序温文归大雅，五经讲诵逊神童。"艾茂著述甚富，有《易经人道》《贵山四书集讲》《贵山新草文集》《宝珠堂诗集》等。

④ 《贵州通志》中评价张甄陶及其突出贡献："学问深醇，掌教贵山书院多年。乾隆以后贵州文风进步迅速，甄陶大有力焉。较之守令者，政绩有过之而无不及。"

学生学识和品德的培养。在他执教期间，贵山书院的学风大振，学生的学习态度和成绩大为改进，并在科举考试中屡创佳绩。在己卯（1759年）科乡试和庚辰（1760年）科会试中，贵山书院更是在全省拔得头筹，受到清朝政法的奖励。

对于三位山长的贡献，清代学者陈田在《黔诗纪略后编》写道："前此主贵山者，有安平陈定斋，闽张惕庵，学者称'三先生合祀焉'。"

顺治年间，战火尚未全熄，统治者便下令"今天下渐定，朕将兴文教，崇经术，以开太平"[①]。即便在偏远的贵州地区，统治者仍推行儒学。贵州的各级地方官吏，无论流官、土官、学政、巡抚、知府、知州、知县，多有热心办学之人，采取各种较有效的措施加以贯彻，掀起一次又一次办学热潮。他们纷纷创建书院、官学、社学等各类教育机构，促成贵州子弟"努力向学、读书习礼"的社会风气。可以说，有清一代，受到中原地区文化的影响，加之政府的大力扶持和地方官员的高度重视，地处西南腹地的"蛮夷之地"——贵州，其文化教育事业有了极大的发展，有了和中原比肩的趋势。这就是所谓的"趋同中州"，延续到清末更出现了"六千举人，七百进士"之盛况。

---

① （清）赵尔巽. 清史稿·选举志一[M]. 北京：中华书局，1976：3114.

第三节　清代贵州书院制度

书院制度最早出现在唐代，宋、明走向繁荣，清代日臻成熟，发展至顶峰。这个时期的书院具有多种功能，组织架构也日趋完善，相互协作，可令书院教育教学正常运转。由于所处位置不同，书院的发展也不尽相同，其组织架构也有较大差别。鉴于此，兹将清代贵州书院的各项制度加以介绍和说明。

一、书院的管理组织

作为文化教育事业、培养人才的基地，书院的功能包括学术研究与交流、教育教学、讲会制度、藏书、刻书、祭祀、社会服务等，涉及政治、经济、文化传播与发展等各个方面。

教育教学、藏书、学术科研交流是书院的主要功能，由书院的山长、副山长负责，具体工作由经师、馆师、主讲、副主讲、助讲、助教、堂长、管课学长、训导、司录等承担。山长一职至关重要，是书院的管理者和主持者，其学识涵养关系着书院的发展和昌盛。和以往朝代不同，清代在选拔山长时不仅要求候选者德才兼备，具备较高的学识，还要有可靠的官方背景。最高统治者或地方官府直接掌控书院山长的聘请权和任免权。乾隆元年（1736年），乾隆帝就下旨对书院山长的任命做出规定：

"居讲席者，固宜老成宿望，而从游之士，亦必立品勤学，争自涤磨，俾相观而善，庶人材成就，足备朝廷任使，不负教育之意。若仅攻举业，已为儒者末务，况藉为声气之资、游扬之具，内无益于身心，外无裨于民物，即降而求文章成名，足希古之立言者亦不多得，宁养士之初旨耶！该部即行文各省督抚、学政，凡书院之长，必选经明行修、足为多士模范者，以礼聘请。

"负笈生徒，必择乡里秀异、沉潜学问者，肄业其中。其恃才放诞佻达不羁之士，不得滥入。书院中酌仿朱子《白鹿洞规条》，立之仪节，以检束其身心；仿《分年读书之法》，予之程课，使贯通乎经史。有不率教者，则摈斥毋留。

"学臣三年任满，咨访考核。如果教术可观，人材兴起，各加奖励；六年之后，著有成效，奏请酌量议叙。诸生中材器尤异者，准令荐举一二，以示鼓舞。"①

可见，清代书院的山长不仅学识渊博、人品高洁、能堪大任，且多由官方进行选任，不拘于本省的名士，只要有才华人品端方者，无论是否有功名，俱以礼相待，给予优厚待遇，可令其安心训导。如贵阳贵山书院"三先生"之一的张甄陶，曾在云南五华书院任山长5年，桃李满天下，令五华书院名声大振。后云贵总督刘藻（贵州人）特向皇帝上疏表彰其业绩，并举荐他担任贵阳贵山书院山长。张甄陶在贵山书院任山长11年，恪尽职守，鞠躬尽瘁，通过自己的不断努力，培养了一大批黔中人才，同时赢得了当地士子读书人的敬重。再如乾隆、嘉庆年间贵山书院的"二山长"之一——何泌②。进士及第后，他无意于仕途，任翰林院编修未及一年便辞乡回籍，专心教学育人。何泌回黔后，先是受王湛恩的邀请在贵山书院担任主讲，后因工作出色，被聘为书院山长，后邀请其友人兼同乡翟翔时③任书院监院。两位山长携手重整了贵山书院的学风，严格治学，制定了完备的规章制度。何泌还亲授儒学经典，主张以德修身，强调思想道德教育。在何泌的苦心经营下，书院学风大为改观。而翟翔时注重培养学生的品德修养和人格塑造，并以身作则，经常告诫学生谨德行、勤攻读，"立心制行，以圣贤为己之学自期"，而对犯错的学生则耐心教诲，以德服人，因此备受学生的爱戴。何泌、

---

① （清）昆冈等.钦定大清会典事例·卷三九五·礼部·学校·各省书院[M].清光绪二十五年刻本.

② 何泌，字邺夫，一字素园，贵州贵阳人。自幼受到良好的家庭教育，学习勤奋，知识广博，乾隆五十二年（1787年）考中进士，改庶吉士，授翰林院编修。因无意仕进，任编修未及一年便请求回籍，专心育人。嘉庆十三年（1808年），何泌病逝，士林哀悼失去一位名师，其门人将其入祀于城东扶风山麓的阳明祠，岁时进行祭祀。

③ 翟翔时（1744—1810年），字审庵，号悦山，贵州贵阳人。性格淳厚，聪颖好学，7岁便能作文，青年时博览群书，对《尚书》《左氏春秋》尤有研究。乾隆四十二年（1777年）中举后，四次赴京会试不中；五十三年（1788年）获选贵阳府训导；五十六年（1791年）受何泌之邀，出任贵山书院监院。

翟翔时先后任贵山书院山长长达20余年，励精图治，取得了优异的成绩——贵山书院的科举中士者多达百余人，其中担任重要职务者15人，在地方任布政使、学政、知府、知州、知县者达40余人，著名人物有宋劭谷、花杰、胡万青、何应杰、翟锦观、苏廷菜等。贵山书院由此名声远扬，前来求学的士子读书人更是络绎不绝。①

除山长外，书院还设置专门掌管行政的院总、监院、监理等职作为山长的副手，其中以监院最为普遍，稍有规模的书院皆设有此职。监院一职始于明代，在清代比较常见。监院一般具有官方身份，特别是直省的各个书院监院，或由地方官员任命，或由学政担任，或由地方公推，也有由山长推荐或直接任命的。监院名义上在山长之下，听从山长的安排，实际上代表的是官方，多少有监视山长的意思。清代著名学者洪亮吉在担任贵州提督学政期间，不仅引领黔省士子的读书风气，开化"苗疆"，而且兼任书院监理，定期到书院进行讲学，并严格遵循书院的考核制度，对成绩优异者"讲贯诗文，娓娓不倦，助以饮馈，奖之银两"，并不定时进行推荐。一时间，贵州地区的崇文尚学之风日盛。经洪亮吉选拔、推荐的优秀人才后来在文坛和政界均有出色的表现。

"堂长"之名起源于宋代。在一些书院的架构中，山长之下设堂长，如宋代的岳麓书院皆曾有此职。其职责主要是协助山长负责书院具体事务和学生的管理工作，即"纪纲庶事，表率生徒"。明代以后，堂长的权限缩水，仅有管理学生一项，具体负责课堂考勤、课堂（讲会）记录、答疑解惑等工作。

明、清之前，由于规模、规制尚不完备，书院的行政事务较少，除财务、学田由司计、直学等管理外，其余皆由山长一人统摄。随着书院不断官学化，地方书院特别是直省书院和官府的联系愈发密切。在官方的支持下，书院的发展规模宏大，工作也越来越繁复，山长精力有限，无顾及不暇，便设置了监院、监理、斋长等职，协助工作，并在不断发展中形成了行政、财务、勤杂等完整的管理体系。贵阳的三大书院皆设有监理一职，负责书院的监察工作。贵州其他地区的书院，如岩脚（今六枝）的爱莲书院设置监院一人，郎岱（今属六枝）延聘副山长一名、监院一名，协助山长工作。

---

① 何静梧等.贵州历代著名教师[M].贵阳：贵州教育出版社，2000：63.

学生的管理工作是书院的重要职能之一，也是书院区别于官学教育的特色之一。这一制度始于宋代，堂长、斋长皆属于此类职务。其他职务诸如司计、掌祠、掌书、典谒、司录、经长等多在书院优秀学生中进行选择，被称作"职事生员"。职事生员有"任人唯贤，才能为重"的特点，选择标准并不固定，根据书院特点和职位的不同，可以选择成绩优秀、性格稳重、才能出众、善于交际、学有专长的学生。任职时间也不固定，多与任职者是否尽职尽力有关。职事生员除书院固定的膏火银外，还有与职务对应的"贴食钱""辛资"等补贴。职事生员中最重要的职务是斋长。斋长一职起源于宋代，主要负责学生的管理工作。南宋岳麓书院曾定额招斋生数名，精心栽培，从中选择人品端正、性格和善、成绩优异者为斋长，限定名额三到四员。斋长任期不限，根据工作效率和工作成绩而定。其职责主要是考课考勤、劝善规过、协调学生关系，即所谓的"相与劝善规过，析疑辩难，佐山长所不逮"；同时还要协助管理书院财产、图书，以及主讲授课、每月固定的考课，年终各类生徒的考核，发放学生膏火银等工作。一如其他职事生员，斋长也设置津贴和各类补助。清代的贵州书院沿袭明代旧制，普遍实行分斋学习制度。如大定府（今属大方县）有讲堂、斋舍十二间，主讲二人，由知府延聘，年束脩银各124两，月官课1次，堂课2次；①再如贵阳三书院之一的贵山书院，嘉庆二十五年（1820年）经粮储道倭臣布捐资大行扩建后，规制空前，计有头门三间、左书办房五间、右监院所三间、内门西"神宫"三间、内房五间、客房二间、厢房一间、二门三间、内讲堂三间、堂左五斋、额"居敬""尊闻""赏奇""晰疑"各十间、额"聚学"五间、堂右五斋、"立诚""知行"各十一间、"问辨"五间、"集思""广益"各六间。②贵山书院有"立诚""知行""问辨""集思""广益"六斋。书院学生根据不同的特点进行分斋学习。而全省各地书院多数设有斋长，人数不定，依据书院的规模而定。如安平（今平坝）县的治平书院，由知县聘请进士或举人主讲，设斋长二名，由山长从生员中保举，知县委任，以管理租谷收发、办祭典等事宜。③兴义府的笔山书院，设斋长

① 季啸风主编. 中国书院辞典·贵州省[M]. 杭州：浙江教育出版社，1996：298.

② 季啸风主编. 中国书院辞典·贵州省[M]. 杭州：浙江教育出版社，1996：311.

③ 季啸风主编. 中国书院辞典·贵州省[M]. 杭州：浙江教育出版社，1996：307.

二人，由廪生中轮流选任，年得"友学谷"四石。①归化厅（今属紫云）的梅花书院（又名"厅城书院"），有泮池、斋舍三进三院共三十六间，另有浴室、水池、花坛等，环境优雅，宽敞明亮。明、清时期，规模较大的书院还设有副斋长、协理斋长等职位，以协助斋长处理书院的学生工作。如清代著名的岳麓书院就曾设协理斋长。

教育教学是书院最重要的职能，书院中专门负责教学工作的有如下几类职事：

主讲，或称"书院儒学教授"。"主讲"之名在北宋真宗年间就已出现。主讲一职在元代正式确定下来，主要负责书院的教育教学工作。主讲来源一是受书院山长（院长）或当地政府官员的聘请，到书院进行授课。如受贵州提督学政严修诚心聘请到贵山书院讲学的著名贵州籍经学大师雷霆珍。②光绪二十年（1894年），严修到贵州落实教育改革，久闻的名声，却一直没有见面。后两人因缘相见，相谈之下一见如故，严修决心聘请雷霆珍主持书局的修建和整理工作。两人多次书信往来，雷廷珍于光绪二十年（1896年）三月就任贵州官书局的董事。在此期间，雷廷珍与严修一起拟定教育改革的方针、策略与条款，建立了深厚的友谊。后严修将贵山书院作为"试点单位"，进行教育教学的近代化改革，并聘请雷廷珍担任山长，积极参与书院各项管理工作，如更新教学内容、完善书院规章制度、招生、筹建师资、学管及后勤工作等。经过大半年的筹划与准备，贵山书院于光绪二十三年（1897年）三月末正式更名为"经世学堂"，开始对外招生与教育教学工作。雷廷珍除主持书院的日常工作，还担任书院主讲，讲授儒学经典。严修也担任书院的教授，讲授数学、天文、地理等科，其他如时务、外语、格致、翻译、军事等科目则延聘名师进行施教。严修和雷廷珍全心全意将工作重心放在教学和管理上，严格考课制度，每月考试会根据学生的成绩进行奖惩，优则赏，劣则罚；在学术方面，他们提倡思想自由、师生间平等交流，积极介绍国内外的最新思想，以适应时代的发展。书院共计四十名学子经过刻苦努力，在科

---

① 季啸风主编. 中国书院辞典·贵州省[M]. 杭州：浙江教育出版社，1996：312.

② 雷廷珍（1854—1903年），字玉峰，贵州绥阳县人。幼有立志，喜欢读书。七岁后，文思大进。弱冠入庠，光绪戊子年（1888年）举于乡。后屡游京师，以圣学时务著为论说时，被斥为诞，遂辞官，在家专心著书。

举考试中金榜题名，位列当地众书院学子之首。再如兴义府的笔山书院，于光绪三十年（1903年）聘请贵州当地名士徐天叙担任主讲，着重经史，每月汇聚各界人士举行讲演，由此，普安州的文化教育风气为之一振。姚华、熊继光等具有新思想的著名学者也曾担任书院的主讲。①再如为颐和园题匾的著名书法家兼教育家严寅亮②于光绪二十三年（1897年）从铜仁府的印江来到贵阳，在正本书院担任主讲；后因成绩出色，又延聘到铜仁，在当地规模最大的铜江书院担任主讲。严寅亮学识渊博、人品出众、教学态度认真，非常受学生的爱戴和尊重。他在铜江书院执教三年，桃李满天下，一时被传为美谈。辛亥革命后，年近古稀的严寅亮再次返回家乡印江，目睹家乡文化教育落后，立即筹措资金，约集乡人以故居旁奎阁作为校址，创办了正基初级小学。1913年，他应尹笃生校长邀请，担任省立贵州师范学校教职。严寅亮一生为印江的教育事业呕心沥血，兢兢业业，直到暮年依旧活跃在教学一线，可歌可泣。

除此之外，还有训导一职。该职主要负责督导教师和课堂纪律，两宋时期已经出现，至元代受书院官学化影响，被纳入职官体系之中，故稍有规模的书院皆设此职。论其地位仅次于山长，由地方提学副使或巡抚、学政直接任命。明代白鹿洞书院曾设此职，清代岳麓书院也曾设训导一职，对师生进行管理，清代贵州三书院皆设有此职，用以督导生徒。

二、清代贵州书院教育与教学

1. 书院的课程与教学设置

清代贵州书院的课程设置基本沿袭明代，以"四书""五经"作为主要教材，还增设八股文，使书院逐渐走向官学化。此外，宋明理学大师的著作，如《朱子语录》《性理精义》，《近思录》中的《朱子太极图解》《西铭注》《定性书》《颜子

① 季啸风主编.中国书院辞典·贵州省[M].杭州：浙江教育出版社，1996：312.

② 严寅亮（1854—1933年），字弼臣，号剩广，别号碧岑、阳坡山民、阳坡居士，贵州省印江县阳坡人。出身耕读世家，幼年勤奋好学，对书法尤为钟情，年十四即以能书画，传颂乡里，惊动四邻，索书者不绝。十九岁入思南府学，旋补弟子生员。光绪十五年（1889年）三十五岁，始考中举人，后授四川候补知县。1933年，因痼疾复发，医治无效，逝世于贵阳，子孙将其灵柩运回原籍印江安葬。

所学何学论》等也是书院重要的课程内容。清政府并不提倡"王学",甚至斥之为异端,但因贵州与王阳明有着密切的关系,心学思想始终在当地各大书院广为流传,因此,诸如王阳明与弟子授课过程中的问答记录《传习录》也会被书院视作教材。清末的教育改革开启了近代化的教育体系,书院课程更加多元化,除儒家经典、经学外,增设了算学、时务、军事、英语、翻译、地理等课程。如莲池书院的主讲黄彭年①将书院作为国家培养人才之地,主张书院不仅要开设儒学课程,让学生懂得学理,精研经史、训诂学,还要对各地形势地理、山川风貌有深入的了解,甚至可以到全国各地进行实地考察。他指出:"夫学不殖则落,仁无辅则孤,中外之形势扼塞,四方之风俗美恶,古今政治之盛衰得失,不考则不知。士就闲燕,辟萃州处,讲贯而服习之,善则相劝,过则相规,学之成也。穷则以孝弟(悌)忠信化其乡,达则以经济文章酬平世。"再如镇远府毕节县(今毕节市)的松山书院(又称"毕阳书院"),以"立教以存心、立品为本,以储经济、达时务为用"为教学宗旨,除授经、史外,还讲政学、策论、数学等。②光绪二十三年(1897年),严修督学正习书院,专订《肄业条约》,考选全省高才生四十名,分斋肄习;聘雷廷珍主讲经学,其余则教以数学、时务、格致、英文、史地等。书院风气讲求时务,经世致用,故又有"经世学堂"之称。③镇远府(今黔东南州)的秀山书院以"文明"专课制艺,以"秀山"专课经史。平越府(今属于福泉)的墨香书院在清末改制废除科举后,以讲授古今政治、历史为主,并精研经史,可谓古今结合,中西相宜,并教授西学、外国政艺、算术等。④

除有教师讲解课程外,书院更加注重学生自学和独立思考能力的培养;在学习内容方面既注重课程、教材的学习,还注重道德品质的培养,兼顾科举。如贵州学者贺长龄在落实教育改革之际,要求贵山书院的学生每天记录"学习日志",

---

① 黄彭年(1824—1890年),字子寿,贵州贵阳人。道光二十五年(1845年)考中进士,改庶吉士,授翰林院编修;同治十年(1871年),直隶总督设局重修《畿辅通志》,聘其为主纂;光绪四年(1878年),李鸿章任直隶总督,聘请黄彭年兼任莲池书院主持;光绪八年(1882年)被荐授湖北襄郧荆道道员,旋升湖北按察使,再升陕西布政使;光绪十一年(1885年)调江苏布政使,后为江苏巡抚,为官刚正清廉,关心民生疾苦,政绩卓著,颇获称赏;光绪十六年(1890年)调湖北布政使,赴任不久病逝于任上。

② 季啸风主编. 中国书院辞典·贵州省[M]. 杭州:浙江教育出版社,1996:304.

③ 季啸风主编. 中国书院辞典·贵州省[M]. 杭州:浙江教育出版社,1996:302.

④ 季啸风主编. 中国书院辞典·贵州省[M]. 杭州:浙江教育出版社,1996:317.

就是将每天学到的、读到的内容全部记录成册，通过这种方式来自我反省、自我提高。再如贵山书院曾规定读书学习的时间表，要求学生进行自学和儒家经典的诵读。贵山书院的学规有云：

"一、凡初入书院者，先读《近思录》《性理精义》。《近思录》中《朱子太极图解》《西铭注》《定性书》《颜子所学何学论》，皆须成诵。其余语句，零星皆须熟看，紧要者亦须记取，反复玩味，令通透了彻。《性理》中《通书》七卷、八卷、九卷、十卷，除历法外，皆须成诵。十一、十二卷熟看，紧要者记取。易学启蒙读《易》时再看，其余且缓。

"终日只读一书，恐易生倦。所选《古文》，略去风云月露之辞，莫非义理所在，随意兼读；长篇，或二三日读一篇，亦不妨。

"二、每日所读书，登记读书日程；即所看《近思录》《性理》若干条，亦须记明起止，以便考核。各人资性不齐，难以一定，但须自尽一日之力，不可自欺欺人，自作罪过。"①

总体来说，书院的课程设置以儒家经书为主，内容上注意古今、中西结合，教学方式是教师指导与学生自学相结合，重视学生重视经世致用思想和道德品质的培养，学问与科考并重，注重理论与实践相结合，鼓励学生解放思想、开阔视野、总结灵活实用的学习方法。

2. 书院的学规的设置

没有规矩不成方圆。学规是书院教育的总方针，不仅规定了书院的培养目标、人才管理方案，以德治和进学为最基本的要求和标志，同时也规定了师生的生活作息时间。学规最初出现在两宋时期，由于当时书院发展还不够完备，各项制度仍在探索之中，导致书院的学规比较笼统抽象，不易令人理解，随着生产力的发展、经济水平的提高，学规逐渐走向正规化、标准化，制定得愈发详细具体，尤其对教师授课和学生道德品质方面的规定十分严格。

早期书院的地理位置较为偏远，多位于幽远山林之处，因此在制度上多少受

---

① （清）陈法.犹存集.卷八·杂作·陈法诗文集（下）[M].贵阳：贵州人民出版社，2010：197—201.

到了佛教禅林制度的影响或启发。例如寺院中有长老、主持、分座等职位，分斋诵经的方式后被引入书院，就是后来的分斋进行学习。此外，寺庙还有讲学制度，即聘请得道高僧到各个禅院讲授佛经，之后众僧人进行讨论和交流，时间一般为每年四月十五日之后，讲会过程中的仪式和程序庄重且严肃。后来，这一制度被书院继承并沿袭下来。

历史上第一个比较系统完整的书院学规出自南宋时期朱熹所在的白鹿洞书院，即"白鹿洞规"，此后亦成为历朝历代共同遵守的规章制度，被称为"总纲"。

"白鹿洞规"共计六条如下：

一、正趋向以立其志；

二、主诚敬以存其心；

三、博穷事理，以尽致知之方；

四、审察几微，以为应事之要；

五、克治力行，以尽成己之道；

六、推己及物，以广成物之功。

后经几代山长发展，有所调整，至康熙年间，白鹿洞规变为七条，主要围绕立志、专学、静心、实干、公正。具体如下：

一、专心立品；

二、潜心读书；

三、澄心烛理；

四、虚心求益；

五、实心任事；

六、平心论人；

七、公心共学。

在明代贵州地区，龙冈书院创始人王守仁曾制定"教条示龙场诸生"作为书院学规，并被贵州其他地区的书院所沿用，主要包括四条内容：一曰立志、二曰勤学、三曰改过，四曰善责！清代，书院对肄业诸生的规定更为详细复杂，大致以"孝、悌、忠、信"为基础，从道德、学业两方面进行规定和约束。如贵阳府三大书院之一的学古书院，贵州提督学政严复曾订下《学古书院肄业条约》，具体内容如下：

"一、每月朔日（阴历每月初一日）昧爽（黎明），院长（雷廷珍）率诸生具衣冠，诣至圣先师神位前，行三跪九叩礼。

"诸生十人为一班，班序以齿（年龄）。院长行礼毕，初班继之，礼毕，向院长一揖，退俟于左。次班序进如初仪，退俟于右。次复左，次复右。四班既毕，左右相向各一揖，退就舍，昔《程董学则》首严朔望（阴历每月十五前后）之仪。《汉书》称，唐生、褚生应博士弟子选，枢衣登堂，颂礼甚严，非直以为容也，礼在则然也。平日会讲，虽仍深衣而屣履歆冠，在所必禁。

"二、诸生宜谨守《学规》，笃信师法，不得面从背毁，教辟不共。

"昔顾千里于段懋堂，始尝倾心从而问业，卒以议礼聚讼，遂至衅终。彼犹非受业弟子也，而识者已重訾（毁谤非议）之矧（况），乃著籍及门，安得颟己自恣。且朋友交绝，尤禁恶声。若果趣舍悬殊，则托故请辞，其谁能禁？往者三书院（贵山、正习、正本）生童，或有因考居下等结怨院长者，揭书腾谤，大累士风。今尔诸生，固无虑此。然履霜集霰，杜渐必严。其机一盟，虽小不宥。

"三、诸生宜恪守礼法。凡冠服诡异，举止轻佻，忿詈喧呶，狎侮谑浪，以至饮博浮荡之举，市井鄙俚之谈，种种恶习，并宜痛戒。

"主敬两言，程朱心法，语其条目，使者自反。概乎未能顾义，取相规弊，先去泰若。夫静存动察，躬行力践之实，顾与诸生共勉之。

"四、朋友讲习，虚心讨论，互相切磋，不得恃己骄人，致生嫌隙。

"质有钝敏，学有早暮。吾生有涯而知无涯，已知不足浃（矣），未知不足惭也。我质于人，虚以受之；人质于我，诚以语之。过相箴，善相告，如是则有居稽之乐，而无凶隙之忧。德进业修，两收其效。

"五、院中各办人役，或言语不逊，或呼应不灵，诸生则自诸监院戒之、惩之，甚者遗之。毋得肆行诟詈，予人口实。

"《程董学则》特列'使人'一条，其言有曰：'庄以莅之，恕以待之。'准此两言，思过半矣。以院规论断，不容若辈逞骄。为诸生谋，无轻与小人结怨。不唯远怨，抑亦检身之一事也。

"六、凡外人有事来访，须由门者入告主人。肃客相见于讲堂，概不许延入本斋，以致纷挠。

"知友惠顾，远客临存，人事之常理，难谢绝然。或漫无限制，则往务四十人，谁无三五故旧。日来数十辈，将户穿径塞，自挠亦以挠人。不特此也，同舍诸生，各有常业，虽比屋相接，亦不宜往还太数，两误日程，盖道义相剧则贤于孤陋。若闲谈送日，又不如独居之为愈也。

"七、每月逢十则停课一日，月小则用晦（阴历月终），遇清明、中元（旧俗夏历七月七日）、中秋诸节，则视日之远近议相抵算，临时由院长酌定。

"是日或归而省视，或出入眺游，一听其便。客居者，抵暮而返；城居者，读旦复来。藏修游息，《经》有明训；分休了沐，官有长期。泰西之例，凡百执业，七日一休息，而余日则无或旷功。一弛一张，犹有古意，纾其力，正欲课其勤也。

"八、除常假应课外，余日不得闲旷。

"或有要事则以纸写姓名，注明事故，约定时刻，诣监院告假。监院注之考勤簿，曰：某生甘刻某事告假，几许时还而销假，亦注之。逾时不还暨托故者，罚饩半月。综计一月之中，除官堂诸课暨常假期，得二十日耳，通年而论则十损其三。荀子曰：'其为人也，多暇日，其出人不远矣。'诸生志之。

"九、每夜二鼓扃门，先由监院按斋巡视，院中不宿外人，院生亦不准宿外；

"宵行有禁，宴息有时，夜不出门，曾文正公（曾国藩）日课之一也，有违斯约，非效暮夜之请，即耽狎邪之游，罚必随之。

"十、专门切用之书，按照院长开示书目，随时自购。

"翻检点勘，所需不时。院中虽有官书，案头亦宜置读本。《榆轩语》云：'买书勿吝，节衣缩食，犹当为之。'郑氏子尹（郑珍）故寒士也，读其《巢经巢记》，以至妻孥饿槁，而不忍节其购书之资。今院长亦寒士也，而畜（蓄）书之多，乃为使者所不及，通人志趣，固自不同。凡我诸生，所当效慕。

"十一、月中由院长调日记、札记及考勤簿，核勤惰，定优劣，揭榜以示鼓励，使者复核之，勤者酌奖，惰者初次批饬，再则罚半月饩，三则开除另补。

"十二、凡故违学规条约者，轻记过，重开除，尤者降黜。记过三次者以重论。

"读书甘苦，使者亲尝。向来待士，有失之纵，无失之刻，今兹则有不可一概论者。书院改章，事同创始，群居日久，习染易滋。设一无约束，则未睹其利，先见其害。且通省士子何止数千，就中仅取四十，予以高材之目此，固局外所艳美，亦即有识所吹求。律以春秋责备之义，有不容轻为假借者矣。抑使者为诸生计之：既廪虽未为丰，而有准应月课之例；起居虽未为适，而无销算屋室之烦。绳督虽严，而体恤亦至；课程虽密，而休憩有期。师为通儒，友并佳士，书城坐拥，弦歌宴如。所求于诸生者，唯此讲贯服习之劳，而又皆切己之事，此而不勉，时不再来。尚念之哉！尚念之哉！"①

为了便于对学生加强管理，书院对违反学规、不认真研学、不考勤者一律严加管教，罚膏火银，甚至进行体罚，重者开除学籍；同时对请假、销假制度也做了非常严格的规定。如陈法担任贵山书院山长时，就曾作《贵山书院学规》对以上情况做了相应的规定：

对就寝时间的规定：每日打点后，即起；二更尽，就寝，以此为常。当此长夜，何妨至夜分静夜，正好用工。日间切戒闲游聚谈，荒己之功，并荒人之功。或薄暮偶尔相聚，亦须讲论所读之书，赏奇晰疑，劝泼规过，乃有朋友之益；若游谈无根，甚至谑浪笑傲，此比匪之伤也。

对考勤的规定：出入仍遵旧规：写条、领签。一月只领签三次。本城者，朔望归家省亲，勿厮领签：外亦只领签三次。或晨出暮归，或暮出晨归，不得稽延，一并凛遵。如有乖违，先记大过；过而不改，是自弃也。

对请假、销假的规定：有事告假数日者，具假单送学，按扣膏火。

对学堂纪律的规定：读书勤苦，工毕杯酒自劳，亦所不禁；但不得喧哗、沉醉，亦不得引入闲人聚谈共饮，有一于此，断不姑容。②

① （清）严修.贵州通志.选举学校志[M].民国三十七年刻本.
② （清）陈法.犹存集.卷八·杂作·陈法诗文集（下）[M].贵阳：贵州人民出版社，2010：197—201.

从学规中可以看出书院不仅重视学生的学业进步，还注重学生的品德修养，且明确规定各项待人接物、言谈举止的具体要求，对书院的管理起到了重要作用。

3. 书院的经费及开支

书院的经费是书院得以维持和发展的重要保障，是保证书院正常展开各项活动而投入和消费的人力、物力、财力总和。书院的经费主要用于这样几项：一是创建书院所需的各项人力，包括书院基址设计者、施工工匠的工钱，修建书院所需要的物料费等；二是书院各类管理人员、行政人员，如山长、监理、堂长、主讲、教师、训导、馆师等的开支，过年过节所发放的各种福利待遇及其他辅助人员、后勤保障人员所需要的各项费用；三是书院学生所需要的费用，如发给肄业生徒的膏火银、给予科考及第者的奖励，以及给予从事学生管理工作的斋长、学长的津贴等，甚至社会上某些鳏寡孤独者的用度有时也要从书院的经费中支出。关于书院的各类具体开销，天柱县凤城书院做出如下规定：

"山长束脩，每年议定制钱一百二十千文外，供火食钱四十千，关聘、节敬、赞敬、迎送等费四十千文，照月扣交，总须主院认真训课。县汇传茶议共给钱四百文，巡风钱四百文，炮手钱二百文，鼓吹手一千文，保长及出厂各色人役，共给钱一千文。书院官师课卷，每月议定制钱一千二百文，课卷用'洁光细纸'，写榜用'夹料白纸'，不准草率。值年首士四人，每年共火食钱三十千文，此项原系办公，每该钱三千，只许在院办事支销，如不在院办公，不准冒滥领取。书院岁修，每年计钱十千文，如有荒废不修之处，惟值年首士是问。书院看司，照定详案，将西门外李家陇田四丘，收谷十一石，载毛粮四斗零，许某自种自食，纳粮当差。此外概行裁革。以道光二十三年（1843年）为始。如有怠情滋事诸弊，即行驱逐。追还执照，另选充当。"

从上文可见，山长是书院的灵魂人物，除有固定薪资外，还有关聘、节敬、赞敬、迎送等方面的补助，待遇优厚，且因其贡献卓著、人品端正，享有较高的社会地位。由于盛名在外，山长也常被其他各大书院邀请进行讲学。而书院其他的收入、各项管理费用、管理人员的支出、书院赖以生存的田亩收入也都计入其中，可视为清代贵州书院经费开支的典型代表，基本代表了当地书院的基本情况。书院经费名目众多，不胜枚举，皆是山长等管理人员苦心经营所得，可以较为真实地反映出历代书院建设者们对书院经费的重视与关注。

在中国古代社会，"士"是四民之首，士关系到社会的兴盛发展，而书院是培养士的首选之地。于是就有所谓的"养士无赀"，则有书院"甫兴旋废""书院不可无田，无田是无书院也""院有田则士集，而讲道者千载一时，院无田养士难久集，院随以废，如讲道何哉"①的说法。由此可见田亩对于书院的重要性。

书院的经费来源较多，具体可分为"产额"和"租息"两大类。产额主要有田地、铺屋、基金三大项；租息下有租谷、租银两大类。这说明农业收入是书院经费的主要来源。清代贵州地区书院的经费来源亦如此。如道光二十六年（1846年）安顺府（今安顺市）西莲社街的凤仪书院，朱德璨制《书院田土并章程碑记》记录书院的田产情况，具体如下：

"书院置设田地，原以备课卷、奖人才，及一切薪水、工食之所资也。各款需费备载前碑，积久弊生，竟有佃民裁改块角而不知，书役侵蚀租谷而不觉，甚至月课膏火亦有不敷，年例开销，渐生虚冒。监院、斋长洞悉原委，特禀请酌定条规。因渝勘明裁改之处，除换照外，再为刊石，而使人人皆知。稽查侵蚀之原，除严饬外，另立章程，而使事事有法，将见'农服先畴''士食旧德'，于以征盛世作人之雅化焉。爰将各处田地块角及新定收发条规刊列于左，永远遵行。

"仁冈屯田十三块，地一段，租斗谷四石七斗。

"时家屯田三块，租斗谷一石六斗。

"梅家庄田一百三十一块，地六块，租斗谷二十石。

"倪家庄田四块，租斗谷二石。

"萧志仁屯田二块，租斗谷一石二斗。

"老豆园田一块，地二块，租斗谷三斗。

"齐家庄田七块，地一块，租斗谷一石二斗。

---

① （明）吴道行，（清）赵宁等修，邓洪波，杨代春等校点.岳麓书院志·卷三·饩田序[M]. 长沙：岳麓书社，2012.

"鹞子岩田二块，租斗谷一石五斗。

"大水桥田九块，租斗谷三石八斗。

"火烧寨田二块，地二块，租斗谷九斗。

"董官屯田六块，租斗谷六斗四升五合。

"河边坝田四块，租斗谷五斗。

"老虎洞田四块，租斗谷一石六斗。

"木碗屯田二十块，租斗谷八石。

"傅旗屯田二十九块，地二块，租斗谷一十二石。

"十二营田一块，租斗谷四斗。

"羊场坝田三块，租斗谷四石。

"青苗洞田二块，租斗谷二石一斗。

"金家大山田二十块，地二块，租斗谷十一石三斗。

"太和石田七块，租斗谷七石。

"乾河田五块，租斗谷三石五斗。

"莲花塘田一块，租斗谷五斗。

"右个户姓名及四至坐落俱载底册，值年斋长递相交管，每人抄存--本备证。

"每年纳府粮，实租斗谷一石二斗。

"上纳条银，实九九色贵平一两三钱。

"书办工食及册卷，京斗谷二十五石。

"租谷到仓随到随量，不准浮收斗面。

"又斗蓬山苦鱼井租谷十二石。

"洪社台租谷一石。

"康家坝租谷四石。

"土桥屯租谷七石五斗。

"宁山复阿满寨租谷二石五斗。

"以上共租谷二十七石，前碑未载。

"道光二十五年，馀旷课膏火并斗面谷，共十八租石零，卖银十二两一钱，除勒碑外，下余银十四两，存于万胜当生息。每月每两行息一分。凡执事斋长至次年六月底算清，以添作本。积至多时，公同取利，以增膏火，不准借故掣用。

该铺亦勿得擅为发出，倘非当众发出，惟该铺是问赔还。

"每年凡遇旷课膏火，必如数卖出，并交万胜当以添生息，监院、斋长勿得私相阴蚀。

"每课府县发出课银二两六钱，与额外笔资不拘多寡，并无各色开销，必在课生童公同领分。秋成后，该佃户如有故抗不纳，监院移票府县追比，不得饬委一切人等下乡，虚糜公费。每年收租，该佃户必亲负纳仓。

"监院、斋长薪水、工食，不得预行私折。

"书办丁食、卷价必由监院、斋长发给，不准与佃户私折。如有弊端，一经查出，即扭禀监院惩革，至该个之田并扯另安。

"存租谷至仓，不拘多寡，看司当协同佃户速请监院、斋长查收，不准与书办私通分用。如有此情，查出即扭禀惩革。

"每年交代时，所有出入等项，必由斋长扣算清白，始令书办造册呈报。所余底册，另抄一本，以交下届。如有瓜葛不清，新斋长当协众与旧斋长等算清，勿得私相授受。

"每年所收租税，系有斗面可准折耗，并无雀谷、鼠食、翻晒等费，如捏报，概行不准。

"每年八月二十七日，恭逢至圣先师圣诞，外有公费谷一租石三斗，不为膏火之数。此田系金家大山张国政所种，其谷上届所收，卖交下届，仅此办理，不准额外捏报，虚糜仓石。

"每年斋长须择廉明公正者公同举报，毋庸妄保、妄委，以滋弊端。"①

具体清代贵州书院所属田亩数见下表：

表3-6　清代贵州书院经费来源表

序号	书院名称	书院的"产额"或"租息"	数量（亩/两/石）
1	广阳书院	学田田亩田租	未详
2	凤仪书院	学田田亩田租	未详
3	凤城书院	学田田亩田租	未详

① 任可澄总纂；陈廷策、陈廷棻、杨恩元协纂；柳惠希、黄元操分纂. 咸丰安顺府志·卷十八[M]. 清咸丰元年刻本.

续表

序号	书院名称	书院的"产额"或"租息"	数量（亩/两/石）
4	凤梧书院	学田田亩田租	70 两
5	凤翔书院	学田田亩田租	38 两
6	文峰书院	学田田亩租息	学田 180 亩，收租谷 340 余石
7	双明书院	学田田亩租息	116 石
8	龙冈书院	学田田亩租息	知府色卜星拨寺田收谷 10 石、银 80 余两
9	龙泉书院	学田田亩租息	310 石
10	东麓书院	学田田亩租息	文昌宫租谷 10 余石
11	兴文书院	学田田亩租息	26 石
12	岱山书院	学田田亩租息	岁收租约 100 余石
13	南皋书院	学田田亩租息	官田 40 亩
14	栀峰书院	寺田田亩租息	60 石
15	培凤书院	绝产田 80 余亩	年收租谷 180 余石
16	莲城书院	凤凰山寺田亩租息，知县张士英拨学田田亩租息	276 石
17	莲峰书院	学田田亩租息	未详
18	盘水书院	学田田亩租息	未详
19	维凤书院	学田田亩租息	35 石

资料来源：《中国书院辞典》中贵州省部分，第298—317页。

　　书院经费的筹措方式主要有这样几种：一是朝廷进行拨款，用以维持书院的日常开支。如贵山书院起初就是由中央政府和当地政府出资共同建立的。雍正十一年（1733年），巡抚元展成奉旨发帑银一千两增建学舍五十间，延师课士，又增置学田以资膏火，购经、史、子、集千余卷，令诸生诵习，并改书院名为"贵山"，亲题匾额。乾隆四十五年（1780年），巡抚舒常、粮储道德隆等均对书院进行了扩建。① 二是由地方官员倡导，捐出养廉银子，后由地方知名士绅和读书人、商人进行捐款，建立或资助书院。如嘉庆十五年（1810年），知州吕柱石改建开阳书院于鳌山下，并捐廉、劝募银七百两，增资火学田，并改名"开阳"，

---

① 季啸风主编.中国书院辞典·贵州省[M].杭州：浙江教育出版社，1996：310.

不久又易名"三台"。咸丰九年（1859年），书院因战乱毁于战火中。光绪十一年（1885年），知州胡璧捐廉银百两，修复书院、整理旧产，购置教学设备和用具，书院仍改回"开阳"之名①。再如贵州省定番州（今属惠水）的中峰书院在咸丰年间曾毁于战火，后于同治十一年（1872年）由知州札拉芬改建于东街，并清理绝产以充资火，用以维持书院开销。

清代贵州书院捐助经费来源表如下：

表3-7　清代贵州书院捐助经费来源表

序号	书院名称	捐助金额	捐助者身份	书院地址
1	万松书院	503 两	大定府知府永福捐资	贵州省大定（今属大方）
2	开阳书院	700 两	知州吕柱石捐资	贵州省开州（今属开阳）
3	中峰书院	不详	知州札拉芬捐资	贵州省定番（今属惠水）
4	凤仪书院	4000 两	巡抚岑毓英倡捐银	贵州省安顺（今属安顺市）
5	凤梧书院	1900 两	知县高中谋，知县周潞，知县胡璧，知县张藻	贵州省安顺府清镇（今属安顺市）
6	凤翔书院	未详	知县徐士谦捐资	贵州省镇远府施秉（今凯里市）
7	文思书院	未详	知县胡大经捐资	贵州省安化（今属德江）
8	文峰书院	未详	兵部尚书李世杰捐资	贵州省大定府黔西州（今黔西县）
9	为仁书院	300 两	知府周作楫捐资	贵州省思南府（今思南县）
10	正本书院	6000 两	布政使常明捐资	贵州省贵阳府（今贵阳市）
11	龙渊书院	1600 两	知州袁治捐资	贵州省镇远府黄平州（今凯里市）
12	平阳书院	19749 两	知州徐丰玉，士民捐输，巡抚岑毓英	贵州省平远（今属织金）
13	秀山书院	未详	知府委邑绅李春元捐资	贵州省镇远府（今凯里市）
14	启秀书院	未详	知县邱纪捐资	贵州省遵义府（今遵义市）
15	岱山书院	未详	绅士张懋德及绅民捐资	贵州省郎岱（今属六枝）
16	珉球书院	550 两	知州周溶，州民江怀贡捐资	贵州省黔西南贞丰县（今贞丰县）
17	星山书院	1400 两	知州袁治、司马张凤枝、绅士陈子玢等捐资	贵州省黄镇远府平州（今凯里市）

---

① 季啸风主编.中国书院辞典·贵州省[M].杭州：浙江教育出版社，1996：298.

续表

序号	书院名称	捐助金额	捐助者身份	书院地址
18	贵山书院	1100 两	政府拨款，每年固定 1100 两作为书院经费开销	贵州省贵阳府（今贵阳市）
19	狮山书院	未详	知州许学范捐廉捐资	贵州省大定府黔西州（今黔西县）
20	洋川书院	未详	知县周炳捐资	贵州省遵义府绥阳（今遵义市）
21	荔泉书院	未详	知县蔡元陵捐资	贵州省黔南州荔波县（荔波县）
22	桅峰书院	2000 两	棉商捐款，知府张锳捐资	贵州省兴义府（今兴义市）
23	培凤书院	400 两	棉商捐款	贵州省兴义府普安县（今兴义市）
24	莲花书院	未详	台阳书院旧产、官绅捐赠和绝产	贵州省黔东南州台江县（今台江县）
25	莲城书院	5970 两	知县娄镕捐银首倡，邑人踊跃应捐	贵州省安南县（今属晴隆）
26	崧高书院	近千两	同知胡先达捐资	贵州省松桃（今松桃县）
27	盘水书院	1600 两	邑绅举人孔广沛呈请知府张锳，以邑之官绅士民捐款	贵州省兴义府普安县（今兴义市）
28	维凤书院	1850 两	知州刘嗣矩捐银	贵州省永宁州（今属关岭）
29	湘川书院	未详	知府刘诏升、知县程正坤与府学教授夏文炯等，集遵义府属五州、县捐资	贵州省遵义府（今遵义市）
30	墨香书院	未详	知府程荼寿捐廉	贵州省平越府（今属福泉）
31	黎阳书院	未详	知府吴光廷首倡全郡捐资	贵州省黎平府（今黎平县）
32	珠泉书院	600 两	未详	贵州省兴义府安龙县（今安龙县）
33	笔山书院	32 两	知县杜友李会诸生倡建，由文武生童各捐钱 1000 文及邑人之捐助	贵州省兴义府兴义县（今兴义县）
34	册亨书院	40 两	未详	贵州省兴义府册亨（今册亨县）
共计		18532 两		

资料来源：《中国书院辞典》中贵州省部分，第298—317页。

三、清代贵州书院的藏书及刻书

藏书、祭祀与教学是书院最主要的三大功能。其中，藏书与书院有着密切的联系，可以说没有书就没有书院。藏书与刻书制度从唐宋就已出现，藏书的多少决定着书院的发展规模与名声。因此，扩充藏书量亦成为历代书院山长的事业追求，经千余年的发展，形成了独具特色的包括图书征集、编目、保管、借阅等在内的一套完整的管理制度。直到当代，这种制度也为各大院校的图书馆所沿用。

起初，书院的意思是"院者，取名周垣也。"隋唐以前，由于纸张还未得到广泛应用，人们普遍用竹简、木牍或丝帛抄录文字等，字数不宜多，且颇占空间，而且这些原材料成本昂贵，便有"学富五车"一词形容一个人学识渊博的程度。正因如此，书院的藏书量较小，多用"斋""堂""楼""阁"等词表示藏书之处。宋代以降，随着雕版技术尤其是活字印刷术的发展，纸张得以大量生产，于是衡量一个人是否抱有学识的标准也从"学富五车"升级为"读万卷书行万里路"。在这种情况下，再用一个简单的斋舍或阁楼就很难完成藏书的工作了，必须起用更大的院落，于是"书院"应运而生。若从藏书的角度讲，书院是由民间士大夫的书斋和中央政府的藏书、修书之地演变而来的。如南宋学者汪应辰在《桐源书院记》中称："书院者，读书之处也。"[①]唐宋时期，书院藏书已成为一种普遍现象，凡是稍有规模的书院皆有藏书。这一时期，藏书规模较大的是宋代的四大书院，其中三所，即白鹿洞、嵩阳、岳麓三书院都曾获赠最高统治者的赐书。白鹿洞书院为四大书院之首，规模最大，最受统治者的重视与关注，赐书时间也最早，数量亦是最多的。从文化角度来说，赐书不仅代表最高统治者对书院的重视，对书院来说也是一种无上的荣誉，对其发展建设有着深刻的影响。太平兴国二年（977年），应江州知州周述的上书奏请，宋太宗将国子监所印《诗》《书》《易》《礼记》《仪礼》《周礼》《左传》《公羊传》《谷梁传》等儒家九经赐予白鹿洞书院，供广大师生进行学习和研究。之后的数年内，历朝历代统治者均对白鹿洞书院进行不同程度的赐书、赐田、赐匾，用以支持书院的发展。明代以后，书院的藏书规模更为扩大，有的书院已经建有藏书楼。藏书楼的建立标志着藏书已成为书院的固定事业，与讲堂、祠宇一起成为书院讲学、藏书、祭祀三大

---

① 　（宋）汪应辰. 文定集·卷九[M]. 文渊阁《四库全书》本. 上海：上海古籍出版社，1987.

事业的标志。若再与学田、祭祀制度加在一起，基本奠定了书院的完整格局。如湖南的岳麓书院在明代弘治年间重修时，即"增公田，储经书"，因此重建尊经阁，至嘉靖初年，孙存得到统治者的赐书和御书《敬一箴》①。在宋元的基础上，明代书院的藏书制度有了新的发展，趋于成熟。如白鹿洞书院就对藏书、借书、印书等环节进行管理，具体规定如下：

"一、本洞储书，专以教迪士类，近年江西科场必取洞书应用，及至领回，缺者不敢言缺，失者不敢言失，洞书残落，大半由此。今后，江西科场书赖布政司自备，该府毋得辄取鹿洞书籍送用，以致遗失。

"二、院中书籍，考旧志所载，残缺遗亡者十已五六，近经兵乱，全无册籍查据，今后，仰府设立一样册籍四本，明开书籍、什器，解起本道钤印印过，一留本道存照，一留本府存照，一发本府学存照，一发付书院库子收管，本洞教授每月朔查取门库损失有无执结，岁终仍申本道查考。"②

明代贵州的书院因所处地理较为闭塞，经济欠发达，尤其在未建省前，书院基本都不成规模，鉴于地方志记载较少，因而无法统计出当时书院藏书的数量和规模。有文字记载是从明弘治年间以后，也即王阳明贬谪到贵阳龙场驿起，才有了关于书院藏书的记载。如弘治年间的中峰书院，为了方便藏书，就曾建立藏书楼供广大师生进行借阅。据（民国）《贵州通志》载："书院凡大门一，左右有庑，书楼七，其下名为宦祠。"这里的"书楼"即藏书楼，也就是藏书之所。王守仁担任文明书院的主讲后，在当地官员的支持下，开始刻印《文章轨范》，并亲著《重刊文章轨范序》，讲述了文章的书写规范和教材内容，并将其教育思想与哲学思想也融入其中。之后，王门弟子蒋信等人曾搜集王阳明的著作，并刊印成《阳明王先生文录》和《新刊阳明先生文录续编》。他们又陆续刊印了《居夷集》《传习录》《阳明先生遗稿》等书籍，供贵州地区的广大士绅读书人和书院门徒子弟进行研读。黔版阳明著作及其遗作的刊刻与出版，是其门人弟子为贵州地区书院研究和传播王学所做的不朽贡献。总体上来说，明代贵州书院藏书与刻书的功能

① 杨慎初，太权民，邓洪波.后麓书院史略[M].长沙：岳麓书社，1986：80.

② （清）毛德琦.白鹿书院志·卷十[M].明天启二年刻本.

发挥得并不理想，也仅仅是在几所规模较大的书院才建有藏书楼，其他书院或藏书较少或根本就没有，在史料中更是难以寻找其踪迹。

发展到清代，贵州书院是规模得以扩大，特别是清中期以后，逐渐走向繁荣，藏书量也成为衡量书院发展程度的重要标志，稍有规模的书院皆重视藏书，并以此为荣。如贵州开州（今属开阳）的开阳书院，康熙三十四年（1695年），知州赵由坤捐资重修讲堂五间、头门一间、书房五间。①书房即藏书所在。再如贵州兴义府清镇凤梧书院，光绪十八年（1892年），知县胡璧变卖绝产并捐廉率邑绅重建各类房舍共三十间，庖厨、什物均备，以余银四百两再修房十六间出租，以充经费。光绪二十五年（1899年），知县张藻捐廉银二百两购经、史、子、集各类图书千余册，②一司出纳，一司图书。在黔东地区的明德书院，藏经、史、子、集等图书数千卷。光绪十六年（1890年），邑绅刘官礼倡修扩建兴义府的笔山书院，建房舍二十一，长廊、鱼池、花厅、林园均备。制度益趋健全。购有经、史、子、集四部万余卷，又有乡人唐续宗、李映雪捐资刊刻朱子《小学》《训蒙诗歌》《史鉴节要》等存于其中。光绪二十四年（1898年），雷廷珍担任书院主讲，教以经学、小学，广置时务书报及经、史、子、集供师生借阅，学风为之一变。③贵州石阡府（今石阡县）龙川书院保存了大量图书，数量可观，基本囊括了经、史、子、集四部分，具体集录如下：

表3-8　清代贵州龙川书院藏书目录表

类别	书目
古今解汇函	《玉篇》（一册）、《匡谬正俗》（一册）、《方言》（一册）、《宋广韵》（一册）、《声唐广韵》（五册）、《广稚》（一册）、《急就篇》（一册）、《尚书大传附辨伪》（二册）、《周易集解》（五册）、《郑氏周易注陆氏周易述》（二册）、《春秋释例》（五册）、《春秋释例》（三册）、《春秋集传解疑》（二册）、《春秋繁露》（二册）、《春秋微旨》（一册）

---

① 季啸风主编.中国书院辞典·贵州省[M].杭州：浙江教育出版社，1996：298.

② 季啸风主编.中国书院辞典·贵州省[M].杭州：浙江教育出版社，1996：299.

③ 季啸风主编.中国书院辞典·贵州省[M].杭州：浙江教育出版社，1996：312.

续表

类别	书目
通志堂经解	《太平经国附夏小正》（一册）、《六经正误》（一册）、《六经舆论》（一册）、《春王正月考》（一册）、《考工记解》（二册）、《五经蠡》（一册）、《经典释文周易尚书音义》（一册）、《经典释文毛诗音义》（一册）、《南轩论语解》（一册）、《经典释文学周礼音义》（一册）、《经典释文仪礼音义》（一册）、《经典释文春秋左氏音义》（一册）、《经典释文春秋左氏公羊谷梁音义》（一册）、《经典释文庄子音义》（一册）、《四书纂笺》（一册）、《四书通（一册）、《毛诗指说天附本诗谱》（二册）、《毛诗解颐》（一册）、《毛诗名物抄》（二册）、《毛诗集传集解》（十册）、《时经似问》（一册）、《诗朴传》（六册）、《诗疑遗说》（二册）、《禹贡集解（二册）、《尚书说》（一册）、《读书管见附定洪范》（一册）、《书集纂疏》（一册）、《书纂言》（四册）、《丙子学易篇易学启蒙》（一册）、《易围通变（一册）、《水村易镜》（一册）、《易数钩隐图附遗论九事》（一册）、《紫岩易传》（一册）、《学易记》（一册）、《周易辑闻附易雅宗》（一册）、《周易玩辞》（三册）、《汉上易》（一册）、《周易参义》（四册）、《文公易说》（六册）、《横渠易说附易学》（二册）、《周易本义集成》（二册）、《周易启蒙翼传》（三册）、《童溪易传（三册）、《宋董氏易传义附录》（八册）、《周易海撮要》（四册）、《易纂言》（二册）、《周易会通》（六册）、《东谷易翼传》（二册）、《大易缉说》（四册）、《大易集义粹言》（十八册）、《三礼图（一册）、《礼经会元》（三册）、《周义订义》（十册）、《礼陈氏记集说补正》（三册）、《仪礼经礼补遗》（三册）、《仪礼图（四册）、《仪礼集说（二十四册）、《春秋各号归一图》（一册）、《春秋意林》（一册）、《春秋经签》（一册）、《春秋或问》（三册）、《春秋编》（一册）、《春秋详说》（一册）、《春秋尊王发微》（一册）、春秋集传释义大成》（一册）、《春秋诸传会通》（二册）、《春秋左氏传说春秋列国臣传》（二册）、《春秋通说》（二册）、《春秋笔解》（三册）、《春秋本义》（六册）、《春秋程氏或问》（一册）、《春秋属辞》（四册）
十三经注疏	《尔雅注疏》（四册）、《尚书注疏》（八册）、《周易注疏》（三册）、《周礼注疏小笺》（未详）、《周礼注疏》（七册）、《礼记注疏》（十二册）、《仪礼注疏》（七册）、《谷梁注疏》（四册）、《公羊注疏》（三册）、《春秋注疏》（十八册）、《经典择文》（六册）
相	《相台书经》（三册）、《相台札记》（九册）、《相台易经》（二册）、《诗经》（八册）、《乐书》（十四册）、《礼学四书礼仪》（未详）
五台经	《礼图》（三册）、《礼学四书仪集说》（五册）、《礼学四书礼记集说》（一册）、《春秋繁露》（一册）、《春秋》（十六册）、《焦氏易林》（三册）、《巢经巢全集》（二十八册）

类别	书目
杂项	《御纂学政全书》（十册）（前清礼部）、《佩文韵府》（八册）、《韵府拾遗》（一册）、《昭明文选》（四册）、《文选考异》（四册）、《通典》（三十一册）、《续通典》（二十六册）、《皇朝通典》（二十三册）、《通鉴》（四十七册）、《周书》（四册）、《前汉书》（十五册）、《魏书》（十四册）、《晋书》（十二册）、《南齐书》（一册）、《隋书》（八册）、《唐书》（三十五册）、《旧唐书》（二十九册）、《宋书》（八册）、《北史》（六册）、《南史》（六册）、《五代史杂项》（六册）、《旧五代史》（五册）、《宋史》（六十三册）、《金史》（九册）、《元史》（二十七册）、《明史》（三十册）、《总目》（三册）、（耆献类征）《通检宗宝》（三册）、《外藩表传及初再三续表传》（二十二册）宰辅（三册）卿（二十册）疆臣（十册）郎署（三册）监司（二册）守令（四册）僚佐（三册）将帅（十一册）材武（二册）、忠义（十七册）经学（四册）文艺（九册）卓行（四册）方技（二册）儒行（一册）、《贵州通志》（三十二册）、《石阡县志》（未详）、《石阡府志》（未详）
其他	《康熙字典》（二十册）、《国朝文录（初、续）》（六十七册）、《金文选》（四册）、《元文选》（六册）、《明文选》（十四册）、《后汉书赘语》（一册）、《补尚史论赘》（一册）、《迈堂文略》（续）（一册）、《金石萃编》（五十七册）、《碑字类》（十八册）、《胡文忠公遗集》（七册）、《国朝先正事略》（十七册）、《播雅》（四册）、《侣亭诗钞》（上下）（二册）、《翁松禅墨迹》（1—10集）（八册）、《文心雕龙》（一册）、《容斋随笔》（续三）、《选古文渊鉴》（四册）

资料来源：张羽琼的《贵州书院史》，第212—213页。

清代贵州其他书院藏书情况见下表：

表3-9　清代贵州书院藏书目录表

书院名称	书籍类别	书籍数量	备注
大中书院	未详	未详	书室三间，并拓长廊
开阳书院	未详	未详	书房五间
凤城书院	《敦善录》并序以志	不详	藏书楼
凤梧书院	经、史、子、集各类图书	千余册	图书司
正习书院	未详	未详	敬业楼三楹，购各类图书藏之
松山书院	《制艺浅说》《松山课士录》《松山课诗》	四卷	未详
明德书院	经、史、子、集等图书	数千卷	未详

续表

书院名称	书籍类别	书籍数量	备注
贵山书院	购经、史、子、集等图书，令诸生诵习	千余卷	光绪年间贵州巡抚岑毓英增建奎阁
笔山书院	制度健全，购经、史、子、集等图书，令诸生诵习，又有乡人唐续宗、李映雪捐资刊刻朱子《小学》《训蒙诗歌》《史鉴节要》等存于其中	经、史、子、集四部万余卷	光绪二十四年（1805年），雷廷珍任书院山长，广置时务书报及经、史、子、集供师生借阅，学风为之一变
黎阳书院	未详	藏书千余卷	
鹤楼书院	未详	未详	读书堂
龙标书院	经、史、子、集，农圃、医卜等诸书共六十余种	两千三百七十卷	
其他	《四史佩文韵府》《十三经注疏》《经世文编》《十子全书》《通鉴辑览》《宋元学案》《历代名臣言行录》《先正事略》《二程全书》《胡文忠公全集》《海志》《王阳明全书》《秘书二十八种》《增广事类统编》《唐宋诗文》《孙子十家注》《圣武记》《楚辞注》《古诗源》《五子近思录》《十七家赋》《汉学师承记》《幼学求源》《昭明文选》《段氏说文》《东莱博议》《贵州通志》《文心雕龙》《姓氏族谱》《广治平略》《困学纪闻》《瓢庵集》十八卷，线装成十二册等。		

资料来源：参考季啸风《中国书院辞典》中贵州省部分（298—317页）和王世鑫《八寨金石附志稿》中"捐银买书立案碑"部分。

由上表可见，虽然相比于中原地区，贵州一地经济、文化相对落后，书院藏书亦无法和中原的大书院相比，但在一定程度上仍促进了当地文化事业的发展，意义重大。

四、清代贵州书院的祭祀制度

祭祀是书院的重要功能之一。祭祀最初是指祭拜祖先、神灵等，指望他们保佑自己及家人安康。在中国古代社会，祭祀是一项极为重要的制度，落实到教育体系，祭祀的对象主要是行业祖师，包括先圣、先师与先贤。正如元代著名学者黄文仲在《顺昌双峰书院新建四贤堂记》中所说："凡书院，皆为先贤作也。先贤能传先圣之道，以植世教，故师之。先贤之上祀先圣，祖之也；先圣之下祀先贤，宗之也。祖一而宗分，是以所祠或不同焉。"①可见，随着朝代的更迭、社会的发展，祭祀的内容和对象、活动也不断进行更新，并形成了一定的制度。先秦时期，祭祀与政治相结合，教育活动也往往受到政治的影响，学堂与宗庙、家庙界限十分模糊。汉代的学校祭祀出现释菜、释奠礼。魏晋南北朝时期，孔子成为祭祀对象，孔庙林立，形成庙学制；后又将颜回、孟子、荀子等作为祭祀对象，并将庙学制从中央推广到地方的州学、县学。宋代以后，宋明理学独霸学术界，亦升格为官方意识形态，周敦颐、二程、张载、邵雍、司马光、李侗、朱熹、陆九渊、王阳明、黄榦（干）、蔡沈、林择之等著名理学大师皆成为书院祭祀的对象。这样的祭祀制度一直到清末相沿不变。唐宋之后，祭祀成为学府内最为重要的教育活动。在元代，祭祀活动已成为普遍的书院制度。元代学者唐肃曾写道："凡天下名书院者，有祠以祠先贤,有教以教后学，国朝制也。"②至清代，祭祀制度趋于完善，尊孔尊儒礼制大成，一如清代学者戴钧衡所言："今天下郡县莫不有书院，亦莫不有崇祀之典。"祭祀制度在全国书院的普及程度可见一斑。

清代的书院祭祀一般由山长主持，若山长因各种原因无法主持，则由当地的巡抚、学政或监院等代为主持。祭祀的职事除举行祀典时临时设置的主祭、陪祭、诗仪、引赞、赞礼、赞引、通赞、司祝、司爵、司鼓、司钟、司尊、司香、司酒、司帛、引班、主献、正献、分献、祀生、礼生、歌生等名目外，还常设有主奉、主祠、掌祠、炉主、值董、春秋二祭领事等职。

清代贵州书院的祭祀对象颇为广泛，包括至圣先师③、先贤、书院的著名人物、著名学者等，最主要的是孔子及其门人弟子。隋唐以后，随着统治者对儒学的提倡，及韩愈道统论学说的普及，孔子的地位迅速上升。宋代理学大师朱熹在《白鹿洞成告先圣文》中规定祭祀对象为孔子"先圣至圣文宣王""以先师兖国公、先师邹国公配"④。

---

① （元）黄文仲.全元文·卷一四二一·顺昌双峰书院新建四贤堂记[M].南京：江苏古籍出版社1999：144.

② （明）唐肃.续修四库全书·丹崖集·卷五·皇冈书院无垢先生祠堂记[M].上海：上海古籍出版社2002：148.

③ 至圣先师主要是指"制作礼乐以教后世者，先圣也，若尧、舜、禹、汤、文、武、周公是也。承先圣之所作以教于大学者，先师也，若伯夷、后夔是也。"

④ （宋）朱熹.朱子全书·晦庵先生朱文公文集·卷八十六·白鹿洞成告先圣文[M].合肥：安徽教育出版社，2002：4037.

除至圣先师外，贵州书院还沿袭明代旧历，将阳明心学的创始人物——王阳明作为重点祭祀对象。贵州三大书院之一的贵山书院就是在原阳明书院的基础上建立起来的①。据（道光）《贵阳府志》载：阳明书院"自元展成重修后，遂改称贵山书院"。清代，贵山书院的规模最大，学生基本维持在两百人左右。祭祀方面，门庑堂室五座凡十三楹，中三楹祀阳明，以"追崇先生""取先生遗教""服而习之，循而求之""祭田仅式亦备"。②除贵山书院，祭祀王阳明的还有正习、正本两书院。莫庭芝③在《尹先生祠堂记》中载："吾黔省城，向建书院三，皆崇祀先生（尹珍），自王文成公主讲以后，兼祀阳明，有司以岁时致奠。"贵州安顺府（今安顺市）凤仪书院的仓圣殿内祀仓圣、汉乡贤尹道真和王守仁等木主。④贵州天柱县祭祀王阳明。据《中国书院辞典》载："另建祠祀王守仁。后乡人感俞兴学之功，立其牌位配祀阳明祠。咸、同时毁于兵火。"⑤其他书院祭祀对象具体见下表：

表3-10　清代贵州书院祭祀情况表

书院名称	祭祀对象	祭祀地点	书院建立时间
凤山书院	仓圣	祭楼祭祀	嘉庆十三年（1808年）
凤仪书院	祭祀仓圣、汉乡贤尹道真和王守仁等木主	仓圣殿内祭祀	道光二十二年（1842年）
凤城书院	建祠祀王守仁。后乡人感俞兴学之功，立其牌位配祀阳明祠	阳明祠	万历十九年（1591年）至二十五年（1597年）
龙岗书院	祭祀汉诸葛亮、乡贤尹珍（道真）、明王守仁、抗清忠烈何腾蛟	讲堂上建楼，名四贤祠	清光绪三年（1877年）
平阳书院	祭祀濂、洛、关、闽等九贤士	建景贤堂五间，道光二十六年（1846年）又增建节孝祠	乾隆二十年（1755年）

---

① 雍正十一年（1733年），雍正帝赐银千余两命贵州巡抚元展成在原明代阳明书院德基础上建立学舍五十间，聘请名师授课，置学田以资师生之膏火，并购经、史、子、集四部图书千余卷，后阳明书院改名贵山书院。

② 季啸风主编.中国书院辞典·贵州省[M].杭州：浙江教育出版社，1996：310.

③ 莫庭芝，字芷升，贵州独山人。

④ 季啸风主编.中国书院辞典·贵州省[M].杭州：浙江教育出版社，1996：299.

⑤ 同上。

续表

书院名称	祭祀对象	祭祀地点	书院建立时间
赵公书院	祭祀赵完璧捐俸置田，建义学	乡人感其德，立祠奉祀，并以祠为学舍，遂以其名名之	康熙三十五年（1696年）
南皋书院	祭祀邹元标	邹公祠	乾隆初年，知府鲁朝聘重建
柳川书院	左右备名宦、乡贤之祀，讲堂中供先师牌位。右建文昌阁，二层供帝君，上供魁星	右建文昌阁	乾隆五十五年（1790年）通判胡章建于城东门外
贵山书院	门庑堂室五座凡十三楹，中三楹祀阳明，以"追崇先生""取先生遗教""服而习之，循而求之""祭田仪式亦备"	阳明祠	康熙十二年（1673年）巡抚曹申吉捐资重建
莲峰书院	祭祀诸葛亮和王守仁，名"二贤祠"	建后房三间、二贤祠	道光十年（1830年）知县陈熙晋捐俸建于县署之前，以面对莲花山命名
黎阳书院	一、二进正中为讲堂，左仓廒、厨房，右斋舍；三进二层，下住掌教，上祀魁星；左为文昌宫，祀汉儒尹珍(道真)、宋教授朴成；又有何公祠，祀明末郡人何腾蛟	文昌宫、何公祠	乾隆四十年（1775年）知府吴光廷首倡全郡捐资建于城南，以城南有向阳之义，故名

资料来源：《中国书院辞典》贵州省部分，第298-317页。

书院的祭祀礼仪主要包括释菜和释奠。释菜，《周礼·春官》中有云"舍菜春，入学，舍采合舞"[1]；释奠，指的是"设荐馈酌奠而已"。各大书院祭祀中均有大量关于释菜和释奠的记载。如清代贵州省思南府（今思南县）的思旸书院曾有如下的祭祀活动：

---

[1] 郑玄曾作注："舍菜谓舞者皆持芬香之菜。或曰，古者士见于君以雉为挚，见于师以菜挚。菜，直谓蔬食菜羹之菜。或曰，学者皆人君、卿大夫之子，衣服采饰。舍菜者，减损解释盛服以下其师也。舍即释也，采读为菜。"

先师庙正中奉至圣先师孔子之位

庙中四配位

东复圣颜子述圣子思西宗圣曾子亚圣孟子庙旁十哲位

东列闵子子骞（讳损）、冉子仲弓（讳雍）、端木子子贡（讳赐）、仲子子路（讳由）、卜子子夏（讳商）、朱子元晦（讳熹）

西列冉子伯牛（讳耕）、宰子子我（讳予）、冉子子有（讳求）、言子子游（讳偃）、颛孙子子张（讳师）

东庑先贤位

澹台子子羽（讳灭明）、原子子思（讳宪）、南宫子子容（讳适）、商子子木（讳瞿）、漆雕子子开（讳开，一字子若）、樊子子迟（讳须）、公西子子华（讳赤）、梁子叔鱼（讳鲤）、冉子子鲁（讳儒）、伯子子析（讳虔，一作楷）、冉子子产（讳季）、漆雕子欣（讳哆）、漆雕子子期（讳徒父）、商子子季（讳泽一字子秀）、任子子选（讳不齐）、公子子正（讳良儒）、奚子子哲（讳容藏）、颜子子襄（讳祖一作相）、句子子穑（讳井讳一字子野）、秦子子丕（讳商）、公祖子子之（讳甸兹）、县子子横（讳成一字子祺）、燕子子思（讳伋一作及）、颜子子叔（讳之仆）、乐子子声（讳欣）、公西子子上（讳兴如）、公西子子尚（讳藏）、陈子子禽（讳亢）、琴子子开（讳张一作牢）、步子子车（讳叔乘一作裹）

东庑先儒位

左子（讳丘明）、毂（谷）梁子（讳赤）、高堂子（讳生）、毛子长公（讳苌）、杜子（讳子春）、王子子淹（讳通）、欧阳子永叔（讳修）、周子茂叔（讳敦颐）、程子正叔（讳颐）、张子子厚（讳栽）、杨子中立（讳时）、陆子子静（讳九渊）、蔡子仲嘿（讳沉）、许子平仲（讳卫）、陈子公甫（讳献章）、王子伯安（讳守仁）

西庑先贤位

宓子子贱（讳不齐）、公冶子子长（讳长）、公哲子季次（讳哀一字季沉）、高子子羔（讳柴）、司马子子牛（讳犁）、有子子有（讳若）、巫马子子期（讳施）、颜子子柳（讳辛）、曹子子循（讳邱）、公孙子子石（讳龙）、秦子子商（讳祖）、颜子子骄（讳高）、壤子子徒（讳驷赤）、石子子明（讳作蜀）、公夏子子乘（讳首一作守）、石子子里（讳处一字里之）、公子子中（讳肩定）、邬子子家（讳单）、罕父子子素（讳黑）、荣子子祺（讳旃）、左子子行（讳人郢）、郑子子徒（讳改名国）、原子子籍（讳亢）、廉子子庸（讳洁）、叔仲子子期（讳会）、狄子子皙（讳黑）、子蔑子（讳忠至圣兄之子避孔子改称）、施子子恒（讳之常）、秦子子之（讳非）、申子子周（讳怅）、颜子子声（讳哙）

西庑先儒位

公羊子（讳高）、伏子子贱（讳胜）、子国子（讳安国至圣裔）、董子（讳仲舒）、后子近君（讳仓）、韩子退之（讳愈）、胡子翼之（讳瑗）、程子伯淳（讳颢）、范子希文（讳仲淹）、司马子君宝（讳光）、邵子尧夫（讳雍）、胡子康侯（讳安国）、吕子伯恭（讳祖谦）、张子敬夫（讳栻）、真子希元（讳德秀）、薛子德温（讳瑄）、胡子叔心（讳居仁）

启圣公祠正中奉

启圣公之位

四配先贤位

颜路氏（讳无繇）、子皙氏曾氏（讳点）、伯鱼孔氏（讳鲤）、公宜孟氏（讳激）

从祀先儒位

伯温程氏（讳垧）、乔年朱氏（讳松）、季通蔡氏（讳元定）、周氏（讳辅成）①

祭祀是书院的重要活动，也具有教化的功能。故《礼记·祭统》中载，祭祀是"教之本夫祭之为物大矣，其兴物备矣，顺以备者也，其教之本与……是故君子之教也，必由其本，顺之至也，祭其是与！"此处的"教之本"主要是对祭祀作用的一种表述，具有非常重要的意义。

祭祀的目的主要是为了增加士人对儒家学说的认同感。书院的祭祀制度较为烦琐，礼仪众多，祭祀的对象也各依照不同的时代发展而有所不同，但有一个共同点就是，均以祭祀儒家重要思想人物为核心。对书院来说，最重要的祭祀对象是儒家至圣先师孔子②。明清时期，儒家学派的创始人孔子被尊为"素王"，一生

①　（清）蒋深.（康熙）思州府志[M]. 清康熙六十一年刻本.
②　孔子，被称为"制作礼乐以教后世者""承先圣之所作以教于大学者"。

致力于传播儒家学说,其提出的有关"仁"与"礼"的思想对治理国家、修身齐家等方面的意义重大。他创立私学,提出"有教无类"的思想,将教育普及到平民阶层,让更多百姓有学习上进的机会。他的"诲人不倦""因材施教"等教育观点更是影响深远。因此,书院以孔子为主要祭祀对象,不仅是对至圣先师的纪念,更是对其在儒学发展上创建的不朽之功的肯定与赞扬。之后,宋明理学界的诸位大师也成为主要的祭祀对象。[①]除此之外,书院还会祭祀一些人品高洁,为国家、为百姓敢于牺牲和奉献的名士。清人纪昀在《滦阳续录》中有云:"古人祠宇,俎豆一方,使后人抱想风规,生其效法,是即维风励俗之教也。"[②]庙祀之神多是古今圣贤、忠臣名将,他们能御大灾,能捍大患,民众效仿他们,就会使社会风俗变好。这也是书院祭祀名臣、忠烈之士的目的所在。如贵阳府(今贵阳市)龙岗书院在讲堂上建楼,名"四贤祠",祭祀汉朝名相诸葛亮、陶渊明、何腾蛟、王守仁。诸葛亮先辅佐刘备于荆州,后又忠心效忠后主,可谓鞠躬尽瘁死而后已。陶渊明"清风高节,照耀古今"。王守仁,又称王阳明,学识渊博,人品贵重,与贵州颇有渊源,明代中期著名的儒学大师,"阳明心学"的创始人。"龙场悟道"后,他对传统儒家思想有了新的认识,提出"致良知"与"知行合一"的思想,影响力源远流长。正如东林党首领顾宪成在《小心斋札记》中所言:"当士人桎梏于训诂词章间,骤而闻良知之说,一时心目俱醒,恍若拨云雾而见白日。"[③]王学令明代众多读书人从宋明理学的空谈"性理"、不重实践、先知而后行的观念中解放出来。他们开始谈论王学,研究王学,信奉王学。王阳明的亲传弟子王畿在《重刻阳明先生文录后语》中谈道,王阳明"以良知之说觉天下,天下靡然从之"[④]。明代思想学术风气也因此为之一变。"(王阳明)门徒遍天下,流传逾百年,其教大行,其弊滋甚。嘉、隆而后,笃信程、朱,不迁异说者,无复

---

① 诸位理学大师的贡献在于将儒学体系发扬光大,他们继道统、立人极,尽广大、致精微,在集北宋诸儒学术之大成的基础上建构了一整套规模宏大、精致细密的思想理论体系,因此对儒学的发展做出了重大贡献。

② (清)纪昀著,汪贤度校点. 阅微草堂笔记·卷二十四. 滦阳续录六[M],上海:上海古籍出版社,1980:559.

③ (明)顾宪成.顾文端公遗书·小心斋札记[M].卷三.续修四库全书.上海:上海古籍出版社,2002:144.

④ (明)王畿. 重刻阳明先生文录后语. 序说·序跋. 王守仁:王阳明全集·卷四十一[M].上海:上海古籍出版社,1992:1571.

几人矣。"①王阳明非常重视书院的建设与发展，将其置于非常重要的地位，一如他所说："书院之建，譬如于军伍中择其精锐者别为一营耳。"他主张将书院作为萃聚儒学力量、进行儒学建构与传播活动的阵地。在他的努力下，王氏门徒遍天下，其中不乏著名人物，如明代贵州提学副使蒋信就是典型代表、抗清名将何腾蛟等。他们的忠节品质与人格可以"迎而祠之，重四公之忠节故也"，对书院的门徒弟子有教育和启发作用。在书院中祭祀，其目的在于"示诸生以出处之大义也"。

---

① （清）张廷玉.明史·卷二百八十二·儒林传序[M].北京：中华书局，1974：7222.

小 结

清代是中国书院发展的最后一个时期，也是最繁荣昌盛的时期。清朝是少数民族入主中原的王朝，其统治具有非常鲜明的民族特色与地域特色，文化教育政策亦是如此。书院就是在这种背景下形成和发展起来的。清朝建立后，为了巩固政权，防止汉民反清复明，在书院聚徒讲学，对书院采取抑制政策，将明朝已有的书院多数归为官学，接受政府的统一管理和控制。雍正十一年（1733年），雍正帝对书院的建设与发展有所放宽，准许各省建立书院，但必须由当地政府主管，书院山长也要由政府指派，书院经费与学田亦由政府统一安排，从而形成书院高度的官方化特点。

清代贵州书院的兴起和发展受到政治、经济、文化和社会等诸多方面因素的影响。政治方面，随着战争结束，雍正年间改土归流的正式完成，贵州的行政体制机构日趋完善。总督、巡抚成为一省的最高军事和行政的长官，此外，还设立学政，即一省最高的教育长官，主要负责掌管教育文化事业，各地官学、府学、社学、私立书院、移风易俗等都在其职责范围内。文化制度方面，一是尊孔敬儒，稳定政权与人心；二是尊崇程朱理学，并令其成为官方意识形态；三是细化教育体制与组织结构，国子监下设各级地方府县州学，从而形成严密而细致的学校教育体系。教育体制的建立与逐步完善，为清朝在文教方面实现大一统奠定了坚实的基础，也为政治、经济、文化的发展起到了重要的作用。经济方面，一是人口迅速增加，为贵州地区的农业发展提供了条件；二是贵州地区的农业发展也直接带动了工业和手工业的进步；三是在统治者的治理下，当地的交通也有了明显改善。清代驿站是在明代的基础上发展起来的，基本实现了"以速驿递，以便商民"。总之，在各族人民的共同努力和辛勤开发下，清前期的贵州政治相对稳定，经济持续发展，共同推动了当地教育事业继续向前发展。

书院的形成和发展依据时间、区域不同，大致可分为三个阶段：一是清代贵州书院恢复和发展的阶段，主要是清朝初年至乾隆初年。经历明末清初的战火洗礼，书院逐渐复苏，开始有初步发展。鉴于清政府对发展书院的消极态度，该时期的书院数量较少，规模也有限，但有一点需要注意，此时贵州书院的整体发展状况远远领先于云南、四川、东北等地，在全国范围内都是靠前的位置，为其在清中期的繁荣发展奠定了坚实的基础，可谓意义重大。二是清代贵州书院繁荣发展时期，横跨乾隆年间至清晚期，始于雍正四年（1726年）在云贵地区进行的大规模改土归流，即在原土司地区设官职发展文化教育事业。继贵山书院后，当地又先后建起正习书院、正本书院。三所书院均规模宏大，被称为"贵阳三书院"。而最早开始建立书院的是黔东地区。如镇远府（今凯里市）有秀山书院、文明书院、龙渊书院等11所书院。即使较为落后的原土司统治地区，也开始建立书院，并取得了较好的效果。三是清晚期至清末贵州教育制度改制阶段，即从咸丰、同治、光绪年间到1904年废除科举制这段时间。该时期，书院正式退出历史舞台，改为近现代学校教育。由于西方列强的侵略，贵州地区出现民族大起义，当地书院基本全毁于战火之中。虽然之后进行了修复和重建，但数量较少，规模均不大，再也无法恢复盛清时期的景象。随着近现代教育改制，贵阳学古书院于光绪二十四年（1898年）改为经世学堂，接着，贵州各大书院也均改为大、中、小学堂。

清代贵州书院主要具有教育教学，学术研究、交流等重要职能，由书院的山长、副山长主要负责，具体工作由经师、馆师、主讲、副主讲、助讲、助教、堂长、管课学长、训导、司录分别承担。山长一职至关重要，掌管书院的一切事务，其个人的知识储备、修养品德、管理能力关系着书院的繁荣发展。清代书院山长的选任和以往朝代不同，不仅要德才兼备，具有较高的学识和良好的品德，还要有一定的官方背景。除山长外，清代贵州书院还设置专门掌管行政的院总、监院、监理等职位，作为山长的副手，协助山长（院长）的工作。行政工作方面，书院设置了监院、监理、斋长等职位,协助山长进行书院的管理工作，并逐渐形成行政、财务、勤杂等比较完备的书院管理系统。学生管理工作设置堂长、斋长皆属于此类职务。其他职务诸如管干、司计、掌祠、掌书、典谒、司录、经长等多在书院优秀学生中进行选择，这些在书院中任职的学生称作"职事生员"。

职事生员中职责最重要的是斋长，主要负责学生的管理工作。清代书院沿袭了明代的旧历，普遍实行分斋学习制度。教育教学是书院的最重要的工作，而在书院中专门负责教学工作的有这样几类职事：主讲，即书院的教学工作者，负责讲授儒家经典。主讲主要是受书院山长或当地政府官员的聘请，到书院进行授课。除此之外，还有训导。训导一职属于教学体系内的职位，主要任务是督导教师、课堂、学生，同时对山长也起到一定的监视作用，多有官方背景，由地方提学副使或者巡抚、学政直接任命。

在课程与教学方面的设置方面，清代书院基本沿袭了明代旧制，以"四书五经"作为主要教材，还增设八股文，使书院逐渐向官学化发展，此外，宋明理学大师的著作已被纳入教学内容。清末的教育制度改革开启了近代化的教育体系，书院课程更加多元化，较之前还增加了算学、时务、军事、英语、翻译、地理等课程。书院的教学除教师讲解外，更加注重学生自学和独立思考能力的培养。在学习内容方面既注重课程、教材的学习，而且更加注意道德品质的培养，同时也兼顾科举。在书院学规方面，对书院肄业诸生的规定更为详细和复杂，大致是以"孝、悌、忠、信"为基础，从道德和学业两方面进行规定和约束学生。书院为了对学生加强管理，对违反学规，不认真读书，不考勤者一律严加管教，罚膏火银，甚至进行体罚，最严重者开除学籍。同时对请假销假制度也做了非常严格的规定。从书院的学规中可以看出书院不仅仅重视学生的学业进步，而且还注重学生的品德修养，并且明确规定了各项待人接物和言谈举止等具体要求，对书院的管理起到了重要的作用。

书院的经费主要有以下几个方面：一是创建书院所需要的各项人力，包括书院基址的设计者，工匠的工钱、修建书院所需的物料费等；二是书院各类管理人员、行政人员等支出的费用；三是书院学生所需要的费用，如发给书院肄业生徒的膏火银等。书院的经费来源种类较多，主要来自两方面：一是朝廷进行拨款，用以维持书院的经费开支；二是由地方官员提倡捐出养廉银子，之后由地方知名士绅和读书人、商人进行捐款，从而建立书院。

明代，由于贵州地处西南边陲，交通欠发达，经济发展有限，未建省之前，当地的书院基本不成规模，地方志中的相关记载也很少，因而无法统计书院藏书的数量和规模。明弘治年间后，也就是从王阳明贬谪到贵阳龙场驿起，才开始有关于当地书院藏书情况的记载。到清代，贵州书院的规模逐渐扩大，特别是清中期以后，逐渐走向繁荣，藏书也成为衡量书院发展优劣的重要标志，但凡稍有规模的书院皆重视藏书量的多寡。相较中原地区的大书院，贵州书院的藏书事业发展比较缓慢，但仍在一定程度上促进了当地文化事业的发展。

在中国古代社会，祭祀是一项极为重要的制度，落实到教育体系，祭祀的对象主要是行业祖师，包括先圣、先师与先贤。经过历朝历代的发展最终形成庙学制；后又将颜回、孟子、荀子等作为祭祀对象，并将庙学制从中央推广到地方的州学、县学。宋代以后，宋明理学独霸学术界，亦升格为官方意识形态，周敦颐、二程、张载、邵雍、司马光、李侗、朱熹、陆九渊、王阳明、黄榦（干）、蔡沈、林择之等著名理学大师皆成为书院祭祀的对象。这样的祭祀制度一直到清末相沿不变。清代书院祭祀一般由山长主持，若山长因各种原因无法主持，则由当地巡抚、学政或监院等代为主持。除祭祀至圣先师外，阳明心学的创始人物——王阳明也成为祭祀对象，这主要是沿袭明代。书院祭祀的礼仪主要包括释菜和释奠。祭祀的目的主要是为了增加士人对儒家学说体系的认同感，从而达到"示诸生以出处之大义也"的目的与教育意义。

结　论

　　书院是中国古代文化教育的重要组成部分，肇始于唐，宋代走向兴盛，明清时期最为繁荣，遍及全国各地，从穷乡僻壤到通都大邑甚至荒漠边陲之地都有它的身影，最终随着近代文化教育改制而彻底退出历史舞台。在长达一千多年的历史进程中，书院的发展固然有所曲折，但仍在不断发展壮大之中。书院成为传播中国古代文化的重要途径，也是与世界特别是东亚国家进行交流的舞台。

　　书院兴起于唐代，主要有集贤书院、丽正书院二所，最早并非学者讲学、进行学术研究，具备教育与教学功能的学校，而是中央政府修书、校书和藏书的地方。其主要职责是帮助皇帝了解经典史籍、举荐贤才、以备顾问之用。集贤书院的职责与组织较为严整，学士作为书院的核心，总掌书院的一切事务。学士依据品阶的高低，可分为学士和直学士，其中五品以上为学士，六品及六品以下为直学士。除官方建立的书院外，一些官员致仕返乡后，在家乡成立书院讲学、藏书，从而建立了最早的书院。这些书院和后世意义上的书院不同，主要是私人读书、阐发自己思想之所，并不具备书院讲学、祭祀等功能。因此，这一时期的书院可以说正处在萌芽时期。唐末五代年间，战争频发，政局混乱，社会动荡不安，文化教育事业遭到严重破坏。在此背景下，书院数量也明显减少。两宋年间是中国古代教育史上一个承上启下的时代，其教育制度与教育体系被元、明、清诸朝所沿用承袭，未再出现重大的结构性改变。可以说，宋代教育制度代表了中国封建社会中后期国家教育制度的基本模式。该时期，中国书院进入高速发展的阶段，数量高达720所。北宋时期，更形成了"天下四大书院"，对后世影响深刻。这时的书院已具备完整的教学功能，和学校融为一体，得到社会的认同；而以张栻、朱熹、吕祖谦、陆九渊为代表的南宋四大书院则将学术与书院合为一体，使当时的书院繁荣昌盛。从此，教学与学术探讨成为书院的重要职能，培养了一代又一代人才。两宋书院的兴盛发展与国家政治、经济、文化、教育背景有着直接的关系，同时也与科举考试制度的实施有着密切的联系。首先，官学长期低迷不振，为书院的发展提供了有利的条件；其次，民间书院兴起的同时，北宋政府也开始重视文化教育的发展；再次，雕版印刷术的普及和应用为书院的发展奠定了坚实的基础；第四，佛家禅林制对北宋书院兴起影响极大。随着北宋经济的繁荣发展，政府已有足够的财力、物力去发展各州郡官学，从1044年至1126年八十多年的时间开展了三次兴学运动。在此背景下，官学渐趋完备，逐步取代了书院的地位，开始在地方教育事业中发挥主导作用，从而促进了书院与官学的合一，许多著名书院被迫与官学进行合流。中央太学和地方官学得到发展，统治者就不再提倡扶持书院。而读书士子只热衷于科举考试，越来越不重视书院的存在，书院继而走向衰落。直到南宋时期，书院才得以振兴，并随着理学的发展而达到鼎盛，迎来了继宋初后宋代书院发展的又一高潮，分布区域较广，数量高达442所，开创了历史新纪元。南宋书院得以兴盛有赖以下几个方面：第一，衣冠南渡，促使南宋教育文化水平迅速提高；第二，官学的衰微推动了书院的发展与进步；第三，南宋理学的发展助力了书院的繁荣兴盛；第四，雕版印刷术的普及和发展。南宋书院发展有其自身的内在规律：第一，书院的内部结构与职能更加完善；第二，书院祭祀制度更加规范；第三，书院学田制度广泛化。总之，宋代是书院发展的成熟时期，尤其南宋，更加注重书院制度化建设。南宋书院制度的形成标志着我国古代教育事业进入官学、书院、私学三足鼎立或者三轨并行的时代。

贵州书院的兴起较为缓慢。随着唐朝羁縻州的推行，各少数民族首领及其子弟纷纷进京朝贡并到国子监进行学习，才逐步打开了贵州高原闭塞的大门。随着中原文化向西南传播和文化事业的兴旺发达，贵州的书院建设产生了萌芽。贵州地区一直有柳宗元建儒溪书院的传说，但经学者考证，基本认定该书院为后人纪念和祭祀柳宗元与其教化后人所建，并非真正意义上的书院。史载最早真正意义上的贵州书院是南宋绍兴年间建立的銮塘书院和竹溪书院。贵州书院在北宋时期得以兴起和发展，具体有以下几个原因：首先，羁縻制度的实行和稳定的边疆环境是其兴起的政治原因；其次，农业和茶马互市的繁荣与发展是其兴起的经济原因；再次，儒、释、道三家融合为贵州书院的兴起奠定了文化基础。南宋时期，随着中原文化向西南地区的传播和书院文化的繁荣发展，书院作为一种重要的教育组织在贵州兴起。元代，贵州分属当时湖广、四川、云南三省，纳入统一的行政建置，有利于贵州社会经济的发展，也有利于内地与边疆的文化交流，在这种情况下，逐渐形成贵州省的雏形。随着元朝对贵州地区的开发与统治力度的加大，儒学逐步在当地得以推行。这也为贵州书院的发展提供了必要条件。元代，贵州地区最早的书院是在顺元路儒学的旧址上创建的文明书院。由皇庆间教授何成禄捐资建立。除文明书院外，在今贵州省镇宁县还有鳌山书院和鳌溪书院。由于元代时期贵州书院的史料相对匮乏，记载较为寡简，现有史料无法完整重现贵州书院的全貌，但贵州书院制度的萌芽已经产生。此时，书院的建制较为简单，只有山长主持院务。随着理学的发展，书院不断向偏远地区扩散、推进，这是元代书院的特征。而文明、鳌山、鳌溪三书院的建立和发展则标志着理学教育已突破黔北地区开始向黔中地区推进。

书院在明代进一步兴盛发展起来。1368年正月，朱元璋定国号为明，改元洪武。称帝后，他吸取前代统治的经验教训，大力加强中央集权统治，在思想、文化、教育等领域的各项政策皆以强化统治为目的。在明代，"贵州"作为省名也最终得以确定。洪武初年，"贵州"改称贵州宣慰司城。之后，又在宣慰司城内设立贵州都指挥使司及贵州卫、贵州前卫，成为控制一方的军事中心。及至建省，因布政使司设在贵州城内，因而称"贵州布政使司"，从此"贵州"之名相沿至今。贵州建省后，以"黔"为简称。明统治者对贵州极为重视，将其作为连接湖广、四川、云南、广西等地的重要交通枢纽，令整个西南连成一片。贵州行省的建立标志着当地社会进入一个新的发展时代。贵州整体都发生了显著的变化。政治上实行"土流并治、军政分管"的制度。在土司地区逐步实行"改土归流"，陆续增设府、州和县。"改土归流"有利于统治者对贵州的直接管理，进一步加强贵州同中央的联系以及同内地的经济文化交流，也为贵州接受中原儒家文化开辟了道路。明朝在贵州建立卫所制度，驻兵屯田，是中央加强对西南边陲统治的重要措施之一。贵州经济的发展，特别是"移民实边"政策的实行，不仅可以巩固西南边陲，还可增加劳动人口的数量，引入中原先进的生产技术，加快西南边疆的开发。而贵州驿传制度和驿道的开发，打破了当地封闭落后的局面，极大促进了贵州与中原的沟通与联系，有利于中原先进的生产技术和文化传入贵州，为当地的农业、手工业等经济发展提供了重要的物质和技术保证，同时也为贵州文化教育事业的发展奠定了坚实的基础。明代，统治者为了控制西南边陲，加强边疆的管理，大力推行"安边之道"。文化教育方面，明太祖确立了"治国以教化为先，教化以学校为本"的方针，对于西南边疆少数民族地区采取怀柔政策，将"移风善俗，礼为之本；敷训导民，教为之先"定为安边的基本国策，在加强政治、经济、军事统治的同时，辅以佛、道，强调"广教化，变土俗"。于是，贵州地区各类学校蔚然兴起，儒学文化得到十分迅速的传播。为使贵州的文化教育事业得以大力发展，统治者采取了诸多扶持政策：第一，在经济上予以补助，提高学校师生的待遇；第二，政府拨款修建学校学堂和斋舍，为学校正常运转提供保障；第三，增加师资力量，扩大教学规模；第四，放宽入学条件，扩大招生规模。对于土司统治地区的少数民族，统治者实行因地制宜、因俗制宜的原则：第一，土司子弟可进国子监读书；第二，对土司应袭子弟入学予以强制规定；第三，在土司地区设立儒学和开科取士。

明代教育大致分为几个层次：第一，以中央国子监和地方官学为核心的儒学教育系统；第二，以乡约、旌表等构成的社会教育系统。由中央政府制定、提倡教育方式，构成明代教育制度的主体内容。而这种教育制度的层次和水平不同，也带来文化教育在国家政治地位上的差异，主要可分为中央太学和地方官学，而明代贵州的官学主要有宣慰司学、宣抚司学、安抚司学、长官司学、府学、州学、县学、卫学、医学、阴阳学等类型。其中，宣慰司学、宣抚司学、安抚司学、长官司学主要设立在少数民族聚居地区，主要招收土司土官子弟进行文化教育。总之，明代的教育方针是"治国以教化为先，教化以学校为本"，在贵州大力推行儒学教育事业的发展，而且在贵州各级地方官吏中，无论流官、土官还是文臣、武将，多有兴办文化教育之人，并采取各种较有效措施，加以贯彻，掀起一次又一次儒学教育热潮，形成"向学"的社会风气。值得一提的是，一些受贬官员，如阳明心学创始人王阳明在极端艰苦的环境中龙场悟道，坚持办学授徒，创办龙冈书院，讲学于文明书院，大力传播儒学文化，使贵州地区的社会风气为之一变；地方文士自愿为教育奉献终生，如弘治年间的成都人汪藻筹资创办了中峰书院，供士子进行读书。同时，各界人士积极捐资办学，人民鼎力相助，致使两百年间的文化教育事业得到了蓬勃的发展。

明代贵州地区的书院数量大致在40多所，最早的书院是魁山书院、草庭书院和中峰书院。其中最著名的是贵阳的文明书院和龙冈书院。文明书院可谓是贵阳史上最早的书院，建成于元代，持续了一百七十余年的时间。后因修缮不力，逐渐颓毁，后于明弘治年间重建。重建后的文明书院是明代贵州最著名的书院，规模宏大，有门人弟子二百余人，由毛科任书院督查，总理书院大政事务，主讲教学水平高，生徒更是成为第一代"王学"弟子。文明书院最大的历史成就在于王守仁在此传播讲授"知行合一"的思想。王阳明曾延聘至此讲学，不仅使贵阳文明书院成为最早阐发"知行合一"学说的圣地，而且为贵州培养了众多弟子，开创了贵州的一代学风。教学理念上，王阳明主张"一曰立志、二曰勤学、三曰改过、四曰责善"。而龙冈书院是由王阳明创立。书院的开办不仅开今修文县教育之先河，而且使龙场成为当地的一大教育圣地。在王阳明和龙冈书院的影响下，贵州的书院数量迅速上升，形成了兴办书院之风。据统计，以龙冈书院创建为分界线，此前一百四十年（1368—1507年）间，贵州书院的教育发展非常缓慢，仅有四所；此后一百三十六年间（1508—1644年），贵州的书院教育发展一度到达顶峰，多至41所。王阳明一生热爱并奉献于教育事业，每经一处皆会建立学校、创立书院，并亲自讲学、布道，启迪人心。在实践过程中，他逐渐形成了一套完整而科学的教育理论，进而形成了在中国教育史上、学术史上赫赫有名阳明学派。贵州士子为了纪念王阳明的突出贡献，在王阳明弟子的倡议下建立了阳明书院，发展到清代，几经修缮成为贵阳三大书院之一——贵山书院。

明代贵州书院特点有三。一是时间上的不均衡性，主要表现在从明朝建立到弘治年间，贵州书院开始发展；正德年间到明朝末年，书院数量急剧上升，特别是王阳明贬谪到贵州后，创办了龙冈书院，在他的提倡与带动下，当地书院数量一度到达顶峰。明中后期，贵州书院有了长足的发展。其中，弘治年间发展缓慢，而嘉靖、隆庆、万历年间发展到达高峰期。二是贵州书院的地域分布广，多集中于卫所之地和驿道干线之处。三是相较于宋、元时期，在书院建设中官方力量超过民间力量，成为推动书院发展的主力，创办书院的人主要以提学副使和知府为主。

明代贵州书院制度的组织结构较为简单，山长（院长）既要负责书院的组织管理，又担负主要教学工作，而且多由书院创办者担任。院长之下还有数名主讲。明代贵州书院的山长或主讲主要由以下几类人担任：一是中央派驻到贵州的各级官吏，尤其是主管教育的提学副使等官员；二是贬谪或流寓贵州的中原名人文士；三是在朝中居官多年，由于各种原因辞职归故里，倾心于地方教育之士。书院普遍实行分斋学习制度，根据学生不同的特点，分不同的斋进行学习。书院学生来源主要有：一是感念书院讲学先生人品、才学慕名而来者；二是已有功名，为求上进到书院研修的学习者，此类多为生员。书院课程以"四书""五经"为通用的基础教材，也是北宋以来备考科举的必备教材。除这些儒家经典外，宋明理学大师的著作、语录、注疏等也是重要教材内容。而随着阳明心学的兴起，记录王守仁与学生论学之道的语录《传习录》《心性图说》《心性总箴二图说》《四勿总箴》等也成为明代贵州书院教学的重要内容。

明代书院的教学方式主要以教师讲学和学生自学相结合，特别重视学生的自主学习和自我修养，书本内容和提高道德修养同时进行，要求学术造诣与科举并重，注重理论与实际相结合，既保持了宋元以来书院教学的传统，同时也在此基础上有所创新和发展。明代书院讲会制度极其盛行，尤其王守仁门生子弟的讲学活动，对书院讲会制度及书院的发展起了巨大的推动作用。书院讲会每年一次或数次，时间为春季或秋季，临期酌定。讲论的内容除"四书""五经"外，还有著名儒家学者的著述、语录、主要学术思想与观点等。

明代贵州书院的经费一部分是由学官拨给，大部分是依靠地方官绅和当地人民捐赠。一般来说，凡稍具规模的书院皆购置学田，通过收取租税谷子的方式以农养学，用以维持书院生计。这就是古代教育中的"教养相资"，或是"养教相资"，将教、养分开对待，又强调两者相资互济的重要性。书院平时开支主要有两项：一是教师的补贴（讲学酬金），称为"束脩"；另一项是学生的津贴，仅限于公费学生，称为"膏火"。

在书院祭祀方面，贵州书院的祭祀制度最早始于明代初年。书院大多建祠堂进行祭祀礼仪，这既是书院的主要礼仪活动又是对师生进行文化教育的一种重要措施。书院的学礼祭祀中以释奠礼、释菜礼最为重要。书院祭祀的主要是孔子，并多以颜渊、曾参、子思、孟子，即"四圣配享"。还有书院还会将本书院创始人、书院具有代表性的人物、具有影响力的人物、书院的主讲、可以代表书院学派特点和学术特色的人物，列为祭祀的对象。如明代贵州书院多祭祀王阳明。祭祀的作用主要是培养、教育士人及进行社会教化，服务于社会。

　　清代是书院发展的最后一个时期，也是最为繁荣的时期，不仅数量多、规模大，且和当地官府有着密切的联系。可以说，书院是官学以外地方教育的又一重要形式。书院的兴建始终得到统治者的大力支持。书院建立后，为了维持长久运营，书院与当地政府相结合，官学化的倾向越来越严重。高度官学化是清代书院的总体特征。

　　清代统治者在平定南明朝廷及"三藩之乱"后，从雍正四年开始进行大规模的改土归流，对贵州的军政设置进行调整，在贵州、云南设云贵总督，总管两省的一切军务，总督之下设巡抚，总管一省的民事和财政，总督与巡抚被称为"封疆大吏"。文化教育方面设学政，主要负责掌管当地文教事业，包括各地官学、府学、社学、私人建立的书院，一切移风易俗都在其职责范围内。"土流并治"是贵州地区地方政治的特色之一。雍正年间，在云贵总督鄂尔泰的领导下，大规模实行了"改土归流"和设官建制，建立"苗疆六厅"。之后，统治者采取了一系列的政治、经济、文化政策，对该地区进行管理和开发，从而促进了贵州地区的经济发展，改善了该地区的生产力与生产关系，加强了各少数民族之间的沟通与交流，这就为贵州与中原地区的进一步联系提供了窗口。中原先进的文化冲破了土司割据的威胁，得以传到贵州各地，也为书院的发展提供了重要保障。

　　清代的文教政策主要有：第一，尊孔敬儒，稳定政权与人心；第二，尊崇程朱理学，使其逐渐成为官方意识形态。在教育管理体制和学校系统构建上，基本沿用明代制度，礼部是全国最高的教育行政机构，总揽全国上下礼仪、祭祀、学校、科举等具体事务。礼部的主要职责主要是负责地方各级学校和科举考试等事务。就地方教育而言，主要是通过派遣到地方的学政进行管理。清代的学校以中央国子监和地方官学作为主要的教学机构，除此之外，还有社学、义学、蒙学、八旗学、书院等作为地方官学的补充和发展。国子监下设各级地方府县州学，从而形成严密而细致的学校教育体系。教育管理体制的建立与逐步完善，为清朝在文教方面实现大一统奠定了坚实的基础，也为其政治、经济、文化的发展起到了重要的作用。贵州地区的文化教育事业在清初因战争的原因发展较为滞后，清代中后期得到较大发展，主要原因有三：一是贵州地区的经济及农业得到发展，主要体现在人口和耕地的增长上。而人口迅速增加为当地农业的发展提供了条件。二是农业的发展直接带动了工业和手工业的进步。三是交通运输有了非常大的改善，特别是清代的驿站基本实现了"以速驿递，以便商民"。有清一代，贵州地区的商业在农业和交通发展的基础上迅速发展，从最初"舟车不通，商贾罕至"，甚至省会贵阳及其重要的商业重镇皆属"人烟疏散"的荒凉境地，发展到康、雍、乾时期随着贵州改土归流的形成及至完成，少数民族与汉族移民进一步融合，贵州地区与内地中原的联系更为密切，从而使经济得以迅速发展，城乡集市贸易日渐繁荣。这些都推动着清代贵州的教育事业在明代的基础上继续向前发展。

清朝建立后，为了巩固政权，防止汉民反清复明，在书院聚徒讲学，对书院采取抑制政策，将明朝已有的书院多数归为官学，接受政府的统一管理和控制。直到雍正十一年（1733年），这种情况才有所改变，雍正皇帝对书院的建设与发展有所开放，准许各省建立书院。清代贵州书院的形成和发展依据时间和区域的不同，大致可分为三个阶段：一是恢复和发展阶段，即清初到乾隆初年；二是繁荣发展时期，即乾隆年间直至清晚期；三是教育改制阶段，即咸丰、同治、光绪年间到1904年废除科举制这段时间。此后，书院正式退出历史舞台，改为近现代的学校教育。

清代贵州书院的数量大致维持在190所左右，分布较广，上至省会城市贵阳，下至原土司统治的较为落后偏僻的地方，均建有书院。清代书院以贵阳三书院，即贵山书院、正文书院、正本书院最为著名，其中贵山书院是在原阳明书院基础上，在官府的支持下建立起来的，一直受到官方的扶持，因此发展规模最大，学生门徒也最多。清后期讲求时务，经世致用，因此该书院又称"经世学堂"。这也是贵州地区第一所中西相结合的新式学堂，意义重大。清代书院兼具有明代书院特点，同时也有高度官学化的特征。书院官学化使书院的办学条件有了保障，规模与发展也得到保证，教学和管理更趋正规化，与官学的联系进一步加强了，更易受到官方的控制与管理。清代贵州书院的发展具有不匀衡性和特殊性。乾隆朝、嘉庆朝、道光朝恰成犄角之势，表明书院在清中期发展至最高峰，总体呈现一个上升发展—达到高峰—逐渐衰落的发展轨迹。其中，需要指出一个问题，清前期贵州书院的发展水平，无论数量还是规模均处于全国较为领先的地位，空间分布要远超明代，集中在贵阳、都匀、黎平府、铜仁府、思南府等地，从黔中到黔东南、黔西南再到黔东北地区，基本覆盖贵州全省，并深入到广大少数民族地区；在改土归流的原土司地区，曾经作为"化外之地"的八寨厅（今丹寨县）、丹江厅（今雷山县）、古州厅（今榕江县）也是书院遍地。

考察以上清代贵州书院的区域分布情况，有几个特点需要注意：首先，省会城市和所属各州县均建有书院，数量发展不均衡；其次，黔东地区各州府建立书院的时间最早，规模和发展程度也较为可观；再次，在一些偏远的少数民族地区，特别是"改土归流"地区，明代以前从未出现过书院，随着经济和文化的发展，这些地区在清晚期也建起了书院。在书院建设中，官办和民办两种力量所起的作用基本依循明代的格局，民办书院数量逐渐下降，官方成为推动书院发展的主要力量。而且，高度官学化已成为书院的主要特点，主要表现在：第一，地方官成为建立书院的主力军，三分之二的书院都是由当地各级官吏直接倡导或捐资而建的，基本沿袭了明代书院的发展状况；第二，贵州中高级官吏提倡或捐资建立书院的风气日盛，共计11位，以学政、知府、巡抚、尚书、通判、知州为主。因此，可以这样说，官力超过民间力量成为影响清代书院的主力。

清代贵州书院的组织结构比较明朝有了较大的发展。教育教学与学术研究、交流是书院的重要职能，具体由书院的山长、副山长负主要责任，具体工作由经师、馆师、主讲、副主讲、助讲、助教、堂长、管课学长、训导、司录分别进行承担。山长是书院的灵魂人物，在书院的发展过程中起着重要的作用，除山长外，清代贵州书院还设置专门掌管行政的院总、监院、监理等职位，作为山长的副手，协助山长（院长）的工作。行政工作方面，书院设置了监院、监理、斋长等职位，协助山长进行书院的管理工作，并逐渐形成行政、财务、勤杂等比较完备的书院管理系统。学生管理工作设置堂长、斋长皆属于此类职务。其他职务诸如管干、司计、掌祠、掌书、典谒、司录、经长等多在书院优秀学生中进行选择，这些在书院中任职的学生称作"职事生员"。在清代贵州书院中，书院和明代管理一样，普遍实行是分斋学习制度。

教育教学是书院最重要的工作，在书院专门负责教学工作的有以下几类职事：主讲，或称书院儒学教授，主要负责教学工作，多聘请当地著名人士担任，有时也由书院山长或监理兼任。除此之外，还有训导，主要负责督导课堂纪律和教师。清代贵州书院的课程设置基本沿袭明代，以"四书"和"五经"作为主要的课程和通用的教材，还增设八股文，使书院逐渐走向官学化。此外，宋明理学大师的著作,如《朱子语录》等也是教学内容的一部分。清末的教育体制改革开启了近代化的教育体系,书院课程更加多元化,除教授经学、儒家经典外,还增加了算学、时务、军事、英语、翻译、地理等课程,更加注重学生自学、独立思考能力的培养,同时也兼顾科考。总体来说,书院的课程设置以儒家经书为根本,中西结合,古今结合,非常重视学生经世致用思想和道德品质的培养,以及学生自我修养、实践能力的培养,修学问与参加科考相互协调发展,注重理论与实践相结合,解放思想,开阔视野,学习方法较为灵活与实用。

在书院学规方面,对肄业诸生的规定更为详细和复杂,大致以"孝、悌、忠、信"为基础,从道德和学业两方面对学生进行规定和约束。书院为了对学生加强管理,对违反学规、不认真读书、不考勤者一律严加管教,罚膏火银,甚至进行体罚,重者开除学籍;同时对请假、销假制度也做了非常严格的规定。从学规可见,书院不仅重视学生的学业进步,还注重学生的品德修养,并且明确规定了各项待人接物和言谈举止的具体要求,对于书院的管理起到了重要的作用。

书院的经费主要用于这样几个方面:一是创建书院所需要的各项人力,包括书院基址的设计者、工匠的工钱,修建书院所需要的物料费等;二是书院各类管理人员、行政人员等支出的费用;三是书院学生的所需费用。关于书院的经费来源种类较多,具体可分为"产额"和"租息"两大类。产额主要有田地、铺屋、基金三大项;租息分为租谷和租银两大类。这说明农业收入是书院经费的主要来源。

清代贵州书院的藏书与刻书事业相较明朝有了非常大的发展,基本囊括了经、史、子、集各类图书,藏书上万卷,可谓规模宏大。

经过历朝历代的发展,书院祭祀最终形成庙学制,祭祀对象主要是孔子及其门人弟子。随着宋明理学成为官方意识形态,周敦颐、二程、张载、邵雍、司马光、李侗、朱熹、陆九渊、王阳明、黄榦(干)、蔡沈、林择之等理学大师亦成为祭祀对象。直到清末,书院、学校的祭祀制度一直相沿不变。清代书院的祭祀一般由山长主持,若山长因各种原因无法主持,则由当地巡抚、学政或监院等代为主持。除祭祀至圣先师外,阳明心学的创建人物——王阳明也成为重点祭祀对象,这主要是沿袭了明代的旧历。书院祭祀的礼仪主要包括释菜和释奠,目的主要是为了增加士人对儒家学说体系的认同感,从而达到"示诸生以出处之大义也"的教育意义。

从时间上看，清代贵州书院经历两个高峰期，一是清代中期，也即乾隆、嘉庆时期。该时期贵州的文化教育事业发达，从而带动书院也迅速发展了起来。从总体看，清晚期的发展速度远高于中期，这是清代贵州书院所独有的情况。在经历高速发展后，贵州书院终于走向衰落，究其原因，与当时的政治、经济、文化、外交均有很大的关系。

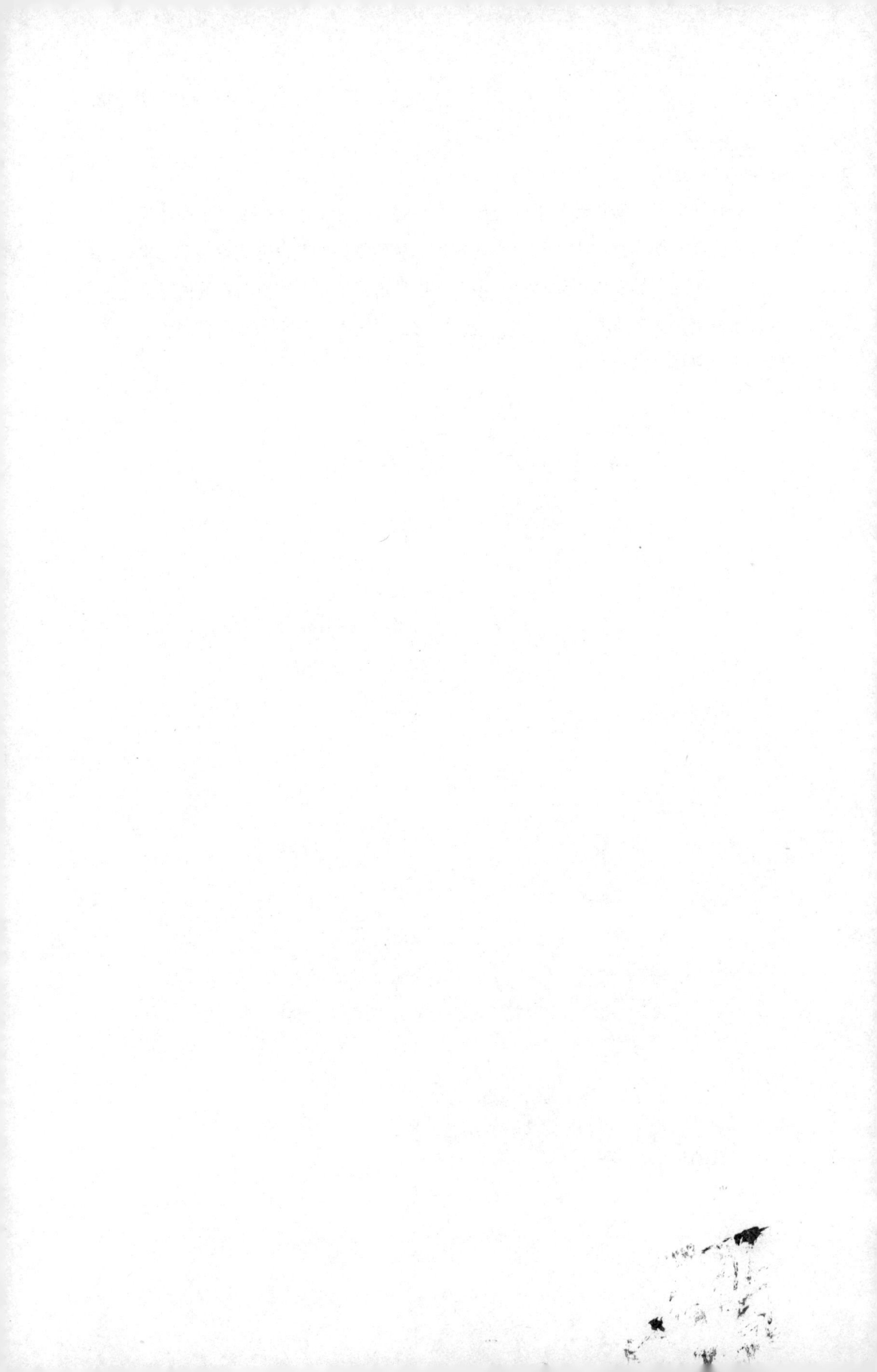

参考文献

一、古　籍

[1]（汉）司马迁.史记[M].北京：中华书局，1982.

[2]（唐）李林甫等撰；陈仲夫点校.唐六典[M].北京：中华书局，2014.

[3]（唐）欧阳修.新唐书[M].北京：中华书局，1975.

[4]（唐）刘昫.旧唐书[M].北京：中华书局，1975.

[5]（宋）汪应辰.文渊阁四库全书·文定集[M].上海：上海古籍出版社，1987.

[6]（宋）欧阳修、宋祁.新唐书[M].北京：中华书局，1975.

[7]（宋）马临端.文献通考[M].北京：中华书局，2011.

[9]（宋）吕祖谦.吕祖谦全集[M].杭州：浙江古籍出版社，2008.

[10]（宋）叶釐.爱日斋丛钞[M].上海：上海古籍出版社，1987.

[11]（宋）马光祖修.景定建康志[M].南京：南京出版社，2017.

[12]（宋）叶适.叶适集[M].北京：中华书局，2010.

[13]（宋）朱熹；朱杰人，严佐之，刘永翔主编.晦庵先生朱文公文集[M].合肥：安徽教育出版社，2010.

[14]（宋）周应合等纂修.景定建康志[M].上海：商务印书馆.1986.

[15]（宋）朱熹；黎靖德编.朱子语类[M].武汉：崇文书局，2018.

[16]（元）脱脱.宋史[M].北京：中华书局，1977.

[17]（明）顾宪成.顾文端公遗书[M].上海：上海古籍出版社2002.

[18]（明）王圻纂.续文献通考[M].北京：现代出版社，1986.

[19]（明）宋濂.文宪集[M].上海：上海古籍出版社，1987.

[20]（明）申时行.明会典[M].北京：中华书局，1989.

[21]（明）王守仁.王阳明全集[M].上海：上海古籍出版社，1992.

[22]（明）郭子章著，赵平略点校.黔记[M].成都：西南交通大学出版社，2016.

[23]（明）吴道行;（清）赵宁等修纂；邓洪波，杨代春等校点.岳麓书院志[M].长沙：岳麓书社，2012.

[25]（明）李东阳.白鹿洞书院新志[M].南昌：江西人民出版社，2015.

[26]（明）郑廷鹄.白鹿洞志[M].嘉靖四十五年刻本.

[27]（清）刘锦藻.清朝续文献通考[M].上海：商务印书馆.1936.

[28]（清）昆冈等纂.钦定大清会典事例[M].清光绪二十五年刻本.

[29]（清）张廷玉.明史[M].北京：中华书局，1974.

[30]（清）查继佐.罪惟录列传[M].北京：北京图书馆出版社，2006.

[32]（清）黎兆勋，采诗.黔诗纪略[M].贵州省图书馆藏.

[33]（清）阮元.十三经注疏[M].北京：中华书局，1980.

[34]（清）张廷玉等奉敕撰.清朝文献通考[M].清乾隆年间刻本.

[35]（清）赵尔巽等.清史稿[M].北京：中华书局，1976.

[36]（清）田雯.黔书[M].光绪年间贵州刻本.

[37]（清）张澍.续黔书[M].台北：成文出版社，1967.

[38]（清）杨宾，载金毓绂主编.辽海丛书·第一册·柳边纪略[M].沈阳：辽海出版社，1985.

[40]（清）吴振棫.黔语[M].贵阳：贵州人民出版社，1992.

[41]（清）陈鼎撰.东林列传[M].南京：江苏广陵古籍刻印社，1983.

[42]（清）席裕福撰.皇朝政典类纂[M].台北：文海出版社，1982.

[43]（清）毕沅撰.续资治通鉴[M].北京：中华书局，1979.

[44]（清）清实录[M].北京：中华书局，1986.

[45]（清）廖行之.文渊阁四库全书·石鼓书院田记[M].上海：上海古籍出版社，1987.

[46]（清）袁玫撰，顾学颉校点.随园诗话[M].北京：人民出版社，1982.

[47]王钟翰点校.清史列传[M].北京：中华书局，1987.

[48]（清）王禹在.文渊阁四库全书·小畜集[M].上海：上海古籍出版社，

1987.

二、地方志

[1]（明）沈庠.中国地方志集成·贵州府县志辑·（弘治）贵州图经新志[M].成都：巴蜀书社，2004.

[2]（明）谢东山修，张道纂.中国地方志集成·贵州府县志辑·（嘉靖）贵州通志[M].成都：巴蜀书社，2004.

[3]任可澄总纂；陈廷策，陈廷棻，杨恩元协纂；柳惠希，黄元操分纂.（咸丰）安顺府志[M].清咸丰元年刻本.

[4]（清）鄂尔泰等纂.中国地方志集成·贵州府县志辑·（乾隆）贵州通志[M].成都：巴蜀书社，2004.

[5]洪玠修，钟添纂.中国地方志集成·贵州府县志辑·（嘉靖）思南府志[M].成都：巴蜀书社，2004.

[6]刘显世、任可澄纂.中国地方志集成·贵州府县志辑·（民国）贵州通志[M].成都：巴蜀书社，2004.

[7]（清）周作楫修.中国地方志集成·贵州府县志辑·（道光）贵阳府志[M].成都：巴蜀书社，2004.

[8]（清）王粤麟纂.中国地方志集成·贵州府县志辑·（乾隆）普安州志[M].成都：巴蜀书社，2004.

[9]（清）蔡宗建修；龚傅坤纂.载中国地方志集成·贵州府县志辑·（乾隆）镇远府志[M].成都：巴蜀书社，2004.

[10]杨焜修；涂芳藩纂.中国地方志集成·贵州府县志辑·（民国）思县志稿[M].成都：巴蜀书社，2004.

[11]（清）俞渭修；陈瑜纂.中国地方志集成·贵州府县志辑·（光绪）黎平府志[M].成都：巴蜀书社，2004.

[12]（清）徐家干著.中国地方志集成·贵州府县志辑·（同治）苗疆闻见录[M].成都：巴蜀书社，2004.

[13]（清）李台修；王孚镛纂.中国地方志集成·贵州府县志辑·（嘉庆）黄平

州志[M].成都：巴蜀书社，2004.

[14]（清）王复宗纂修.中国地方志集成·贵州府县志辑·（康熙）天柱县志[M].成都：巴蜀书社，2004.

[15]窦全曾修；陈矩纂.中国地方志集成·贵州府县志辑·（民国）都匀县志[M].成都：巴蜀书社，2004.

[16]（清）张瑛纂修.中国地方志集成·贵州府县志辑·（咸丰）兴义府志[M].成都.巴蜀书社，2004.

[17]（清）余厚墉纂.中国地方志集成·贵州府县志辑·（光绪）兴义府志续编[M].成都：巴蜀书社，2004.

[18]周恭寿修；赵恺，杨恩元纂.中国地方志集成·贵州府县志辑·（道光）遵义府志[M].成都.巴蜀书社，2004.

[19]周恭寿修；赵恺，杨恩元纂.中国地方志集成·贵州府县志辑·（民国）续遵义府志[M].成都.巴蜀书社，2004.

[20]张其昀主编.中国地方志集成·贵州府县志辑·（民国）遵义新志[M].成都.巴蜀书社，2004.

[21]（清）陈世盛，傅维树纂修.中国地方志集成·贵州府县志辑·（乾隆）绥阳志[M].成都.巴蜀书社，2004.

[22]（清）陈熙晋纂修.中国地方志集成·贵州府县志辑·（道光）仁怀直隶厅志[M].成都.巴蜀书社，2004.

[23]（清）赵宜霖修；游玉堂纂.中国地方志集成·贵州府县志辑·（嘉庆）正安州志[M].成都.巴蜀书社，2004.

[24]（清）常恩修；邹汉勋，吴寅邦纂.中国地方志集成·贵州府县志辑·（咸丰）安顺府志[M].成都.巴蜀书社，2004.

[25]任可澄总纂；陈廷策，陈廷棻，杨恩元协纂；柳惠希，黄元操分纂.中国地方志集成·贵州府县志辑·（民国）续修安顺府志[M].成都.巴蜀书社，2004.

[26]（清）夏修恕，周作楫主修；萧管纂；何廷熙纂.中国地方志集成·贵州府县志辑·（道光）思南府续志[M].成都.巴蜀书社，2004.

[27]（清）徐铉主修；（清）萧管纂修.中国地方志集成·贵州府县志辑·（道光）松桃厅志[M].成都.巴蜀书社，2004.

[28]（清）黄宅中主修；邹汉勋总纂.中国地方志集成·贵州府县志辑·（道光）大定府志[M].成都.巴蜀书社，2004.

[29]（清）冯光宿纂修.中国地方志集成·贵州府县志辑·（乾隆）黔西州志［M］.成都:巴蜀书社，2004.

[30]白建鋆修；谌焕模纂.中国地方志集成·贵州府县志辑·（光绪）黔西州续志［M］.成都:巴蜀书社，2004.

[31]（清）骆文光纂.（河北省）临漳县志略备考［M］.台北：成文出版社，1968.

[32]任可澄总纂；陈廷策，陈廷棻，杨恩元协纂；柳惠希，黄元操分纂.（咸丰）安顺府志［M］.清咸丰元年刻本.

[33]贵州省地方志编纂.委员会编贵州省志［M］.贵阳：贵州人民出版社，2018.

[34]（清）嵇曾筠等纂修.雍正浙江通志［M］.上海：上海古籍出版社，1991.

[35]（清）吕矛先等修，帅方蔚等纂.奉新县志［M］.清同治十年刊本.

[36]（明）孙存等纂修.嘉靖长沙府志［M］.明嘉靖刻本.

[37]（清）刘德昌修，叶云纂.商邱志［M］.民国二十一年石印本.

[38]（明）张瓒等纂修.成化宁波郡志［M］.成化四年刻本.

[39]（清）戴均衡.桐乡书院志［M］.北京：高等教育出版社，1995.

[40]（明）嘉靖思南府志［M］.思南县地方志编纂委员会点校本.1991.

[41]（清）鄂尔泰.贵州通志［M］.清乾隆六年刻本.

[42]夏修恕、周作楫修；肖棺、何廷熙纂.道光思南府续志［M］.贵州省图书馆藏.

[43]铜仁地方志编纂领导小组.铜仁地方志［M］.贵阳：贵州人民出版社，2002.

[44]胡仁修；李培枝纂.民国绥阳县志［M］.贵州省图书馆藏.

[45]（清）于敏中等编.钦定日下旧闻考［M］.北京：北京古籍出版社，1983.

[46]刘绎.白鹭洲书院志［M］.同治十年白鹭书院刻本.

[47]任可澄总纂；陈廷策，陈廷棻，杨恩元协纂；柳惠希，黄元操分纂.咸丰安顺府志［M］.清咸丰元年刻本.

三、相关著作

[1]陈元晖，尹德新，王炳照编著.中国古代的书院制度［M］.上海：上海教育出版社，1981.

[2]薛正兴主编.中国历代书院志［M］.南京：江苏教育出版社，1995.

[3]邓洪波，彭爱学.中国书院揽胜（中国书院文化丛书）［M］.长沙：湖南大学出版社，2000.

[4]邓洪波.中国书院学规集成［M］.上海：中西书局，2011.

[5]季啸风.中国书院辞典［M］.杭州：浙江教育出版社，2016.

[6]贵州省教育科学研究所.贵州少数民族教育研究资料集.贵州少数民族研究会.1984.

[7]黄万机.客籍文人与贵州文化［M］.贵阳：贵州人民出版社，1992.

[8]余怀彦.王阳明与贵州文化［M］.贵阳：贵州教育出版社，1996.

[9]何静梧.贵州文明的先导——贵州历代教育家［M］.贵阳：贵州教育出版社，2000.

[10]张羽琼，郭树高，安尊华.贵州教育发展的轨迹［M］.贵阳：贵州人民出版社，2009.

[11]贵阳市地方志办公室.贵阳百科全书［M］.北京：中国大百科全书出版社，2018.

[12]李国钧.中国书院史（第2版）［M］.长沙：湖南教育出版社，1998.

[13]邓洪波.中国书院章程［M］.长沙：湖南大学出版社,2000.

[14]李兵.书院与科举关系研究［M］.武汉：华中师范大学出版社，2005.

[15]王炳照.中国古代书院［M］.北京：中国国际广播出版社，2009.

[16]邓洪波.中国书院史［M］.武汉：武汉大学出版社，2012.

[17]肖永明.儒学·书院·社会——社会文化史视野中的书院［M］.北京：商务印书馆.2012.

[18]江堤.中国书院小史［M］.北京：中国长安出版社，2015.

[19]张羽琼.贵州古代教育［M］.贵阳：贵州教育出版社，2003.

[20]孔令中.贵州教育史［M］.贵阳：贵州教育出版社，2004.

[21]白新良.明清书院研究［M］.北京：故宫出版社，2012.

[22]贵州省招生考试院.贵州教育考试史［M］.贵阳：贵州教育出版社，2012年.

[23]龚荫.中国土司制度史［M］.成都：四川人民出版社，2001.

[24]梁方仲.中国历代户口、田地、田赋统计［M］.上海：上海人民出版社，1980.

[25]乔卫平.中国教育制度通史［M］.济南：山东教育出版社，2000.

[26]曹松叶.中国书院史话——宋元明清书院概况［M］.北京：教育科学出版社，1981.

[27]张羽琼.贵州古代教育史［M］.贵阳：贵州教育出版社，2003年.

[28]张羽琼，郭树高，安尊华.贵州：教育发展的轨迹［M］.贵阳：贵州人民出版社，2009.

[29]贵州省地方志编纂委员会编.贵州省志［M］.贵阳：贵州人民出版社，2018.

[30]何静梧等.贵州社会文明的先导——贵州历代著名教师[M].贵阳：贵州教育出版社，2000.

[31]何仁仲.贵州通志（第三卷）［M］.北京：当代中国出版社，2003.

[32]白新良.中国古代书院发展史［M］.天津：天津大学出版社，1995.

[33]陈谷嘉、邓洪波.中国书院制度研究［M］.杭州：浙江教育出版社，1997.

[34]朱瑞熙等.白鹿洞书院古志五种［M］.北京：中华书局，1995.

[35]陈谷嘉、邓洪波.中国书院资料［M］.杭州：浙江教育出版社，1998.

[36]苗春德、赵国权.南宋教育史［M］.上海：上海古籍出版社，2008.

[37]陈元晖等.中国古代书院制度［M］.上海：上海教育出版社，1981.

[38]赵所生、薛正兴.中国历代书院志·第二册［M］.南京：江苏教育出版社，1995.

[39]齐红深.东北教育史［M］.沈阳：辽宁大学出版社，1995.

[40]陈垣.元两域人华化考［M］.上海：上海古籍出版社，2000.

[41]乔卫平.中国教育制度通史·第三卷［M］.济南：山东教育出版社，2000.

[42]曹松叶.中国书院史话——宋元明清书院概况［M］.北京：教育科学出版社，1981.

[43]李申.中国儒教史〔M〕.上海：上海人民出版社，1999年.

[44]杨慎初、太权民、邓洪波.后麓书院史略〔M〕.长沙：岳麓书社，1986.

四、相关论文

[1]张羽琼．浅谈书院在贵州的早期发展〔J〕．教育文化论坛，2013.

[2]何静梧、杨经琦．明清两代的贵州书院〔J〕．贵州文史丛刊，1981.

[3]欧多恒、王正贤．明清时期的贵州教育〔J〕．贵州社会科学，1984.

[4]傅宏．明清两代贵阳书院的流变〔J〕．贵州文史丛刊，2010.

[5]方宁．明代贵州书院的发展和特点〔J〕．安顺书院学报，2012.

[6]方宁．明代贵州书院的基本特征及其历史文化价值〔J〕．教育文化论坛，2013.

[7]张羽琼．论明代贵州书院的发展〔J〕．贵州社会科学，2002.

[8]高志刚．论明代贵州书院发展及对贵州区域文化的影响〔D〕．贵州：贵州师范大学，2008.

[9]禹玉环．论清代贵州书院的特征〔J〕．毕节书院学报，2009.

[10]禹玉环，罗进.论清代贵州书院的影响〔J〕．沧桑，2011.

[11]邓德生．清代贵阳书院管窥〔J〕．贵州大学学报，1990.

[12]李耀申．试论明清之际的贵州民族社会变革〔J〕．贵州民族研究，2006.

[13]钟德宏．清代大定府属书院初探〔J〕．贵州文史丛刊，1988.

[14]王雨容．论明清时期清水江流域黎平地区的书院教育〔J〕．教育文化论坛，2013.

[15]吴军．清代侗族地区的书院教育〔J〕．贵州教育书院学报（社会科学），2005.

[16]刘淑红．试论明代少数民族地区的书院研究〔J〕．贵州民族研究，2012.

[17]颜勇．明清贵州苗族教育述论〔J〕．贵州民族研究，1994.

[18]李昌礼，颜建华．论明清时期安顺儒学兴盛的原因及社会影响〔J〕．教育文化论坛，2013.

[19]李红香，王凤梅．清代黔东南苗疆学校教育类型及其影响研究〔J〕．教育

文化论坛，2015.

[20]伍文义．简论布依族地区学校教育的产生及发展［J］．贵州民族研究，2000.

[21]赵一君．明清时期布依族地区的学校教育［J］．民族教育研究，2008.

[22]李毅然．清镇教育发展与人才造就［J］．贵州文史丛刊，1992.

[23]白林文．试论清代贵州少数民族学校教育的发展与成效［J］．民族教育研究，2015.

[24]陈冬梅．明至民国时期黔东南教育及其影响［D］．贵阳：贵州大学，2016.

[25]贺秋菊．论明代书院心学化［J］．广西社会科学，2007.

[26]宋荣凯．论王阳明创建龙冈书院的动因及条件［J］．黔南民族师范书院学报，2010.

[27]宋荣凯．朱慧敏．论王阳明对明代贵州书院教育的贡献［J］．怀化书院学报，2013.

[28]李兴祥．明代贵州民族地区教育发展模式探微——以王阳明为考察对象［J］．贵州民族研究，2010.

[29]王路平．王阳明与贵州明代书院［J］．贵州社会科学，1994.

[30]谭佛佑．王阳明"主贵阳书院"辩证［J］．贵州文史丛刊，1987.

[31]王路平．王阳明"主贵阳书院"正误［J］．浙江学刊（双月刊），1997.

[32]禹玉环．清代贵州书院教育功能强化剖析［J］．陕西广播电视大学学报，2010.

[33]李良品．彭规荣．论乌江流域民族地区明清书院的组织、教学与藏书管理［J］．重庆社会科学，2005.

[34]张明．明代贵州的书院讲学运动［J］．当代贵州，2013.

[35]张明．王阳明——与黔中王门的书院讲学运动［J］．贵阳书院学报（社会科学版），2014.

[36]陆永胜．王阳明龙冈书院讲学考论［J］．中山大学学报（社会科学版），2017.

[37]雷成耀．清代贵州书院藏书考略［J］．安顺书院学报，2013.

[38]张羽琼. 浅谈明清时期贵州书院的祭祀［J］. 教育文化论坛，2016.

[39]王胜军. 明清时期西南书院祭祀与儒学传播［J］. 贵州社会科学，2016.

[40]袁仕勋、江星敏. 明清时期书院的经费筹措与管理初探——以黔东南书院为例［J］. 湖北第二师范书院学报，2016.

[41]禹玉环. 清代贵州书院的经费问题研究［J］. 大众科技，2010.

[42]杨菲. 晚晴贵州书院改制研究［D］. 桂林：广西师范大学，2010.

[43]张羽琼. 贵州古代教育发展述略［J］. 贵州文史丛刊，2000.

[44]周雪敏，苑宏光. 民国时期的书院研究述评［J］. 长春师范书院学报（人文社会科学版），2007.

[45]邓洪波、周月娥. 八十三年来中国书院研究［J］. 湖南大学学报（社会科学版），2007.

[46]王胜军. 王阳明书院理念与朱熹之比较——以《教条示龙场诸生》与《白鹿洞书院揭示》为例［J］. 教育文化论坛，2013.

[47]石迪，何凯. 试论贵州书院的文化传播［J］. 新闻传播，2013.

[48]丁湘梅. 书院文化对刘显世、王文华、何应钦等人物成长的影响［J］. 前言，2012.

[49]张羽琼. 清代贵州书院时空分布特点探析［J］. 孔学堂，2016.

[50]雷成耀、杜建群. 清代贵州民族地区书院的发展及分布特征［J］. 贵州民族研究，2017.

[51]万书元、田晓冬.理学的变脸与学人的变身——王阳明与书院综论[J].南京理工大学学报（社会科学版），2006.

后 记

　　《贵州书院制度研究》是铜仁书院博士科研启动项目的最终成果，从毕业到铜仁书院工作至今也有几个年头了，忙碌工作的同时，一直都在思考如何才能将这本书写好，无论是选题、框架设计、文献搜集，还是最后的书写、修改，都是极为艰辛的过程，回想起来感慨万千。读硕士期间，我接触过书院史研究，也写过几万字的内容，当时只是兴趣使然。书院在中国古代文化教育系统中占有何种地位？其与官方所提倡的教育有何关系？区别在哪里？书院制度在中国教育文化体系的发展过程中起到什么作用？思考之后，我便去学校图书馆搜集资料，查看相关书籍和论文，给我印象最为深刻的是邓洪波先生的《中国书院史》。此书内容翔实、资料丰富，作者的治学精神更是令人肃然起敬。对比自己写的那些内容，不禁汗颜，感觉差距甚大，无论是文章结构抑或措辞都有很大问题，顿觉做学术、搞研究确实要抱有一颗踏踏实实的心。经过自我反省与努力，我开始尝试撰写本书。在充分学习前辈学术成果的基础上，结合以前书写的内容，我最终确定本书的三个部分，并按照时间顺序进行书写，除了整理介绍有关书院研究的现有学术成果，还提出了自己的思索以及创新的想法。

　　本书能够得以顺利完成，首先要感谢铜仁学院社会发展科学院院长皮坤乾同志。皮院长在我进入学院后就对我多多包容，对我这个新晋教师在工作中出现的种种问题更是耐心指正，给了我充分的成长空间。皮院长的夫人杨老师更是在生活方面处处关心我、照顾我，让我有一种家的感觉。皮院长学识渊博、治学严谨、待人宽厚，从论文的选题、史料的收集与分类整理、论文框架的设定、论文写作、后期修改及论文定稿多方面对我进行指导。他严谨的学风、高尚的品格是我一生学习的榜样。我将继续努力向前，不辜负皮院长和杨老师对我的期望。此外，我还要感谢学院各位领导在本书写作过程中给予的指导和提出的建设性意见，以及我的学生——2018级思想政治教育专业的诸位同学。再次感谢。

最难报的是父母恩。父母生我养我近三十年，在我处于人生最低谷之际始终支持我、帮助我，他们不求任何回报，只望我能生活美满。此时此刻，唯愿他们身体安康，让我能环绕他们膝下尽孝承欢。

刘　铮

2020年9月30日晚11时于书香苑公寓